广告学专业通用教材系列

传播学概论

吴　凡 主编

浙江工商大學出版社

图书在版编目(CIP)数据

传播学概论 / 吴凡主编. — 杭州：浙江工商大学出版社，2012.2(2015.1 重印)
ISBN 978-7-81140-459-3

Ⅰ. ①传… Ⅱ. ①吴… Ⅲ. ①传播学—高等学校—教材 Ⅳ. ①G206

中国版本图书馆 CIP 数据核字(2012)第 008188 号

传播学概论
吴　凡　主编

策划编辑　钟仲南
责任编辑　王黎明
责任校对　周敏燕
封面设计　陈思思
责任印制　包建辉
出版发行　浙江工商大学出版社
(杭州市教工路 198 号　邮政编码 310012)
(E-mail：zjgsupress@163.com)
(网址：http://www.zjgsupress.com)
电话：0571－88904980，88831806(传真)
排　　版　杭州朝曦图文设计有限公司
印　　刷　杭州恒力通印务有限公司
开　　本　787mm×960mm　1/16
印　　张　14.25
字　　数　263 千
版 印 次　2012 年 2 月第 1 版　2015 年 1 月第 2 次印刷
书　　号　ISBN 978-7-81140-459-3
定　　价　29.00 元

浙江工商大学出版社营销部邮购电话 0571－88904970

前　言

在长期对本科生进行传播学教学的过程中，一直为寻找到一本适合的教材而纠结。这绝对不是说无教材可读、可教；传播学在中国发展的30多年，出现了许多公认的成熟的教材，更何况近年来亦有引进的西方国家的经典教材，选择余地不可谓不大。但在教学实践过程中，每次要上报新学期教材时，总处于选择的困难中。究其原因，可能与我们自身所处条件有关：传播学课程一般都设置在本科一、二年级；而传播学理论又是多学科的综合，包含有社会学、心理学、政治学、符号学、语言学、新闻学和哲学等学科的内容，涉及范围广，学生初涉传播学理论，容易雾里看花，不甚明了。因此，不论是教师，还是学生，总希冀有一本通俗明了、简明概括、能勾勒传播学概貌的教材，并且该书的内容能在一个学期内让老师教完、学生学完，不至于造成"纸张浪费"，既符合环保原则，也可抵御"信息过量"。

因此本着"适合的就是好的"原则，我们编写了这本适用于高校广告、编辑、新闻、传播学类本科一、二年级使用的共同基础课教材，也可以供其他从事与传播职业有关的或对传播现象感兴趣的人士参考。通过阅读本书，读者能对传播学内容有所了解，并为有兴趣的读者就相关的内容进行专门深入的研究打下基础。

几十年来，传播学理论在西方的研究和传承中形成了三大流派：以美国为中心的经验学派、以欧洲中心的批判学派和北美的媒介环境学派。欧洲的传播学以思辨、定性研究见长，思想深刻，批判深入，但不是非常适合初涉传播学理论者的学习；美国为中心的经验学派以其实证、定量的研究方法和关注现实的研究特点备受关注，它的理论体系较为清晰、系统、成熟，基本确定了传播学研究的各个领域；北美的媒介环境学派以人、技术和文化三者关系研究为重点，旨在深入探讨传媒对人和社会的长期影响，在新媒介迅猛发展的今天，启迪我们可以深入思考新媒介带来的传播现象。本教材立足于适合初学者的角度，选择了以经验学派和媒介环境学派的理论体系阐述为主，但这绝不意味着对欧洲批判学派的学习就不重要。教和学都是一个循序而进、由易至难的过程，拉开本科生的不同年级之间、本科生和研究生之间教学的层次，使学生通过学习做到知识充实、基础扎实，是我们编写此教材的重要目的。

本书共九章。第一章介绍传播学的兴起、发展与代表人物。第二章是对传播活动中最基本的要素、类型与模式的介绍。第三章从传播者的角色、社会制度与传播者施控与被控的角度论述。第四章从信息、符号与内容分析角度论述传播内容。第五章论述传播媒介的性质、发展与媒介环境学派的主要观点。第六章分析传播受众的特点、受众在接受媒介信息时的心理与行为变化以及受众应有的权利。第七章是传播效果研究，介绍效果研究的类型与进程，阐述传播效果研究中个人与社会影响的最经典的理论。第八章是传播调查研究方法。第九章是传播实践应用研究，包括广告传播、公关传播和整合营销传播。

本书编写者均为浙江工商大学人文与传播学院的老师。第一章、第二章、第八章由门书均老师负责编写，第三章、第六章、第七章由吴凡老师负责编写，第四章、第五章由厉国刚老师负责编写，第九章由高运锋老师负责编写。全书由吴凡老师负责补充、修订和统稿工作。

在本教材的编写、出版过程中，得到了浙江工商大学出版社钟仲南副总编的大力支持，提出了许多有益的意见，本书责任编辑王黎明认真负责，谨致谢意！由于时间仓促，更由于水平所限，书中有不少缺点和错误，衷心希望专家和读者批评指正。

吴　凡

2011 年 11 月

目 录

第一章 传播学：兴起、发展与代表人物

上古无文字，结绳以记事。《易·系辞下》："上古结绳而治，后世圣人易之以书契。"孔颖达疏："结绳者，郑康成注云，事大大结其绳，事小小结其绳，义或然也。"晋葛洪《抱朴子·钧世》："若舟车之代步涉，文墨之改结绳，诸后作而善于前事。"

历史上又有周幽王为博褒姒一笑、烽火戏诸侯而失信于天下，最终导致周朝衰败的典故。烽火是古代边防军事通讯的重要手段，烽火的燃起表示国家战事的出现。古代常在边境建造烽火台，台上放置柴草，遇有敌情时则燃火以报警，通过山峰之间的烽火迅速传递讯息。

在人类历史的长河中，无论是原始社会结绳以记事，还是举烽火狼烟以示警，归根到底都是一种信息传播。人类历史的发展伴随着传播历史的演变，从古至今，传播无处不在，无时不有。

既然人类社会和传播密不可分，那么传播学是如何成为一门独立而正规的学科？传播学的研究对象、学科特点、研究体系和研究方法都成为我们关注的重点。而这都需要我们去了解传播学的兴起与发展历程，追溯传播学诞生的源头。

第一节 传播学的兴起与发展

传播学是一门新兴学科，以西方 19 世纪末以来的人文科学、社会科学乃至自然科学为背景，从方法到理论，大量借鉴了其他学科及理论的内容，其中尤以政治学、社会学、心理学、符号学、语言学、新闻学和信息论、控制论及系统论对传播学的影响最大。传播学始于 20 世纪初期的美国，形成于 20 世纪 60 年代。

一、传播学兴起的客观背景分析

传播学兴起于20世纪初至40年代的美国，这是由许多主观和客观因素促成的。而美国恰恰能为传播学的兴起提供必要的发展土壤，主要集中在政治、媒介、经济、军事、社会和学科等方面。

(一) 从政治角度看

从美国建国前后起，报纸就被纳入美国的政治机制中，并且一直扮演着举足轻重的角色。具体表现为：在平时，政治家依赖媒介引导舆论、争取民心，以获得政权、维持政权；在战时，政治家依靠媒介发动群众、鼓舞士气，特别是两次世界大战的爆发，使这种作用更加突出。

1933年3月5日，罗斯福就任美国第32任总统，当时美国处于严重的经济危机之中，经济面临衰退甚至崩溃，为此罗斯福提出了一系列新的经济政策，以挽经济颓势。为说服、教育全国民众，并使民众对新政充满信心和希望，团结一致，罗斯福四次在广播电台发表演讲(因为演讲是在壁炉前进行的，所以史称“炉边谈话”)。“炉边谈话”家喻户晓，取得了非常神奇的效果，人们原来已经对前途和政府充满了失望和怀疑，但总统的谈话使信心又重新回到了民众心中。20世纪60年代越南战争期间，CBS广播网著名新闻主播沃尔特·克朗凯特对越南战争的前景发表了消极的言论，结果成为引发美国历史上声势浩大的反战浪潮的主要原因之一，而约翰逊总统收看了克朗凯特的电视讲话后对新闻秘书说，如果他失去了克朗凯特，便失去了美国。

重要的是，美国总统竞选的体制也使政府以及政客们对大众传播的研究非常重视，他们希望这类研究能提供有力的理论支持，让他们了解民众，更好地与选民们沟通，最终能顺利地踏上通往白宫的道路。肯尼迪曾经是最年轻的美国总统，有人将他政治上的崛起归功于其与媒介的密切关系及良好的媒介形象。当年败在肯尼迪手下的尼克松则吸取了不重视传播媒介的教训，组成了有传播学家在内的竞选班底，最终如愿以偿入主白宫，但是在几年后，他由于“水门事件”黯然离开了这个权力的中心。

基于这样的传统，传播学研究与政治的结缘便成为理所当然的事。1928年，美国著名民意测验创始人盖洛普发表了他的博士论文《应用可挂名内方法衡量读者对报纸兴趣的一种新技术》。1932年，盖洛普运用这一抽样方法，为竞选爱荷华州州务卿的米勒夫人进行了民意调查，正确预测了竞选的结果；1935年，他成立了盖洛普民意测验所，这是第一家专门研究民意的公司；1936年总统大选的时候，与许多主流报纸的预测相反,盖洛普博士又用他的抽样方法正确地估计了民意,预测了结果,声名大噪,这算是传播学最早的研究项目之一。测试民意对总统选举的影响,这类研究自然满足了政治家的需要,传播学研究从一开始就获得了政府的重视。

不容忽视的是,传播学的理论先驱拉扎斯菲尔德,就是在研究大选中的传播活动时,发现了传播学的经典学说之一——“两级传播”。

(二) 从媒介角度看

虽然传播古已有之,但是新闻性传播的独立化却是晚近的事。最初的报纸诞生于17世纪初的欧洲,17世纪末,美国出现报纸,并飞速发展。到了19世纪中叶,美国出现世界上最早的大众化报纸;进入20世纪后,又创立了最早的广播电台;第二次世界大战以后,大众传播的发展更为迅猛,在雄厚的经济和科技基础上,美国建成了全世界最发达的大众传播事业。这种状况,对美国政治、经济、社会等各方面都产生了前所未有的巨大影响。如果说19世纪新闻事业的勃兴为新闻学的诞生创造了历史背景,那么20世纪大众传播事业的突飞猛进则为传播学的创立提供了必要前提。没有新闻事业的发展,就不可能有新闻学;同样,没有大众传播事业的繁荣,也就不可能有传播学。

(三) 从经济角度看

美国经济属于纯粹的市场经济模式,一切经济活动都通过市场来进行调节,受市场的制约。为了争夺市场,就必须在产品质量上下工夫,同时也要在广告宣传上做文章。为了广泛地推销产品,就需要有专门性的机构,如广告部、公关部等;同时也需要有相应的理论来指导这类传播行为,如广告学、公关学等。而广告学、公关学又直接或间接地推动了传播研究的发展。如果说广告学、公关学以及新闻学是从不同侧面服务于具体传播环节的应用学说,那么传播学则是在更高的理论层面对它们进行提炼、升华、抽象、概括的基础理论。高速发展的美国广告市场规模庞大,是世界头号广告市场,市场经济离不开媒介的扶持,媒介反过来也离不开市场经济的滋养。竞争性媒体为了更好地经营和发展,需要对媒介的传播效果和技巧进行研究,从而推动实证传播理论的勃兴。

(四) 从军事角度看

在20世纪的前50年里,人类遭受了两次范围极大的战争,这两次战争波及世界的大部分地区。战争的爆发需要以特殊的宣传手段来鼓舞士气,瓦解敌军,这也鼓励和促进了宣传、传播技巧的研究。1937年,美国建立了由社会心理学家哈德利・坎特里尔[①]主持的宣传分析研究所，该所编辑出版的《宣传和艺术》一书重点论述了战争中如何在宣传上压倒敌人、击垮敌人的方法。

传播学奠基人之一的拉斯韦尔对战时宣传有着突出贡献。他对第一次世界大战时的宣传信息首次进行了内容分析。美国学者贝雷尔森指出："内容分析是对明显的传播内容作出客观的、系统的和定量的描述之研究方法。"这种研究方法的特点是：客观、系统和定量。

拉斯韦尔在1927年出版的《世界大战中的宣传技巧》中，对那些从气球或飞机上落下的传单，或由炮弹向敌方战线击发的传单以及征兵宣传画等进行定量的分类统计后发现，协约国当时广泛使用宣传气球向德军防线后远至150英里的地方散发传单，每个月投放500多万份，而德国则在法国出版了一份非常畅销的报纸，上面登载了被俘法国士兵的名单。拉斯韦尔分析了在这些传单和做法中所使用的说服策略，包括分裂敌人、摧垮敌人的士气、控诉敌人的野蛮暴行，等等。

拉斯韦尔的这种内容分析方法被纷纷效仿，人们热衷于以定量化的手段对大众传播明显的内容进行描述、分析，以此形成了美国主流传播学派讲求实证主义的传统。

第一次世界大战后，许多国家和政权又迫切需要大众传播发挥其娱乐作用，以安抚人们在战争中破碎的心灵，社会需要大众传播的示范作用，用以宣传美国式的生活方式，重建在战争中迷失的价值观念和道德规范，用大众传播进行观念上的潜移默化，于是歌舞类电影大行其道。这对于走出战争的阴影、重建社会秩序、恢复经济发展具有深刻的意义。

20世纪60年代是美国社会观念比较混乱、社会矛盾冲突增大的年代，新旧观念间的冲突、种族问题、女权问题等层出不穷，寻找正确的方式解决这些问题也迫在眉睫，大众传播对于舒缓和解决这些矛盾或冲突起着举足轻重的特殊作用。大众传播可以促进民主、改进民主，也可以制造舆论、制造混乱；可以传播精神文明，也可腐蚀道德。如何正确认识大众传播这一既有利又可怕的武器，它又是怎样在群众中起作用的等一系列问题，也迫使学者们开始对这些方面展开深入研究。这些因素都从客观上促进了传播学研究的迅速发展。

（五）从社会角度看

媒介给大众带来的利与弊，都已充分显露。大量实用性信息的及时传播，极大地方便了人们的生活和工作，各种娱乐信息的提供，充实了人们的闲暇时间。但是，媒介的弊端也随之出现，色情、煽动性信息泛滥，毒害了人们的心灵；不恰当信

① 哈德利・坎特里尔（Albert Hadley Cantril，1906—1969）：美国心理学家。

息的流传，造成了社会的混乱。

典型事件是1938年广播剧《火星人进攻地球》事件。当时，哈德利·坎特里尔与哥伦比亚广播公司的F. 斯坦顿一起，向洛克菲勒基金会提出了“广播研究项目”，并有两年时间担任这个项目的副主任。他导演了1938年10月30日晚8时的“火星人进攻地球”(The Invasion from Mars)事件。当天，担任该节目播音的O. 威尔斯用戏剧般的方式模拟外星人的入侵，借此向听众普及心理学知识。根据事后的调查，约有600万人收听了该节目，其中有28%(约170万)的人认为是新闻报道，这170万人中又有70%(约120万)的人受到惊吓。

事后，人们希望找出导致听众把广播剧作为真实的新闻加以接受的心理条件和社会情境。哈德利·坎特里尔领导了这项研究，研究方法包括抽样调查(前后共两次，一次是哥伦比亚广播公司一周内的调查，调查了920人；一次是一家舆论研究所6周后的调查，调查了数千人)、个人访谈、报纸报道的分析(全国性报纸3周内的1.25万篇报道)。

1940年，哈德利·坎特里尔报告了与收听该电台广播的公众的访谈分析，他发现那些对真正的入侵抱有极大恐惧的听众具有共同的人格特征。受到该访谈分析的启发，在另一项调查中他动用了600名被试者，发现在许多情况下，人格特征可以通过倾听不同被试阅读准备好的手稿来进行判断。这种根据倾听被试阅读材料时的行为表现(声音变化)来进行判断的方法，为社会心理学和人格心理学的研究开辟了一条途径。同年，他还出版了《火星人进攻记》一书，探讨因大众传播媒体的夸张报道或虚构故事引致社会大众严重恐慌与集体歇斯底里的群众行为。

（六）从学科角度看

19世纪末20世纪初的美国，具有相对和平的社会环境、相对自由的科研氛围和雄厚的物质技术力量，吸引了世界各地的优秀人才，培育出大批新思想、新学科的硕果，其中很多成果，如社会学、心理学、新闻学、三论等，奠定了传播学的学科基础。

受以上因素的影响，诞生了具有边缘性、多科性特征的传播学。新闻学可视为传播学的前身，传播学的理论基础则是由众多相关学科奠定的。

在此过程中，出现一大批优秀的研究人员，其中，公认的传播学的五大奠基人——拉斯韦尔、卢因(又译勒温)、拉扎斯菲尔德、霍夫兰、施拉姆，为传播学的诞生做出了突出的贡献。

二、中国传播学的兴起、发展与趋势[①]

20世纪50年代中期，复旦大学新闻系主办的内部刊物《新闻学译丛》第3期和第5期，发表了介绍Mass Communication（当时译为“群众交通”、“群众思想交通”）的文章，这被公认是传播学引入中国的起源。

当时中国和世界的互动关系已相当密切。传播学在美国兴起后不久就传到了中国大陆。需要强调的是，这里少不了一个关键的中介，即一位中国留学生——在美国爱荷华大学攻读传播学专业的郑北渭，他毕业后回国服务，起到了先驱的作用。

但有史料显示，事实上，在更早的20世纪20年代，即传播学还处于形成的初期，就有中国人涉足这个领域，他就是著名的社会学家孙本文。孙本文1925年毕业于美国纽约大学，其博士论文《美国传媒中的对华舆论之基础与趋势》采用内容分析方法考察了美国报纸如何塑造中国形象。可惜，这方面的研究没能持续下去。

（一）分期

如果以1956年作为中国传播学的起点，那么，从1956年到1977年这20多年间，在政治局势的影响下，传播学的发展陷入了一种“休眠”状态。

1978年无疑是一个标志性的时间节点，它是传播学的“重新崛起年”。尽管“反右”和十年“文革”给传播学的发展带来了厄运，然而，当年的学术根基和改革土壤被保留下来了。这种根基、土壤，不仅是指知识和经验的积累，更是指那种勇于改革和创新的精神的传承。因此，一旦政治格局扭转，也就是1978年“四人帮”刚被打倒之际，仍在复旦大学新闻系执教的郑北渭等学者立刻重新开始了对西方传播学的介绍和引进，创办了专业期刊《外国新闻事业资料》（后改名为《世界新闻事业》，再后来又更名为《新闻大学》），发表了大量译文、论文，积极普及传播学的基本知识。当时，老师和同学们的热情非常高，希望以传播学来推动新闻学的教育、研究和新闻事业的改革。在此背景下，王中复出，再次担任系主任，拨乱反正，给传播学的发展创造了良好的条件。

与此同时，北京的中国人民大学新闻系、中国社会科学院新闻研究所等机构的一批教师、研究生，也积极地投身于引进、普及传播学的热潮。从此，传播学的火种迅速地播撒开来。

一般认为，可以将1978—1985年作为传播学获得正式发展的第一阶段，其特

① 张国良：《中国传播学的兴起、发展与趋势》，《新闻与传播》2006年第2期。

点是传播学在中国大陆得到了初步的普及。

1986年以后，则是传播学者们普遍提倡本土化的时期。换句话说，第二阶段是1986—1991年，在此期间，传播学研究一方面得以深化，与社会实际的结合更紧密；另一方面，又再次受到社会形势的影响，甚至被当做“精神污染”的批判对象。

幸运的是，1992年邓小平发表“南方谈话”后，中国的政治形势由紧转缓，经济格局逐步转向市场经济体制。这一决策的重大变化，给传播学的发展带来了始料未及的极大驱动力。因为，在此情势下，中国的媒介发展逐步确立了“事业性质，企业管理”的新思路，媒介一旦在经营上走向市场，争夺受众就成为媒介竞争的必然趋势，这就强烈地刺激了受众调查的兴盛，刺激了传播学的发展。尽管从学科建设的角度看，过于迎合市场是不利的。

第三阶段是1992年至今，这是传播学的研究持续深化、整个学科建设全面走向繁荣的时期。

在这个过程中，有几个重要的时间节点：1997年，传播学与新闻学合并，升格为一级学科；2000年，建立了国家级的传播学研究基地——复旦大学信息与传播研究中心，这是教育部直属的人文社会科学重点研究基地；2001年，创办了高校主导的“中国传播学论坛”；2002年，成立了“中国传播学会”（全称：中国新闻教育学会传播学研究分会，英文缩写：CAC）。由此反映出，经过多年的积累，我国高校的传播学研究和教育团队已形成规模、走向成熟，无论是全国性学术团体的诞生，还是全国性论坛的举办，皆非偶然，而可以说是“水到渠成”、“瓜熟蒂落”的结果。

（二）中国传播学的现状

1. 路径

20多年来，中国传播学日益发展壮大。就其研究的主要路径而言，不外两种。

一种是以传统的视角展开的本土化研究。如前所述，1986年以后，越来越多的学者开始关注本土化的问题，希望开展自己独特的研究。其研究取向是“回到过去”，从中国固有的传统文化中发掘传播学的观点，如孙旭培主编的《华夏传播论》，就力图从四书五经、成语、谚语等资料中，梳理古代的传播思想。这种研究取向，确有必要，也很有特色，但最大的难点在于，研究对象过于零碎，难以形成完整的理论。同时，值得注意的是，中国传统文化中的一些内容已不合时宜，例如大臣对皇帝委婉说话的技巧，那其实是古人在一种扭曲状态下的生存术，如今的中国已走上了社会主义民主和法治的道路，封建时代的那些腐朽的政治和文化残余不应再有立足之地。

另一种则是借鉴世界前沿的传播学理论和方法，在此基础上，努力摸索本土传播学研究的特色，可谓“拿来主义”的取向。实际上，早在1981年就有过一次初步尝试，即复旦大学新闻系1977级同学开展的关于“林彪与四人帮集团受审”信息流程的调查，虽然规模很小，调查对象仅100多人，但具有重要的开拓意义：一是开了传播学实证研究的先河；二是明确依据传播学的理论框架进行，即通过了解“林彪与四人帮集团受审”这一重大事件新闻的传播状况，考察中国社会结构中的信息流程。结果发现，人际传播渠道的作用十分活跃，与大众传播媒介“旗鼓相当”，这一结论与已有的“二级传播”理论成果相符。

1982年，在中国社会科学院新闻研究所与首都新闻学会的共同主持下，实施了著名的“北京受众调查”，这是我国新闻传播史上的第一次大规模受众调查。从那以后，运用定量方法研究受众的观念和实践，蔚然成风，深入人心。如上所述，市场经济兴起之后，除高校和研究机构外，还如“雨后春笋”般地冒出了许多市场调查公司，包括国际知名的A.C.尼尔森公司等，也纷纷涉足这一利润丰厚的领域。

但问题在于，单纯的应用性、商业性研究再多、再繁荣，也不等同于理论的成长、学术的兴盛。况且，不能忘记的是，学界与业界还需要保持一定距离，即学界必须坚持自己的学术立场。从这个角度看，20多年来，尽管不断有人努力探索，如陈崇山[1]、卜卫[2]、孙五三、张学洪、王怡红、裘正义[3]、柯惠新、方晓红等学者，就大众媒介与农村[4]、现代化[5]、儿童、女性等课题展开了一系列实证研究，方法较为规范，成果也相当显著[6]，但总的来看，这方面的研究还相当薄弱。

不过，自20世纪末以来，这种“拿来主义”的研究取向毕竟越来越明晰了，诸如“议程设置功能”、“知识沟”、“涵化”等前沿理论的实证研究在中国也逐步展开，随之，中国传播学研究在这方面的特色也就日渐显现出来。

2. 问题

“拿来主义”的路径或取向，虽然对于学科发展极为重要，但在很长时间里，却迟迟没有形成气候，并受到非议和误解，这在其他社会学科看来，可能颇为费解。其原因何在？大致可以概括为以下几条。

(1)我国传播学科的背景单一。如前所述，如果没有复旦大学、中国人民大学、中国社会科学院等学校和研究机构的大力推动，传播学在中国是不可能得到顺利发展的。但与此同时，也带来一个问题，即中国的传播学从一开始就被限定在新闻

---

① 陈崇山等：《中国传播效果透视》，沈阳出版社1989年版。

② 卜卫：《进入地球村：中国儿童与大众传播》，四川少年儿童出版社1994年版。

③ 裘正义：《大众媒介与中国乡村发展》，群言出版社1993年版。

④ 方晓红：《大众传媒与农村》，中华书局2002年版。

⑤ 陈崇山等：《媒介·人·现代化》，中国社会科学出版社1997年版。

⑥ 郭建斌：《独乡电视》，山东人民出版社2005年版。

学的范畴里，大家关心和研究的面很窄，而不像欧美那样，有修辞学、语言学、社会学、政治学、心理学等广阔而多元的学科背景和资源。换句话说，这在很大程度上使中国传播学者的视野受到很大局限，影响了研究的广度和深度。这是一种先天不足，即传播学在中国从一开始就隶属于新闻学，而新闻学又依附于中国文学。众所周知，中国文学是纯粹的人文学科，其成员中鲜有掌握社会科学研究方法者（不像西方的传播学研究队伍中有许多社会学、心理学、政治学等社会科学或行为科学的学者加入），这就造成了我国传播学界普遍存在的不足：学术视野不够开阔、方法训练不够全面（主要问题是不掌握、不熟悉定量研究方法）。

（2）与此相关，我国传播学者的外语能力总体不强。中国早年的一批传播学者，除郑北渭等先驱者外，由于各种因素的制约，外语（特别是英语）能力普遍较弱。这一缺陷，导致学者难以直接阅读、理解外文原版经典和前沿文献的内容，也就多少妨碍了“拿来主义”路径的传播学研究。

（3）我国传播学界的理论联系实际的意识不强。学界尽管编写、发行了大量教材，用很多篇幅介绍了外国的各种传播学理论和方法，却很少开展自己的研究，就像毛泽东曾比喻的那样，革命者手里拿着“马克思主义”之矢，连称“好箭、好箭”，却不射向“中国革命”之的。与此类似，传播学者也往往拿着“传播学”之矢，连称“好箭、好箭”，却不射向“中国传播实践”之的。这样，理论对实际的影响就难免大打折扣了。

相对而言，第一条缺陷即学科背景的单一，是问题的关键或者说“瓶颈”，因为由此引发出了一系列问题，包括学术视野不宽、方法训练不足、外语水平不强等。怎样突破这个“瓶颈”呢？无非是两种方法：“请进来”和“走出去”。一方面，要让更多的其他学科的学者参与我们的研究；另一方面，传播学者也要主动完善自身的知识结构。换句话说，必须扎实推动跨学科的交叉发展。与此同时，研究团队的结构、人才培养的模式、研究方法的训练、外语能力的强化等问题，都亟待列入议事日程。

（三）中国传播学的未来

1. 定位

立足于中国，展望传播学科的未来，一个无法回避的问题是：中国传播学如何定位，包括它与新闻学科之间的关系如何确定。

学科定位至少有两种方式。一种是行政的定位。如教育部目前把新闻学、传播学并列为二级学科，然后由它们组成一级学科。另一种则是学界的定位。但学界的看法不太一致，有人认为传播学应包含新闻学，也有人认为两者应分开，各自列为独立的一级学科。这种分歧的根源，还得从中国传播学发展的历史背景中去寻找。如前所说，传播学兴起于新闻院系，早年与新闻学只能是一种依附关系，是新闻学诸多研究方向中的一个。可是，传播学后来逐步成长壮大了，发展到一定程度，新闻学再也无法将其包容，就必然出现两者应分开的呼声，但历史渊源又使两者难以完全分家，它们的矛盾也就不可避免地产生了。

总体而言，学界有一个共识，即：传播学的引入对新闻学的发展起到了很大的促进作用，新闻学与传播学之所以能合并成为一级学科，在很大程度上依赖于传播学的力量。因为传播学的学理性更强、适用面更广。也就是说，两者之间事实上形成了一种互补、互动的良性关系，迄今为止，其主流是“合作大于矛盾”。但今后如何维持这种良性关系，对双方都是考验。两者最终会不会分家？从中国的特点看，恐怕一时很难彻底分开，更可能是有分有合、局部分开、有限分开。但到一定时候，出现若干以传播学（而非新闻学）为主的学院，是完全可能的，也可以说是大势所趋。因为，这两者虽有交叉，又确实存在着诸多差异。

例如，从人才培养看，新闻学的目标比较单一，即培养新闻从业人员，如记者、编辑等，而传播学的培养目标则是更宽泛意义上的传播管理者，类似于国外的 CIO（Chief Information Officer），即传播主管。换句话说，他们是通晓传播原理、熟练掌握各种传播技能的专才，既可以从事媒介工作，也可以到各种组织和部门开展传播管理工作。目前，国内的传播学科相当热门，无论硕士、博士，报考人数都成倍增长，很多文科甚至理工科的学生，在本科阶段结束后，都希望进入传播学的硕士专业学习，这也反映了我国社会在信息化进程中对传播人才的需求日益扩大的趋势。

又如，从课程设置看，一般来说，新闻学更偏重采、写、编、评等新闻业务操作的训练，而传播学更注意传播理论、方法和实务的传授。不过，我国传播学的本科教育其实刚刚展开，作为试点，2002 年起，教育部只批准了少数几家院系设置传播学的本科专业。但由此也不难看出，社会对于新闻传播院系的人才培养目标，逐步由适应单一的新闻或媒介人才需求，转向了适应更为广阔的各行各业的传播人才需求。

不仅如此，在科研方面，传播学的发展前景也远比新闻学广阔。其根本原因在于，前者是以整个人类传播为考察对象，从而涵盖了包括后者在内的各种具体传播现象。

2. 前景

近几年来，中国传播学界的发展势头很好，在前辈的带领下，一批青年学者在迅速成长。从总体趋势看，可概括为这样四个特点：一是研究取向的理论化；二是研究题材的多样化；三是研究方法的规范化——从最初的很不规范到目前的有所规范，当然还有很大上升空间；四是研究视野的全球化、国际化——尽管还只是一种起步状态,但学者们确已普遍意识到,自身的研究不能游离于全球化之外,而需要与更多的各国学者交流、对话。

从研究的题材看,主要集中于这样一些领域:媒介经济、网络传播、媒介体制、传播法律与伦理、国际传播、舆论监督、受众与传播效果等。这些"热点"课题,都与当前中国的经济与社会发展密切相关,体现了学界对实际问题的积极回应。

例如"媒介经济",作为传播学与经济学的交叉,吸引了许多学者的浓厚兴趣,反映了媒介处于从"事业"转型为"产业"过程中的迫切需求。改革开放30多年来,中国的媒介状况发生了许多变化,但总的来说,媒介之间的竞争还很不充分,与发达国家相比,我国媒介环境还相当封闭和垄断。长期以来,我国媒介资源的分配,采用批准制的行政方式,如一个省只能有一家电视台,这就导致了媒介环境缺乏必要的竞争机制,而且条块分割现象严重,不仅不能跨地区发展,也不能跨媒体、跨行业发展。这样一来,就压抑了媒介的竞争活力。可喜的是,这种情况正在改观,从报纸开始,出现了跨地区发展的势头,跨媒体的集团化发展也在探索中。总之,我们需要更多的理性思考和科学研究,以媒介的集团化为例,"集中"究竟在哪些条件下、在什么程度和形态上最为适宜?如何正确处理"集中"和"竞争"的关系?如何避免过度"集中"和过度"竞争"态势?这些问题都有待深入研讨。

又如"网络传播",也涌现了大量成果。概括起来,一是对于总体状况的把握,我国对互联网的总体描述,主要由"中国互联网信息研究中心"(即CNNIC)进行;二是关于互联网对传统媒介的冲击和影响,对此见仁见智,有人认为冲击和影响很大,有人却认为很小,总的来说,这尚属于"现在进行时",因此,下任何结论都为时过早;三是关于互联网对个人的影响,同样是热烈而不确定;四是关于互联网对社会的影响,其研究课题极其广泛而多样,包括政治层面(如电子政务、信息公开等)、经济层面(如电子商务、网络经济等)、文化层面(如虚拟群体、网络游戏等)、社会生活层面(如网恋、电子购物等)的影响;五是关于互联网与信息化的研究。

3. 目标

需要再次强调的是,在纷繁、热闹的表象之下,切勿迷失我们的方向或目标,即理论追求。学者在开展科学研究的过程中,一定要追求学术品位、提升理论水准,或者说,注重发掘传播现象的深层规律。换句话说,作为学者,务必正确看待理论和实际、基础研究和应用研究的关系。如上所述,传播学的应用及面向的对象非常广泛,并可以有多种方式,诸如危机传播、健康传播、动画、儿童与媒介、女性与媒介、大学生与媒介、新传播科技(手机短信、数字电视)的影响等,举不胜举。同时,传播学一些基本原理的普及,尤其是对业界的普及还远远不够,目前大多偏于经营管理方面,其实传播学的理论非常丰富,直接与媒介相关的内容也不少,因此需要进一步加强学界与业界的交流。

但无论如何，不能忘记的是，学界必须坚持自己的学术追求和理论目标。还应指出，有些研究，特别是基础理论的研究，未必可以直接与业界关联，它可能更宏观、更抽象，或者更适合给高层决策参考。也就是说，不宜把“理论联系实际”简单化。

随着经济和社会的发展，中国应该能有更多、更强的企业（不只是媒介机构）能加大资助传播学研究的力度（但并不干涉研究的独立性、科学性），如同美国的洛克菲勒基金会、CBS 那样。特别是当今世界，媒介的力量空前扩张，对个人和社会产生了举足轻重的影响。在此背景下，对相关研究的资助，其意义就更彰显了。

除此之外，对于传播学界（乃至整个人文社会科学界）的健康发展来说，科学、公正的学术机制的建立和健全，也非常重要。现行的学术机制存在着弊端，最突出的是过于偏重数量。根据科研成果的数量多寡，奖勤罚懒，有一定的积极作用，评估标准也容易掌握，但问题在于，这种忽视甚至无视质量的评估机制，导致了大批平庸乃至变相抄袭的所谓“论文”、“专著”的涌现，极大地浪费了我国知识分子的生产力。

综上所述，在信息化、全球化的时代背景下，中国传播学具有十分旺盛的生命力，只要学界力戒浮躁、善于反思、不断进取，就一定能走向更加美好的未来。

第二节 传播学的主要代表人物

尽管传播学有着悠久的学术思想渊源，但是在 20 世纪 20 年代以前并没有专门的学者研究传播问题，大多学者都是从本学科出发，在研究相关问题时附带对传播现象做了某种程度的归纳和概括。但是，正是这些学者对传播现象的涉及性研究，经过几十年的努力，为传播学打下了一个虽嫌杂乱但还算坚实的理论基础。其中拉斯韦尔、卢因、拉扎斯菲尔德和霍夫兰被称为传播学的四大奠基人，另外值得一提的，还有传播学的集大成者——施拉姆。

一、拉斯韦尔的宣传与传播研究

哈罗德·拉斯韦尔（Harold Lasswell，1902—1978），1902 年 2 月 13 日出生于美国伊利诺伊州唐尼尔逊的一个牧师家庭，家境优裕。1918 年拉斯韦尔进入芝加哥大学，1922 年在芝加哥大学获哲学学士学位。之后，他赴英、法、德等国著名大学攻读研究生课程。期间，他曾去柏林大学学习心理分析学说。1926年拉斯韦尔获哲学博士学位。1927—1938年在芝加哥大学教授政治学。1952年任耶鲁大学政治学教授。1954年受聘任行为科学高级研究中心研究员。1955年当选美国政治学会会长。1978年12月18日逝世。

1927年，在芝加哥大学政治系任教的拉斯韦尔正式出版了他的博士论文《世界大战中的宣传技巧》，随即在学术界引起反响。该书描述和分析了第一次世界大战中各交战国之间的宣传战，断定宣传能产生很大的社会影响力。1935年，他又与人合写和合编了《世界革命的宣传》、《宣传与推行》两本书，用科学的方法分析和研究宣传的功能及其社会控制，探讨宣传的本质和规律。1946年，拉斯韦尔和史密斯合著了《宣传、传播和舆论》一书，认为宣传只是信息传播的一种特殊形态，而大众传播研究的范围要广得多，包括报刊、广播、书籍、电影、告示以及歌曲、戏剧、演讲，等等。该书第一次明确使用了"大众传播学"的概念，并用四篇文章分别阐述了传播过程中的"渠道"、"传播者"、"内容"和"效果"等要素，从而显示出著者由宣传研究转向传播研究的思维轨迹和理论倾向。在拉斯韦尔逝世两周年的时候，他与勒纳、史皮尔合写的《世界历史上的宣传性传播》三册巨著正式出版发行，从而将宣传与传播研究又推向了一个新的高度。

拉斯韦尔是美国行为主义政治学的创始人之一。他试图用精神病理的特性来分析各种类型的政治领袖，指出历史上许多杰出的领袖在精神上或生理上都有反常现象，而一切心理上的失常在政治上都是危险的。自卑感、仇视父亲、同性恋、自我陶醉和不能自拔的罪过心理，都是造成狂热者、独裁者和专制暴君的诱因之一。病态的恐惧心理是造成战争的根源。他认为，为了防止人们从暴行、迫害和冲突方面找出路，必须消除"折磨人的灵魂的各种紧张"，建立"预防的政治"，即依靠教育来清洗人们的心灵，依靠足够的受过精神病学训练的社会科学家来指导和教育群众；而不能依靠制定法律、改变政府组织、扩大民众参与等社会变革来实现。

拉斯韦尔一生勤勉耕耘，著述甚丰，共发表了600万字以上的学术著作，内容涉及政治学、社会学、宣传学和传播学等许多领域。拉斯韦尔的主要论著有《精神病理学与政治学》(*Psychopathology and Politics*，1930年)、《政治学：谁得到什么？什么时候和如何得到？》(*Politics：Who Gets What，When，How*，1936年)、《传播在社会中的结构与功能》(*The Structure and Function of Communication in Society*，1948年)、《政治的语言：语义的定量研究》(*The Language of Politics：Studies in Quantitative Semantics*，1965年)、《世界历史上的宣传性传播》(*Propaganda Communication in World History*，1980年，与人合著)。

拉斯韦尔对传播学的贡献主要表现在五个方面。

第一，他首先用政治学观点对传播学进行系统的研究，是公认的“宣传和政治符号理论发展的先驱”。

第二，他提出了著名的“5W”传播模式和传播“三功能说”，前者比较完善地描述了传播的过程，并为当代传播学研究指明了方向；后者则为怀特、宣伟伯等学者后来对传播功能作出进一步的理论阐述，奠定了基础。

第三，他在第二次世界大战时期承担了洛克菲勒基金会的“战时传播项目”，提出了传播在社会中的三个功能：监督社会环境，协调社会关系，传衍文化遗产。后来传播学者增加了传播的第四种功能：娱乐。

第四，他关于战时宣传与政治宣传的研究代表了一种早期重要的传播学类型，并开创了内容分析法。例如，他对第一次世界大战中交战双方宣传策略的研究(1927)在风格上是定性的和批判的。他分析了协约国通过气球、飞机、炮弹向敌方战线散发的宣传传单所使用的说服策略，包括分裂敌人(诸如协约国努力使奥地利裔匈牙利人疏远德国)，摧垮敌人的士气(诸如强调有成千上万的美国军队正如何抵达法国)，控诉敌人的野蛮暴行(诸如德国士兵对比利时儿童的虐待)等。他对第二次世界大战期间宣传的研究(1949)是定量的和统计学的。该方法具有精确定量的特色，为使传播学成为一门精确的科学立下了功勋。

第五，他用定量语义学的方法，比较了有意义的政治符号在不同时间和地点在主要新闻机构的分布，为传播学研究运用内容分析的方法提供了有益的经验。

但是，具有巨大而深远意义的论著则是拉斯韦尔 1948 年所著的《传播在社会中的结构与功能》论文中的“一句话”、“三功能”，这确定了他在传播学中的创始人地位。这一句震撼学术界的话就是：“谁？说些什么？通过什么渠道？对谁说？有什么效果？”从而引申出“控制分析、内容分析、媒介分析、受众分析和效果分析”五大研究课题，并长期左右着美国的传播学研究方向。三种功能为：监督社会环境、协调社会关系、传衍社会遗产。

拉斯韦尔提出的传者、受者、信息、媒介、效果这五个传播环节通常被称为“5W”模式，或称拉斯韦尔模式。在传播学史上，“5W”模式第一次比较详细、科学地分解了传播的过程，使传播研究的细化、深化成为可能。拉斯韦尔同时把“5W”规定为传播学的五大研究领域，为后人分门别类的深入研究开辟了广阔道路。第一次为传播学搭建了一个比较完整、全面的理论构架，从而使传播学的最终确立成为可能。

拉斯韦尔也是一位著名的社会政治活动家，传记作家形容他“犹如行为科学的达尔文”。

二、卢因与“把关人”研究

库尔特·卢因(又译为勒温,Kurt Lewin,1890—1947),心理学家,场论的创始人,社会心理学的先驱,传播学研究中把关理论的创立者,以研究人类动机和团体动力学而著名。卢因生于德国波森省的莫基诺(今属波兰),15 岁时搬到柏林。先后学过药学和生物学,对哲学也很感兴趣。曾师从格式塔心理学主要代表人物W.克勒,先后受教于弗莱堡大学、慕尼黑大学及柏林大学,在斯图姆夫的指导下,1914年在柏林大学获得哲学博士学位。服四年军役后,回柏林大学任苛勒领导的心理学研究所助理,1922 年任讲师,1926 年任教授。1932 年赴美任斯坦福大学客座教授。翌年,因反对纳粹迫害而移居美国,先在康奈尔大学任教两年,后任艾奥瓦大学儿童福利研究所儿童心理学教授。1945 年到麻省理工学院任团体动力学研究中心主任,兼加利福尼亚大学伯克莱分校和哈佛大学客座教授。他和他的同事们进行了关于团体气氛和领导风格的研究,试图用团体动力学的理论来解决社会实际问题,这一理论对以后的社会心理学发展有很大的影响。

团体动力学理论是卢因于 1944 年提出的。团体动力学所研究的团体指的是非正式组织。卢因认为,同正式组织一样,团体有三个要素:一是活动,二是相互影响,三是情绪。活动、相互影响和情绪不是各自孤立的,而是密切相关的,其中一项变动,会使其他要素发生改变。团体中各个成员的活动、相互影响和情绪的综合就构成团体行为。团体行为就是各种相互影响的力的一种错综复杂的结合,这些力不仅影响团体结构,也修正一个人的行为。卢因在研究团体动力学时,也研究了不少群体传播的问题。

卢因最先提出“把关行为”和“把关人”概念,在第二次世界大战期间,卢因带领学生开展了实验研究:家庭主妇对不受欢迎的食物,扮演着犹如把关人的角色,除非家庭主妇决定将动物内脏推销给她的家人,否则,她的先生和孩子是不可能吃到的。卢因这项研究是对团体动力学的具体解说,它的思路体现的正是团体动力学的基本思路,即在团体和个体的关系中,起决定作用的是团体因素,因此要改变个体的态度,首先须从团体方面入手,进而由团体影响个体。

卢因对传播学的贡献主要表现在三个方面。

第一,他把心理学的实验方法引入社会学研究的同时,实际上也给传播学研究提供了一种有效的手段,因为他研究的是人类行为场理论和群体动力学,既属于心理学和社会学的范畴,也涉及传播学的一些基本问题。在这个意义上,卢因是最早研究传播学的心理学家之一。

第二，他对人们行为和群体的研究，给传播学中的效果研究带来一个重要启示——在研究大众传播媒介对个人的影响时，要充分注意社会环境和个人所属群体的作用。

第三，他提出了著名的“把关人”(gatekeeper)概念，为信息流动的复杂性等提供了圆满的解释。

三、拉扎斯菲尔德与经验性传播学研究

保罗·拉扎斯菲尔德(Paul Felix Lazarsfeld，1901—1976)，美国社会学家。1924年获维也纳大学应用数学博士学位，次年在维也纳创办应用社会学研究所。曾任维也纳大学应用心理学讲师。

拉扎斯菲尔德于1933年移居美国后，在洛克菲勒基金会等机构的资助下，运用数学语言和模型对失业、广播媒介、竞选、政治宣传等社会现象进行调查、描述和分析，第一个使社会调查在大学实现了制度化，将数学方法引进了社会科学研究。

1937年，拉扎斯菲尔德接受资助在普林斯顿大学成立了广播研究室，开始对传播新媒介——广播进行研究。他认为：“广播是一个主题，而环绕其四周的事物，完全能为任何一种研究方法(包括数学)来精炼。”然而，他不久即发现广播研究可以作为走向传播研究的一个踏脚板。于是，他与同事默顿(R. K. Merton)先开展了阅听人研究，试图弄清决定广播听众范围大小和听众特征的原因。接着，他开始研究广播的传播效果，即分析广播的内容和形式对听众态度和行为的影响。不久，拉扎斯菲尔德又着手研究其他传播媒介产生效果的特殊情境架构。但是，这些研究似乎并未引起人们的重视，影响甚微。

从1940年起，拉扎斯菲尔德在哥伦比亚大学教书，并建立了应用社会学研究所。这不仅为他提供了研究基地和革新方法论的工具，而且为培养新一代年轻的定量研究者提供了正规教育的场所。

在时代—生活公司的赞助下，他在1940年用其独特方法(“拉扎斯菲尔德指数”的数学模型)对当年的美国总统选举进行了详细调查，旨在探讨媒介对选民投票意向的影响。促使拉扎斯菲尔德等人对大众在总统选举中的行为进行研究的诱因是第二次世界大战，战争机器直接推动了包括传播学在内的诸多人文社会科学在美国的发展。社会学家奉命研究士兵的士气，以使整个军队的精神面貌更利于作战；社会心理学家奉命研究政治宣传的有效性问题，以使政府的指令更容易为大众所接受；而深谙世界各国文化的人类学家则负责向政府提供建议，以减少美国政府在与日、韩等国家打交道时产生的摩擦。这些学者在各自领域的成功为人文社

会科学带来很高的声誉，并开拓出愈来愈广泛的研究领域。基于社会需要的各种新兴研究领域也促使人文社科摆脱单纯的思辨式研究方式而代之以实证式的研究方式，因为每一个研究成果都被期待着对紧迫的社会问题做出解释或者作为政府制定政策的依据。

四年后，拉扎斯菲尔德及其哥伦比亚大学同事发表了题为《人民的选择》(1944)和《选举》(1945)的研究报告。研究表明：大多数选民早在竞选宣传之前就已作出了怎样投票的决定，只有约5%的人由于宣传改变了投票的意向，而这批人之所以中途“变节”，竞选宣传仅是间接影响力，其直接影响力来源于亲戚、朋友、团体等“意见领袖”。拉扎斯菲尔德等人的研究(包括《个人影响力》，1952年)，不仅破除了“魔弹论”的“电台的威力”无比强大的迷信，发现了大众媒介的直接效果十分有限的原因，而且还发现了信息传播的“中间站”——意见领袖这一特殊人物，从而导致了“有限效果论”、“两级传播论”乃至“多级传播论”的问世，初步揭示了社会传播的复杂性。

拉扎斯菲尔德对传播研究的又一重要贡献是他创立的数理(定量)研究方法和技术。他重视社会调查方法，讲究严格的社会统计程序和操作化过程，强调精确的定量测量和定性的评价分析。他开创的社会调查的数学模型，可以有效地进行社会传播的潜在结构和定组分析；他首创的交叉列表方法，则有利于研究传播变量之间的关系和分析有关传播现象。他还是民意测验中采纳社会调查方法的首创者，著有《社会科学中的数学思维》、《人民的选择》、《定性分析》和《应用社会学导论》等。他的一系列应用研究，推进和提高了美国和欧洲社会学经验研究的发展与质量。

总之，拉扎斯菲尔德既是一系列重要传播理论的开拓者，又是传播研究中定量研究方法的开创者。

四、霍夫兰与说服效果实验

卡尔·霍夫兰(Carl Iver Hovland，1912—1961)，美国实验心理学家，传播学奠基人之一。他出生于美国芝加哥的一个移民家庭，因患癌症逝于美国康涅狄格州的哈姆登(Hamden)。

霍夫兰的父亲是电器工程师和发明家，他的母亲12岁就从瑞典来到美国，未接受正式教育。霍夫兰先在西北大学学习物理学、生物学以及实验心理学，1932年获得文学学士学位，1933年在该校获得文学硕士学位。然后进入耶鲁大学师从C.赫尔，1936年获得博士学位，同年在耶鲁大学担任讲师，开始其专业研究生涯。

他毕生从事说服与态度改变以及心理对行为影响的研究。早期的研究兴趣在实验心理学，但第二次世界大战的爆发改变了他的研究方向。1942 年，霍夫兰应召率领主要由心理学家组成的专家小组赴华盛顿，在美国陆军军部新闻及教育署研究战争宣传与美军士气的问题。从此，霍夫兰的实验对象由让老鼠走迷宫变为让士兵看影片，通过对影片内容、形式和设计变化的分析，测量、分析传播来源的可信度、恐惧诉求的程度、问题提出的先后效用、论辩时是讲一面之词还是两面都说、结论是明示好还是暗示好等传播问题。

霍夫兰在第二次世界大战后期和战后，为美国军方的战时宣传进行了一系列心理控制实验，被研究对象达 4000 人。他提出了信息源条件、说服者条件、信息本身的条件、说服过程等诸多观点，把说服过程当做日常生活经验的重复来进行说服程序的设计。他认为，人们真正恐惧的不是已经确定的事实，而是不确定和无法知晓的事实。他的研究为后来各种社会想象的心理游戏的设计提供了思想基础。

战争结束后，霍夫兰带着同事和资料回到了曾工作过的耶鲁大学，继续进行传播和态度改变方面的研究。他们接受了洛克菲勒基金会的资助，设立了耶鲁传播研究项目，主持"传播与态度改变研究课题"，对传播与说服、说服能力与说服方法等进行深入研究，并出版了一系列丛书，对传播学的建立做出了重要贡献。

不久，霍夫兰又主持撰写并出版了《耶鲁大学关于态度和传播研究丛书》，共 5 卷，其中以《传播与说服》最具综合性和学术性，是这套丛书中的一部力作。这部著作涉及一系列命题，是说服研究的奠基作，引发了一系列更加广泛、深入的研究。例如，信源的可信性研究有力地扩展了传播者研究的视域，恐惧诉求的分析有利于深入认识受传者态度和行为改变的内在原因，一面之词和两面都说、先说和后说的对比研究更为传播策略和技巧研究增添了崭新话题。

霍夫兰对传播学的贡献主要表现在三个方面。

第一，在彼得森、瑟斯顿等学者的基础上，较完善地把心理学控制试验的方法用于传播效果的研究。用这种方法得出的结论虽然与社会实践可能有一定的距离，但对传播的效果仍不失为一种有意义的预测。

第二，他对军事教育电影的研究不仅从一个方面证明了坎特里尔的观点，而且为打破"魔弹论"的神话提供了更有价值的证据。

第三，他注意到影响说服效果的多种因素，尤其是说服者及其发出的信息者两个因素，并提出了改善说服效果的一系列有价值的建议，为"可说服性"这个当代传播学的重要课题奠定了基础。

五、施拉姆——传播学的集大成者

威尔伯·施拉姆(Wilbur Lang Schramm,1907—1988)是传播学科的集大成者和创始人。人们称他为“传播学鼻祖”、“传播学之父”。他建立了第一个大学传播学研究机构,编撰了第一本传播学教科书,授予了第一个传播学博士学位,也是世界上第一个具有传播学教授头衔的人。

施拉姆出生于美国俄亥俄州的一个音乐世家,获得马里塔学院的学士、哈佛大学的硕士、爱荷华大学的文学博士学位。毕业之后曾在《波士顿先驱报》和美联社做记者和编辑,青年时的主要成就在文学创作方面,1942 年获欧·亨利短篇小说奖。第二次世界大战期间被美国政府征募为统计局和战时新闻局的雇员,接触了许多社会学家,逐渐形成了传播学观。1943 年他在担任爱荷华大学新闻学院院长期间,开设了第一个传播学博士课程,1947 年被聘为伊利诺伊大学传播研究所所长,把心理学、社会学、政治学、人类学和电子工程学等引入到传播研究之中。1949 年他编撰的第一本权威性的传播学著作《大众传播学》出版,成为他创立传播学的标志。这本书收录了政治学家、心理学家、社会学家、语言学家以及许多其他学科的专家对传播学的研究成果。施拉姆当时还仅限于挖掘前人和他人的传播研究成果,并加以整理,使之系统化。此书出版后,立即成为美国大学传播学专业普遍采用的教科书。因需求量太大,1960 年又出了修订版。直到今天,这本书仍然被认为是施拉姆建立传播学体系的基础,也是他所有著作中最有权威和引用最多的作品。施拉姆在 20 世纪五六十年代与人合作出版或独立出版了《报刊的四种理论》、《大众媒介与国家发展》等 30 本传播学著作(其中 25 本被译成其他语言),发表了 120 多篇学术论文,一生著述丰硕。施拉姆组织创办了美国最有影响的传播学研究机构:爱荷华大学舆论调查中心、伊利诺伊大学传播研究所、斯坦福大学传播研究所、夏威夷东西方中心传播研究所,培养了一批又一批的研究生,其中成为著名传播学者的不乏其人。

施拉姆对传播学的巨大贡献在于他把美国的新闻学与社会学、心理学、政治学等其他学科综合起来进行研究,在前人传播研究的基础上,归纳、总结、修正并使之系统化、结构化,从而创立了一门新学科——传播学。施拉姆的学生、传播学者坦卡德曾经对施拉姆有过这样的评价:“施拉姆对这门学科的最大贡献或许并不在于他自己的理论观点——尽管这些理论观点很重要,而在于他对传播的核心问题所勾勒的学说框架。也正是在这一点上,他使这门学科得以完善。”

施拉姆在其最后一部手稿中对传播学的未来曾做出这样的预言:传播学在不

久的将来，会经历一个合并和重新确认的阶段。在那时，现在被称为新闻学、言语传播学、电影学、大众传播学和信息科学的大学机构将合并成被简单地称为“传播学”的更大机构。这种名称的改变是至关重要的，因为它意味着过去与传播相关的机构的区分——它是以传播渠道为基础，以立于每一种传播渠道背后的媒体产业为基础——将不再受到重视，以便有利于围绕传播学的核心范式建立一种理性的统一体。

第三节 传播的定义与传播学研究的对象

任何一门学科都必须有自己的研究对象，传播学也是如此。每一个初次听说或接触到传播学的人也必然会提出这样的问题：传播学是一门什么学问？它的研究对象和要考察的基本问题是什么？不能明确回答这些问题，便意味着这门学科还不够成熟。

众所周知，传播学是 20 世纪出现的一门新兴社会科学，传播学成为大学的正规课程也只有半个世纪的历史。传播学又是一门边缘学科，它与新闻学、社会学、心理学、文化人类学、政治学等诸多学科及信息论、系统论、控制论等理论有着千丝万缕的联系，彼此互相影响，互相渗透。正因为如此，到目前为止，传播学的对象问题既不像许多成熟的学科那样已有公认的定论，它的研究领域也并不十分明确。相反，带着不同学术背景、抱有不同课题关心的学者从各自的角度探索传播问题，形成了传播学的分科领域——如大众传播学、文化传播学、广告传播学等十分繁荣，而作为各分科之基础的传播学基本理论研究却显得非常薄弱的局面。即便是相对“繁荣”的各分科领域，也没有摆脱“杂学”状态，看起来林林总总、无所不包，却很难找到一条系统的思路。

然而，传播学毕竟已经从诸多科学中脱胎出来，成了一门相对独立的学科，随着传播技术革命和社会信息化的发展，这门学科在国家建设和社会发展中的地位越来越重要。

一、从传播的定义看传播学研究

探讨传播学的对象时，一个不可避免的问题是如何理解“传播”这个基本概念。不少学者指出：传播学，顾名思义是研究传播的学问。尽管我们不能停止在“顾名思义”的层次上，但探讨传播学的研究对象却不能不从考察传播概念做起。解决了这个问题，也就找到了科学地界定传播学对象的一把钥匙。

传播的内涵是很丰富的，到目前为止，对传播的定义多达百余种，传播学界尚未形成对传播的统一定义，不同的传播学者基于相应的研究侧重提出了不同的见解。这些定义之间相互并不冲突，区别只在于对各自所源起的不同领域的反映。其中颇具代表性的几类定义为：

"传播是对一组告知性的符号进行统一化的处理过程，让其成为一个统一的东西。我们在传播的过程中，是努力想同谁建立'共同'的东西，即我们努力想'共享'信息、思想或态度。"（威尔伯·施拉姆——人类历史上第一位传播学家，创立了传播学这一新兴学科）。

"所谓传播，是人际关系借以成立的基础，又是它得以发展的机理。就是说它是精神现象转换为符号并在一定的距离空间得到搬运，经过一定的时间得到保存的手段。"（C. H. 库利——密歇根大学社会学家）。

"互动，甚至在生物的层次上，也是一种传播；不然，共同行动就无法产生。"（G. H. 米德——芝加哥大学哲学家）。

"传播就是'某个人'（传播者）传递刺激（通常是语言）以影响另一些人的（接收者）行为的过程。"（C. I. 霍夫兰——耶鲁大学实验心理学家）。

"所有传播行为都是旨在从特定人物（或一群人）引出特定的反应。"（D. 伯洛—— 伊利诺伊大学早期传播学博士）。

"传播乃是把思想、消息与态度从一个人传至另外一个人的艺术。"（爱默瑞：《大众传播概论》）。

"从最一般的意义说，传播是社会信息的传递；传播表现为传播者、传播渠道、受者之间的一系列传播关系；传播是由传播关系组成的动态的有结构的信息传递过程；传播是社会性行动，传播关系反映社会关系的特点。"（沙莲香——社会心理学家，中国人民大学博士生导师）。

"传播是信息的双向流通过程，包括人际传播与大众传播两大类型。"（李彬——清华大学教授，博士生导师）。

"传播，即传受信息的行为（或过程）。"（张国良——复旦大学教授，博士生导师）。

一般而言，大多数传播之定义是从讯息来源或传者与受者取向而下的。来源取向（source-oriented）定义强调送讯息者在传播中的角色，而受讯者取向（receiver-oriented）定义注重受讯者的角色。

（一）如何把握传播概念

许多理论用语都是由日常用语演变而来的，传播一词也是如此。传播学中所使用的“传播”一词，是英语 communication 的对译词。据考证，这个词起源于拉丁语的 communicatio 和 communis，14 世纪初在英语中写作 comynycacion，15 世纪以后逐渐演变成现代词形。其含义有十几种，包括通信、会话、交流、交往、交通、参与，等等。在 19 世纪末，这个词已经成了日常用语。通过这些日常用语，我们基本上可以了解，传播一词主要指的是人类传递或交流信息、观点、感情或与此有关的交往活动。

但是，日常用语或普通词典中的说明只不过是对各种传播活动或现象的罗列，尚没有对传播的本质属性作出概括。这个问题只有在传播成为科学研究的对象时才能得到解决。

传播一词最早何时作为理论语言开始使用尚待进一步的考证，不过根据现有文献可以判断，至晚在 20 世纪初，一些学者已经自觉地将传播作为学术考察的对象。例如美国社会学家库利在 1909 年出版的《社会组织》中设了“传播”一章专门加以论述，并为传播下了这样一个广为人知的定义：

> 传播指的是人与人关系赖以成立和发展的机制——包括一切精神象征及其在空间中得到传递、在时间上得到保存的手段。它包括表情、态度和动作、声调、语言、文章、印刷品、铁路、电报、电话以及人类征服空间和时间的其他任何最新成果。

从这个定义可以看出，作为社会互动理论创始人的库利突出强调了传播的社会关系性，把传播看做是人与人关系得以成立和发展的基础。值得一提的是，库利把“铁路”视为重要的传播手段。在他看来，铁路交通是人和物的流通，这种流通也必然伴随着人与人的交往或以物为中介的精神交流和社会互动关系。

大约与此同时，另一位美国学者皮尔士也在《头脑的法则》(1911)中设了一个题为“传播”的短章。其中有这样一段论述：

> 直接传播某种观念的唯一手段是像(icon)。即使传播最简单的观念也必须使用像。因此，一切观点都必须包含像或像的集合，或者说是由表明意义的符号构成的。

与库利相比，皮尔士并没有为传播下一个明确的定义。但很显然，皮尔士认为传播即观念或意义（精神内容）的传递过程，而观念或意义只有通过“像”或者符号才能得到传达。作为符号学的创始人，皮尔士更强调符号作为精神内容的载体在传播中所起的特殊作用。

库利和皮尔士对传播的描述开创了界定传播概念的两个传统，一个是社会学的传统，一个是符号学或语义学的传统。后来，这两个传统逐渐发生了融合，例如伦柏格将传播定义为“通过符号或象征手段而进行的社会互动”，纽考姆认为传播即“通过社会互动而共享意义”。

这些定义，使我们对传播的实质有了进一步的理解：所谓传播，是一种社会互动行为，人们通过传播保持着相互影响和相互作用关系。然而，上述定义仍然使我们有些迷惑：这种社会互动，究竟是意义引起的还是符号引起的？因为如上所述，有些定义强调的是符号，而另一些定义强调的则是意义，只有信息科学的出现才解决了这一问题。

信息科学对传播学的一个重要贡献就是提出了信息的概念。信息科学告诉我们，人与人之间的社会互动行为的介质既不单单是意义，也不单单是符号，而是作为意义和符号、精神内容和物质载体之统一体的信息，因为意义离开符号便不能得到表达，而符号离开意义只不过是一些莫名其妙的物质，两者都不能单独引起社会互动行为。

有了信息的概念，传播概念的阐述就更为简洁和确切了。事实上，从20世纪40年代信息科学诞生以后，许多传播学家在界定传播概念之际都突出强调传播的信息属性。例如著名传播学家施拉姆在《传播是怎样运行的》一文中写道：“当我们从事传播的时候，也就是在试图与其他人共享信息——某个观点或某个态度……传播至少有三个要素：信源、讯息和信宿。”阿耶尔则更明确地指出：传播“在广义上指的是信息的传递，它不仅包括接触新闻，而且包括表达感情、期待、命令、愿望或其他任何什么”。

应该指出，信息科学对传播学的贡献并不仅仅止于提供了一个信息概念。更重要的是它扩大了传播学的视野，因为从信息科学的观点来看，传播并不是人类社会特有的现象，而是自然界和社会的普遍现象，它作为一种客观的机制在维持物质的运动和系统的运行方面起着极为重要的作用这个观点，使我们能够在更广阔的背景中考察人类社会的传播现象。

（二）传播与信息

从信息科学立场出发，传播无非是信息的传递或信息的场所变更，或者是信息在一定系统内外的运行状态。那么，究竟信息是什么？传播学中的信息概念指的又是什么？

信息科学认为，信息是物质的普遍属性，是一种客观存在的物质运动形式。信息既不是物质，也不是能量，它在物质运动过程中所起的作用是“表述它所属的物质系统，在同其他任何物质系统全面相互作用（或联系）的过程中，以质、能波动的形式所呈现的结构状态和历史”。这是最广义的信息概念。在这个概念下，一切“表述”（或反映）事物的内部或外部互动状态或关系的东西，都是信息。自然界的刮风下雨、电闪雷鸣，生物界的扬花授粉、鸡叫蛙鸣，人类社会的语言交流、书信往来，都属于信息传播的范畴。根据信息系统和作用机制的不同，有的学者把信息分为两大类：非人类信息和人类信息；也有的学者将其分成三类，即物理信息、生物信息和社会信息。这里的社会信息，指的是除人的生物和生理信息以外的、与人类社会活动有关的一切信息。

很显然，物理信息和生物信息并不是传播学考察的对象。尽管传播学也不断汲取物理信息和生物信息科学的研究成果，但它作为一门社会科学，所关注的始终都是人类的社会信息及其传播活动。社会信息与自然界的其他信息，既有联系，又有区别。

作为信息的一种类型，社会信息也是以质、能波动的形式表现出来的。这就是说，精神内容的载体，无论是语言、文字、图片、影像，还是声调、表情、动作等（广义上的符号），都表现为一定的物质讯号，这些讯号以可视、可听、可感的形式作用于人的感觉系统，经神经系统传递到大脑得到处理并引起反馈。因此我们说，社会信息也具有物质属性（至少就精神内容与载体的不可分离性而言），这是社会信息与其他信息的共同点。

然而，社会信息及其传播又有其他信息所不具备的特殊性质，这就是它伴随着人的精神活动。自然信息的传播通常表现为一定的物理或生物条件的作用和反作用，满足了一定的条件，必然会引起相应的反应，社会信息则不同。第一，它并不单纯地表现为人的生理层次上的作用和反作用，而是伴随着人的复杂的精神和心理活动，伴随着人的态度、感情、价值和意识形态；第二，即便是作为社会信息的物质载体——符号系统本身，也是与物质劳动密切相关的人的精神劳动的创造物。在这个意义上，我们把社会信息看做是物质载体和精神内容的统一，主体和客体的统一，符号和意义的统一，社会信息的传播，具有与其他自然信息不同的特殊规律。

德国哲学家克劳斯指出：“纯粹从物理学角度而言，信息就是按一定方式排列的信号序列，但仅此一点尚不足以构成一个定义。毋宁说，信息必须有一定的意义……由此可见，信息是由物理载体和意义构成的统一整体。”这段话可以说概括了社会信息的本质。

前面提到，传播学与信息科学是相互影响和相互渗透的。信息科学对传播学的巨大贡献,一是把信息概念引进了传播学领域,提高了传播学理论表述的科学性和严谨性;二是信息科学拓宽了传播学的视野,使它能够把人类社会的传播活动放在更大的系统和环境中加以考察,这有助于探索人类社会传播的一般规律和特殊规律。

(三) 传播的定义和特点

经过以上分析,将社会学视点和信息科学视点加以结合,我们可以为传播学中的传播概念下一个基本定义,这就是:所谓传播,即社会信息的传递或社会信息系统的运行。这样一个定义,有助于我们更科学地认识和把握人类社会传播的客观规律。综合许多传播学者的见解,我们认为把握这个定义时还应注意以下几个方面,这些方面同时也是人类社会传播的基本特点。

1. 社会传播是一种信息共享活动。也就是说,它是一个将单个人或少数人所独有的信息实现两个人或更多人对其共有的过程。这里的共享概念意味着社会信息的传播具有交流、交换和扩散的性质。

2. 社会传播是在一定社会关系中进行的,又是一定社会关系的体现。施拉姆说:"传播一词和社区(community)一词有共同的词根,这并非偶然。没有传播,就不会有社区;没有社区,也不会有传播。"所谓社区也就是由地缘关系和社会关系构成的共同体。传播产生于一定的社会关系,这种关系可能是纵向的,也可能是横向的。它又是社会关系的体现,传受双方表述的内容和采用的姿态、措辞等,无不反映着各自的社会角色和地位。社会关系是人类传播的一个本质属性,通过传播,人们保持既有的社会关系并建立新的社会关系。

3. 从传播的社会关系性而言,它又是一种双向的社会互动行为。这就是说,信息的传递总是在传播者和传播对象之间进行的。在传播过程中,传播行为的发起人——传播者通常处于主动地位,但传播对象也不是单纯的被动角色,他可以通过信息反馈来影响传播者。双向性有强弱之分,但任何一种传播——无论其参与者是个人、群体还是组织,都必然是一种通过信息的接受和反馈而展开的社会互动行为。

4. 传播成立的重要前提之一,是传受双方必须要有共通的意义空间。信息的传播要经过符号的中介,这意味着传播也是一个符号化和符号解读的过程。符号化即人们在进行传播之际,将自己要表达的意思(意义)转换成语言、音声、文字或其他形式的符号,而符号解读指的是信息接收者对传来的符号加以阐释、理解其意义的活动。反馈也包括在符号解读基础上的再次符号化活动。共通的意义空间,意味着传受双方必须对符号意义拥有共通的理解,否则传播过程本身就不能成立,或传而不通,或招来误解。在广义上,共通的意义空间还包括人们大体一致或接近的生活经验和文化背景。

5. 传播是一种行为，是一种过程，也是一种系统。行为、过程、系统是人们解释传播时的三个常用概念，它们从不同角度概括了传播的另一些重要属性。当我们将传播理解为“行为”的时候，我们把社会传播看做是以人为主体的活动，在此基础上考察人的传播行为与其他社会行为的关系；当把传播解释为“过程”的时候，着眼于传播的动态和运动机制，考察从信源到信宿的一系列环节和因素的相互作用和相互影响关系；当我们把传播视为“系统”的时候，我们是在更加综合的层面上考虑问题，这就是把社会传播看做是一个复杂的“过程的集合体”，不但考察某种具体的传播过程，而且考察各种传播过程的相互作用及其所引起的总体发展变化。

二、传播学是研究社会信息系统及其运行规律的科学

一门相对独立的科学，必须要有相对独立的研究对象。边缘学科由于与多种学科有着千丝万缕的联系，更有必要明确规定自己的对象。规定一门学科的对象应该遵循的原则是必须概括学科的实质，体现学科的基本理论框架，显示与相邻学科的联系及区别，简明扼要地为学习这门学科的人提供一个观察和思考问题的出发点。

传播学的对象究竟是什么？关于这个问题，目前在我国学界主要有三种表述。

第一种表述是：“传播学是研究人类信息传播活动的学科。”这是一种非常通俗的表述，但过于朦胧和宽泛。人类的信息传播活动是错综复杂、包罗万象的，研究传播应该从何处着手？显然，上面的表述并没有为考察传播现象提供一个具体的切入点。

第二种表述来自施拉姆的一段话：“我们研究传播时，我们也研究人——研究人与人的关系以及与他们所属的集团、组织和社会的关系；研究他们怎样相互影响；告知他人和被告知；教别人和受别人教；娱乐别人和受到娱乐。要了解人类传播，我们必须了解人是怎样相互建立联系的。”的确，施拉姆的这段话指出了传播学关注的许多问题，也指出了传播学作为社会科学的性质。但是，且不说这种表述过于冗长，至少我们从中看不出传播学与社会学、社会心理学有什么区别。

第三种表述是：“传播学的研究对象应该是‘传播过程’。”这个表述非常简洁具体。但是，传播过程指的是什么？对过程的研究是否可以涵盖传播学的整个领域？按照一些学者的说明，传播过程是传播活动由“准备”到“实施”、再到“作用于受众心理”的逻辑程序。很显然，这里指的是各个单一的、具体的传播过程。然而必须指出，对具体传播过程的研究是传播学的一个重要内容，但并不是它的全部。传播

学不仅要考察各个具体的传播过程，而且还要考察过程与过程的相互联系，考察传播活动得以进行的社会环境以及与环境的相互作用及其结果。因此，把狭义的传播过程作为传播学的研究对象，是包容不了传播学的现有理论体系的，或者说，这种理解会给我们带来只见树木不见森林的结果。

那么，怎样才能确切地概括传播学的研究对象呢？著名科学家钱学森指出："把极其复杂的研究对象称系统，即由相互作用和相互依赖的若干组成部分结合成具有特定功能的有机整体，而且这个系统本身又是他们从属的更大的系统的组成部分。"钱学森的这段话给了我们重要的启发，这就是：传播学的研究对象不是别的，正是社会信息系统本身，传播学是研究社会信息系统及其运行规律的科学。

(一) 社会传播的系统性

系统科学认为，世界上一切事物无不处于一定的系统之中。所谓系统，"指的是由相互联系、相互制约的若干部分结构在一起并且具有特定功能的有机整体"。从这个定义而言，人类社会的传播，也具有普遍的系统性。

传播学通常把社会传播分为四种基本形态，即内向传播、人际传播、组织传播和大众传播。这四种不同的形态实际上也是四种不同的传播系统，也称为信息系统。

内向传播是个人接受外部信息并在人体内部进行处理的活动。内向传播具有典型的系统性，这主要表现在人体本身就是一个完整的信息系统，它既有接收装置(感官系统)，又有传递装置(神经系统)；既有处理装置(记忆、思维系统)，又有输出装置(语言、动作、表情等)。内向传播正是由相互联系、相互制约的各组成部分所构成，是一个执行个人信息处理功能的有机整体。

如果我们把内向传播看做是个体信息系统，那么人际传播(个人与个人之间的信息传递)便是由两个个体系统的相互联结所形成的新的信息系统。在这个系统里，人们通过信息的授受，保持着相互影响、相互作用的关系。

与自然发生的群体相比，组织是一个结构秩序更为严密的社会集合体。组织的特点是具有明确的组织目标，其结构和分工都是为有效地实现这一目标而设置的，因此组织本身就是一个执行特定功能的系统。以现代组织的典型形态企业为例，企业的基本目标是从事生产，而生产是一种综合的活动，是人力、物力和财力的有机结合。企业活动需要进行管理，管理正是企业信息系统的功能，对内可协调企业组织内部的分工与合作关系，对外则不断从市场和社会环境中收集信息和得到反馈，由此来调节企业的生产行为，以适应不断变化的外部环境。企业传播的系统性是显而易见的。

现代社会是一个以报刊、广播、电视为代表的大众传播事业高度发达的社会。

大众传播是伴随着近现代印刷、电子传播技术的发展而产生的一种特殊的社会信息系统，说其特殊，是因为它具有其他社会信息系统所不具有的特点，这主要体现在：(1)大众传播是专业传播机构从事的有组织的传播活动；(2)传播对象是广泛而分散的、不定量多数的一般社会成员；(3)采用现代化技术手段大量生产、复制和传播信息；(4)传播内容是公开的，有别于私下或内部传播活动；(5)大众传播也有反馈机制(如读者来信或视听众热线电话等)，但这种反馈是迟延的，受众对传播过程缺乏及时的干预能力。大众传播信息系统的这些特点，使它拥有广泛而巨大的社会影响力。在现代社会，大众传播是人们获得外界信息的主要来源，是实现国家和社会目标的重要手段，是社会上各利益集团争取和维护自身利益的工具，又是社会文化和娱乐的提供者。从这个意义上说，大众传播既是社会互动系统，也是极其重要的社会管理和社会控制系统。

综上所述，任何传播活动都是在一定的信息系统中进行的，传播的系统性是普遍存在的。20 世纪 80 年代末出现并迅速发展的跨国卫星电视和互联网络，90 年代的多媒体信息高速公路设想等，都预示着新的全球信息系统的形成和全球传播时代的到来。

(二) 社会信息系统的特点

人类社会本身就是一个极为复杂的系统，社会学家将之称为社会系统。社会系统的功能，在于它保证社会内部结构的整合性，通过与外部环境的交换(互动)来实现自我调节，以适应环境变化，维持社会的延续和发展。

一般社会系统理论的著名学者布克里指出，社会的环境适应过程需要五种要素：第一，要有向社会系统内不断引进“复杂性”(多样性)的源泉；第二，要有既保持系统内的“紧张”状态又不断满足社会成员需求的机制；第三，要有将社会系统的各组成部分适当联结的双向传播网络；第四，要有面对外部环境和内部状况的变化而进行自主决策的系统；第五，要有保存并普及意义、象征和价值体系的有效机制。

不难看出，这五种要素或曰五个条件，离开了社会信息系统都不能得到满足。因此我们说，社会信息系统是社会的一个基本系统。

那么，社会信息系统具有什么特点呢？作为一种系统，社会信息系统既有其他一般系统所具有的共性，又有一般系统所不具有的特殊性。其特点如下。

1. 社会信息系统是一个开放性系统。我们知道，社会信息系统的主要功能是保持社会内部的联系与协调，收集、整理和传达系统内部和外部环境变化的信息，由此保持社会的正常运行和发展。因此，它必须对内形成有效的传播渠道，对外伸出普遍的触角。开放性是社会信息系统执行其功能的一个重要前提。

2. 社会信息系统是由各种子系统相互联结、相互交织而构成的整体。子系统如果根据信息类型加以分类，可分为经济信息系统、政治信息系统、文化信息系统，等等，如果根据传播形态分类，则有个人信息系统、人际信息系统、群体信息系统、组织信息系统、大众信息系统，等等。每个子系统既具有相对独立的结构和功能，与其他子系统互为环境，又与其他子系统相互交织、相互作用，其总体运动形成了社会信息系统的大运行。传播学奠基人之一拉扎斯菲尔德发现大众传播过程中存在着人际传播的影响，是人类的社会信息系统存在交织性的一个例证。

3. 社会信息系统是一个具有双重偶然性(Double Contingency)的系统。双重偶然性是德国社会传播学家鲁曼提出的概念，指的是“传播的双方都存在着不确定性，因此，通过传播所作出的选择受到拒绝的可能性”。双重偶然性是人类社会信息系统所特有的属性，这与它是以人为主体的活动有关。之所以这样说，是因为自然界系统中，系统各部分、系统与系统间的联系和相互作用都是依据既定的条件进行的，满足了既定的物理、化学或生物的条件，便会引起预期的反应。而人类社会则不同，人类的活动不仅受到生物运动规律的制约，而且受到精神和心理的运动规律的制约，这样，影响社会信息系统运动及其结果的变量就更多、更复杂。双重偶然性的存在说明，社会信息系统是一个多变量的系统，这些变量如果处理不当，便会引起传播障碍和传播隔阂(Discommunication)。

4. 社会信息系统是一个自我创造、自我完善的系统。我国社会学家李强指出：“社会系统是一个具有主动性、创造性和改造能力的活的机体。社会的主体——人，能够主动地发现社会自身以及社会与自然之间的不平衡，并主动地进行调整使之实现平衡。”作为社会系统组成部分的社会信息系统也具有相同的性质。日本学者太田敏澄认为，社会信息系统的运行是以人为主体的“不断生产转达、加工和储存信息的活动……而人的认知、记忆、学习、传播、推理都是具有可塑性的”。有了这种可塑性和创造性，人类就能不断发现和克服社会信息系统的障碍因素和传播隔阂，使之不断走向完善。

(三) 社会信息系统的运行与社会发展

社会发展是建立在系统正常运行的基础之上的，政治系统的障碍会给社会带来政治动荡，经济系统的失调会引起经济危机，文化系统的紊乱会造成社会成员的思想、价值、规范和行为准则的混乱，影响正常的社会秩序，这些都是妨碍社会发展的因素，社会信息系统与上述系统重合、交织在一起，它的运行除了受到其他系统的影响和制约之外，其本身的状况如何也对其他系统乃至整个社会产生重大的影响。

前面已经提到，社会信息系统是一个存在着众多可变因素的系统，参与系统活动的个体或群体是伴随着丰富的精神和心理活动的主体，这个特点决定了社会信息系统比一般物理或生物信息系统更复杂，更具有不确定性，也更容易产生传播障碍和传播隔阂，传播障碍包括结构与功能障碍，如传播制度是否合理、传播渠道是否畅通、信息系统各部分的功能是否正常，等等；传播隔阂则包括个人之间的隔阂，个人与群体的隔阂，成员与组织的隔阂，群体与群体、组织与组织、世代与世代、文化与文化之间的隔阂，等等。由于社会信息系统的参与者——无论是个人、群体还是组织，都是具有特定的利益、价值、意识形态和文化背景的主体，这里的传播隔阂，既包括无意的误解，也包括有意的曲解。传播障碍和传播隔阂的存在会造成社会成员的认知和行动的混乱，带来一系列的社会问题，这些问题如果得不到及时妥善地解决，必定会影响社会的正常发展；严重的，甚至会造成社会混乱和国家解体。在这个方面，苏联应该是一个令人深思的例子。

然而，传播障碍和传播隔阂的存在是社会信息系统的一个必然现象。换言之，社会信息系统与其他社会系统一样，永远处于平衡与不平衡、矛盾的存在与克服的辩证运动过程当中，问题的关键在于，人类应该如何科学地认识和把握这些矛盾，不断找到解决矛盾的有效方法，把人类社会的发展推向更高的阶段。

传播学把社会信息系统及其运行规律作为自己的研究对象，也就给自己确定了这样的任务：它必须通过对该系统及其各部分的结构功能过程以及互动关系的考察，发现克服传播障碍与传播隔阂的科学方法，找到社会信息系统良性循环的机制，由此来推动社会的健全发展。这也是传播学所要解决的基本问题。传播学的对象和基本问题，决定了它作为社会科学和应用科学的性质。

作为社会科学，传播学关注的焦点始终是人以及人在社会信息系统中的主体活动。传播学也探讨信息技术，但它并不从事纯粹的技术开发，技术开发属于信息工程学的领域；传播学所关注的是信息技术发展的社会影响问题，例如新媒体、新技术的出现和普及对社会的政治经济和文化的推动作用及其与人的观念、价值、生活方式变化之间的关系，等等。

作为应用科学，传播学应该为发现和解决社会传播实践中的问题提供较为合理的方法。在这个方面，传播学的价值就在于它引导人们从信息系统的角度考虑问题，例如：当人际关系中出现传播隔阂之际，传播学可以帮助我们分析这种隔阂产生的根源在于自己还是对方，是传播内容本身有问题还是传播渠道不畅或传播方法不妥？

当企业经营出现困难之际，传播学则把我们的视线引向企业信息系统：内部管理的各个环节是否健全？市场把握是否存在误区？是对消费者需求了解不够，还是公关和广告投入不足、定位不准确？

当社会价值、道德观念、行为准则发生普遍混乱和失衡之际，传播学在将社会环境的其他因素考虑在内的同时,更多地关注大众信息系统的问题:我们的新闻报道和宣传是否存在着失误和偏差?舆论导向上是否出现了问题?传播媒介在形成积极健康的社会共识方面应该如何发挥其应有的功能?因为在这个方面,大众传播具有特殊的重要作用。

如此等等,从微观到宏观,传播学研究对社会实践和社会发展都具有极其重要的意义。

三、传播学的知识层次

传播学研究体系的构建可以首先从它与其他相关学科的关系上找到依据和坐标。因为,它的构建,同众多相关学科对它的哺育和推动是分不开的。

(一) 传播学与社会学

在西方,人们曾将传播学看做是社会学的分支学科。社会学是以社会组织、社会行为、社会问题等为研究对象,范围较广泛;而传播学着重研究传播过程、传播行为、传播意识和传播关系等现象,对象较集中。社会学诞生于前,而传播学产生在后。传播学在形成中吸取、借用了社会学的一些知识和方法(如调查方法、统计方法),但也从其他许多新兴学科中吸取养料。如今,社会学和其他学科也开始用传播学的成果来丰富自己的研究内容。这种研究范围的部分重叠、交叉和研究成果的相互借鉴是完全正常的,也是应该的,但它们终究是具有各自特性的、相互独立的学科。

(二) 传播学与心理学

在传播学的形成过程中,心理学曾经助其一臂之力。作为研究心理活动规律的心理学,是通过挖掘传播现象发生的内在动力和情感因素来充实和丰富传播学研究的内容的,从而使偏重于宏观研究和过程研究的传播学能够从微观研究和心理研究方面得到取长补短,显得更具活力。传播作为一种最富有人性和人情的社会活动,也为心理学研究增添了新的研究内容和话语空间,而传播活动中的传播者、把关人、中介者和受众的心理现象及其活动规律,也是人们想了解的,这也使得心理学研究更具有现实感和实用性。这两者的相通之处就在于传播心理。

(三) 传播学与人类学

传播学与人类学都是“关于人的科学”,目的都在于描述和解释人类这一特殊的横跨整个地球和贯穿整个历史的自然和社会现象。但是,人类学的主题是研究人类的躯体和文化的各个方面,传播学的主题是研究人类的传播行为和文化世代流传的基本媒介。以往,人们过多地关注这两门学科的不同,而很少注意两者的互动互补。传播是人类的特权和标志，是文化载体和“社会水泥”，又是人类文明和社会进步的助推器。人类学中的语言学派、文化学派和传播学派的理论可以给传播学者许多启示，而传播学中的符号理论、接受理论、功能理论也可以让人类学家大开眼界。总之，我们既要了解传播学与人类学的区别，又要设法找到两者的契合点，这样才能科学解释和揭示人类传播的现象与规律。

（四）传播学与宣传学

传播学与宣传学之间有着某种“血缘”关系。因为，早期的传播研究有很大一部分是宣传研究。但是，这两者的区别也是明显的，不可以混同。传播学是把人类社会中一切信息传播现象都作为自己的研究对象，其中自然也包括宣传现象；而宣传学只把劝服性、观念性的传播现象看做是自己的研究对象。传播学能够从更高的层次、更广的视野来揭示一般信息传播的本质和规律，从而可以更正确地指导包括宣传活动在内的一切传播活动；而宣传学只能从它自身的角度和层面来分析宣传现象、揭示宣传规律，进而指导自己的传播活动，并且只能从某些方面深化和丰富传播学的内容，而不能简单地用来指导一般的传播活动。后来居上的传播学已成了各门传播分支学科的“统帅”，而说到底，宣传学只是传播学的一门分支学科。

（五）传播学与新闻学

传播学与新闻学在其演进过程中，曾有过十分密切的互动关系，新闻学对传播学的诞生也确实起过催产的作用，但两者是不能画等号的。一般认为：新闻学是报刊新闻时代的产物，偏重于业务研究或“术”的研究；传播学是电子新闻时代的产物，侧重于理论研究或“学”的研究。新闻学以古老的“报学”研究为基础，偏重于微观研究、局部研究和单向研究；传播学以新兴学科的知识为基础，侧重于宏观研究、整体研究和双向研究。新闻学的研究对象是新闻信息的现象；传播学的研究对象是传播活动的现象。新闻学是具体科学的研究，对传播学研究有提供材料、充实内容的作用；传播学是一般科学的研究，对新闻学研究的内容和方法有规范、指导的作用。也有人认为：新闻学是一种专业研究，传播学是一种社会研究。总之，两者各有特点。

（六）传播学与历史学

作为研究和阐明人类社会发展过程的历史学，它可以帮助传播学研究已经过去的传播活动，探寻传播现象发生的先后次序和历史因素，揭示传播媒介变革的历史过程和基本规律，从而使传播学能够“论从史出”，使传播者能够“以史为鉴”，获得历史知识、历史智慧和历史经验，进而提高传播效果。作为以追求和提升人类传播智慧为旨归的传播学，它也可以让历史学者看到在人类社会发展过程中所起的“社会水泥”和“人际润滑”的作用，看到在政治、宗教、教育、文学、艺术等历史活动中的主导作用，进而在"以论观史"中会发现：传播既是人性的建筑材料，也是历史的建筑材料；人类一切与精神活动或精神文化有关的历史，其实都是传播的历史。历史学是一种静态的内向的研究，通过关注和分析已逝历史事实为现实服务；传播学是一种动态的外向的研究，通过关注和分析正在发生的传播活动现象为现实服务。

此外，传播学还常运用符号学、语义学、信息学、接受学等各种相关学科的知识或近似主题研究的成果，不断丰富和完善自己的研究内容与研究体系。

可见，在传播学的四周，有众多的学科尤其是新兴学科在支持它、丰富它，源源不断地向它输送着新鲜的养料。这给传播学创造了兼收并蓄、融汇综合的条件，也给传播学提供了确定对象、构筑体系、明确坐标的重要参照系。

思考题

1. 传播学是在什么背景下兴起与发展起来的？
2. 我国传播学的兴起、发展与趋势是怎样的？
3. 传播学的创始人有哪些？他们对传播学的兴起做出了哪些贡献？
4. 为什么称施拉姆是传播学的集大成者？
5. 传播学的研究对象是什么？
6. 传播学研究与哪些学科相关联？

推荐阅读书目

1. [美]施拉姆、波特：《传播学概论》，陈亮等译，新华出版社 1984 年版。
2. [美]E. M. 罗杰斯：《传播学史》，殷晓蓉译，上海译文出版社 2005 年版。

第二章 传播:要素、类型与模式

传播学是研究人类传播活动及其规律的科学,作为研究传播的科学,人们要明确一些基本的概念,如传播活动中最基本的因素有哪些?传播活动是如何运行的?传播的方式到底有哪些类型?本章试图回答这些问题。

第一节 传播的基本要素

传播是社会信息的一种传递行为,也是一种系统运行。传播活动是一个十分复杂的过程,大多数情况下,一次传播活动的过程涉及的最基本要素有信息源、通道和目的地。但是传播过程要复杂得多,不是单纯的直线型的传播,在传播过程中会受到各种因素的影响。一个传播过程的因素由传播情境、传播者和受传者、讯息和通道、编码和译码、噪音、经验范围和反馈等构成。

一、传播情境

传播活动总是在一定的情境中进行,从传播过程分析,有众多因素会影响到传播过程及传播效果,比如物理环境、社会关系、心理因素和时间因素等。这些因素不是孤立存在的,它们之间相互关联、相互作用,构成一种传播活动的整体背景,影响了传播活动是否能够顺利进行、完成传播者的目的。

物理环境。如传播进行时所处的空间、气候、温度等对传播活动的方式以及传播的信息内容的影响。

社会关系。社会规范和文化习俗等会对传播活动构成威胁。

心理因素。心理情景直接影响传播行为,具体表现为对内容的喜欢与否、态度上的接受与否，等等。

时间因素。指传播活动是否选择在具有特别意义的时刻。

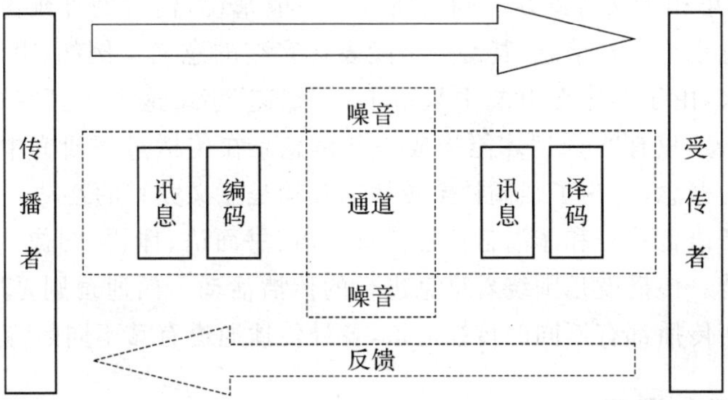

图 2-1 传播情境

二、传播者和受传者

传播者处于整个传播过程的起点，是传播活动的发起者，也是传播内容的发起者。传播者不仅决定着传播活动的存在与发展，而且决定着信息内容的质量和数量、流量与流向，还决定着对人类社会的作用与影响。

微观层面的传播者包括内向传播、人际传播和组织传播的个人、企业或组织。而宏观层面的传播者则是进行更大范围传播的政府或者社会。不同层面的传播者借助不同的渠道进行传播活动，表现出不同的特征、责任和效果。

而受传者，又称信宿，即讯息的接收者和反应者，是传播者的作用对象。“作用对象”一词并不意味着受传者是一种完全被动的存在，相反，他可以通过反馈活动来影响传播者。受传者同样可以是个人，也可以是群体或组织。

受传者和传播者并不是固定不变的角色，在一般传播过程中，这两者能够发生角色的转换或交替。一个人在发出讯息时是传播者，而在接收讯息时又扮演了受传者的角色。传播者和受传者是连接传播过程的两端。离开这两者，传播活动就是不完整的。

三、讯息和通道

讯息指的是由一组相互关联的有意义符号组成，能够表达某种完整意义的信息。讯息是传播者和受传者之间社会互动的介质，通过讯息，两者之间发生意义的交换，达到互动的目的。在传播学中，讯息是指由一系列有序性符号（语言、文字、图像等)组成的表达特定信息的符号系统。

讯息(Message)一词,在中文中也译成“消息”、“文告”等,这是一个与信息(Information)意思相近又有微妙区别的概念。一般来说,信息的外延更广,它包括讯息在内。讯息也是一种信息,其特点是能表达完整的意义。例如,甲向乙发电报希望乙马上回来,由于差错在电文中只写了一个“速”字。这个“速”字可以是一个信息,但不是讯息,只有“速归”才能构成一条讯息。在传播过程研究中,学者们通常使用“讯息”的概念,是为了强调社会传播的互动是意义完整的互动。

讯息包括语言符号和非语言符号。口头语、书面语、体语、图像、音响都属于传播讯息的范畴。传播就是围绕着讯息进行的传播活动。而通道则是用来传递信息的工具。任何传播都有不同的传播通道,各种传播通道有其不同的特点。

四、编码和译码

信息的发出者称之为编码者。编码就是产生信息的过程和行为。是把思想变成语言、把概念变成某种显像、把意图用相应的体态语传达的过程。

信息的接受者称之为译码者。译码就是理解信息的过程。是把传播者传送出的语言、显像、体姿等符号再转变为思想、概念、理念的过程。

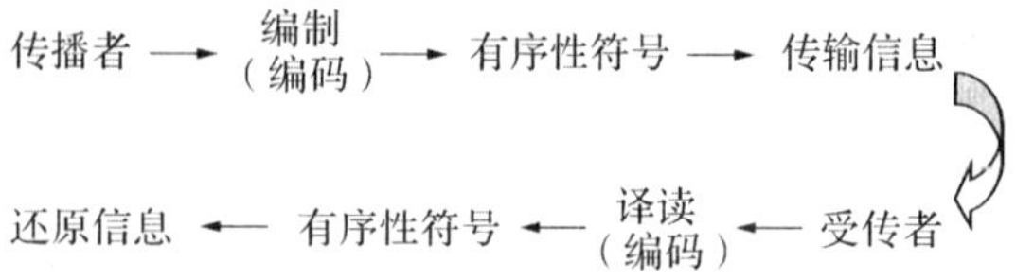

图 2-2 编码和译码图

五、噪音

噪音就是阻碍、歪曲或干涉信息顺利传播的任何事物。噪音包括机械性噪音和符号学噪音。噪音是对传播过程中的一种干扰,降低了传播对受者的影响。

机械性噪音:传播学概念里信息传播之间的噪音类别之一,属于信道上的噪音。比如收音机里的静电噪音,电视图像上的雪花,火车站里播放通知时的某些声音失真,抑或结巴、口吃等,都属于此列。

符号学噪音:这种噪音是由意义失调引起的讯息干扰所致,这里的意义失调其实就是 dissonance 的概念。一般来说,这种噪音是由编码者(即 Encoder)与译码者(即 Decoder)的社会差异或文化差异所引起的。

行话经常能形成符号学噪音(它能表达诸如“难道我的话不巧妙么?”“难道我

的意思不是难于理解么?”或者“难道我不是与你这个行外人不同么?”等等这样的意涵)。很明显,它能使所欲传达的讯息不被准确译码。那种装腔作势的声调也能形成噪音。

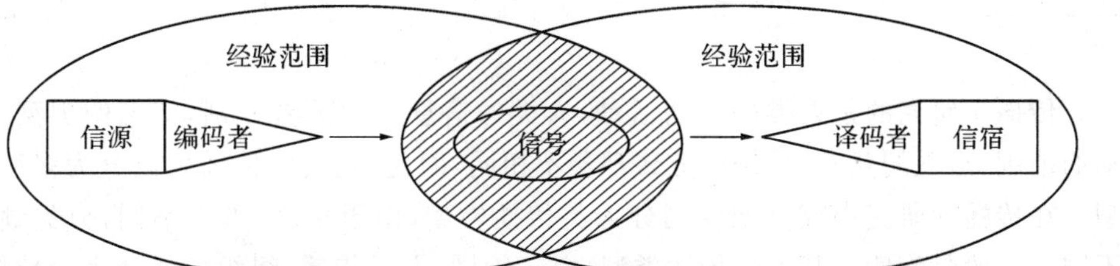

图 2-3 施拉姆模式

六、经验范围

经验范围是指人的政治主张、文化背景、民族心理、宗教信仰、生活习惯、知识结构、兴趣爱好等。当传播者发出信息后,接受者是靠经验范围的重叠来接受信息、完成传播活动的。换句话说,传播活动中,参与的双方如果没有相同的经验,则传播活动难以实现。因此,经验范围对于正常有序的传播活动具有极其重要的意义。

七、反馈

反馈是控制论中的一个重要概念。反馈是指将系统的输出返回到输入端并以某种方式改变输入,进而影响系统功能的过程,即将输出量通过恰当的检测装置返回到输入端并与输入量进行比较的过程。反馈可分为负反馈和正反馈。前者使输出起到与输入相反的作用,使系统输出与系统目标的误差减小,系统趋于稳定;后者使输出起到与输入相似的作用,使系统偏差不断增大,使系统振荡,可以放大控制作用。对负反馈的研究是控制论的核心问题。

传播学上的反馈是指传播过程中受传者对收到的信息所作的反应,获得反馈讯息是传播者的意图和目的,发出反馈是受传者能动性的体现。维纳说:所谓反馈就是“一种能用过去的操作来调节未来行为的性能”。

反馈包括自我反馈和他人反馈。自我反馈具有自为性、内在性、隐蔽性和私下性的特点,可以提前对输出信息作出调节和纠正,但它也具有不可靠和盲目的性质。反馈形式上可以是正面的,也可以是负面的。

通过信息反馈可以不断修正传播者传播的内容,及时进行调整。

第二节 传播的主要类型

传播学研究的是人类的传播活动，人类的信息活动千差万别，信息的类型、流动的范围、呈现的状态、采用的方式都各不相同，因此，人类的传播可以分为多种类型。在传播学研究中究竟如何划分人类传播类型，由于角度、重点不同，分类颇为不同。一般分为四种基本的传播类型：内向传播、人际传播、组织传播和大众传播。这是依据传播的范围和规模进行分类的。

- 传播
  - 非人类传播
  - 人类传播
    - 非社会传播
    - 社会传播
      - 内向传播
      - 人际传播
      - 组织传播
      - 大众传播

一、内向传播

发生在一个人体内的一种信息交流活动称为内向传播。传播信息的主体和接受信息的客体是同一个人。这是人们头脑里“主我”同“客我”之间的信息交流活动，如自言自语、自我推敲、自我反省等。由于这些传播都是在人的内心完成的，因此，内向传播基本上属于心理学研究范畴。

(一)内向传播的过程

(1) 一个事件发生了，刺激了 A 的眼、耳朵或其他感觉器官，产生了神经搏动；

(2) 神经搏动到达 A 的大脑产生“感觉”等；

(3) A 按照自己惯用的表达方式把感觉变成字句；

(4) 他“选择”或者抽象出某些字句，通过声波和光波，A 对 B 讲话；

(5) B 受到刺激产生了神经搏动；

(6) 神经搏动到达 B 的大脑，产生“感觉”等并作出反应；

(7) 这个反应又刺激了 A 或其他人——这样，传播过程就按照这样的环节继续进行下去……

在这段描述中，两个人对话的前后各存在一个大致相同的内向传播的过程，即

A或B通过他们的感官接收外部世界的信息,在体内尤其是通过大脑来处理这些信息,并把处理的结果转化为信息输出前的预备状态——这些内在的信息活动,就是我们所说的内向传播。

人之所以能够进行内向传播,首先与人体的生理机制分不开。温德尔的例子说明,内向传播一般是由感受刺激、神经传导、大脑活动和肌体反应等若干环节和要素构成的,而这些环节和要素同时也是人的身体所固有的功能。这意味着,人体本身就是一个完整的信息传播系统。

人的身体具有一般信息传播系统的特点:人体既有信息接收装置(感官系统),又有信息传输装置(神经系统);既有记忆和处理装置(人的大脑),又有输出装置(发声等表达器官及控制这些器官的肌肉神经);人的身体既是一个独立的有机体,又与自然和社会外部环境保持着普遍联系。

(二)内向传播的主要环节或要素

1. 感觉——即人通过眼、耳等感官对事物的个别信息属性如颜色等作出的反应,是内向传播的出发点。

2. 知觉——即感觉的集合,是对事物整体的感性信息进行综合把握的过程。

3. 表象——记忆中保存的感觉和知觉信息在头脑中的再现。

4. 概念——对同类事物的共同的、一般属性的认识。

5. 判断——对事物之间的联系或关系进行定性的思维活动。

6. 推理——从已知的事物属性和关系中推导出未知的属性和关系的思维活动。

(三)对内向传播可作下述理解

1. 内向传播虽然是人体内部的信息处理过程,但这个过程不是孤立的,它的两端都与外部过程保持着衔接关系。

2. 内向传播虽然与人的生理机制密切相关,但它在本质上是对社会实践活动的反应,具有鲜明的社会性和实践性。

3. 内向传播不是对外部世界的消极、被动的反应,而是积极能动的反应。

4. 内向传播是其他一切传播活动的基础。

(四)几种内向传播理论

1. 米德的"主我与客我"理论

主我"I":是意愿和行为的主体,客我"Me":作为他人的社会评价和社会期待的代表。"主我"是形式(由行为反应表现出来),"客我"是内容(体现了社会关系的方方面面的影响)。"客我"可以促使"主我"发生新的变化,而"主我"反过来改变"客我"。两者的互动通过有意义的象征符介质(信息)不断形成新的自我。

2. 布鲁默的“自我互动”理论

人在将外界事物和他人作为认识对象的同时，也把自己本身作为认识的对象。在这个过程中，人能够认识自己，拥有自己的观念，与自己进行沟通或传播，并能够对自己采取行动。在内向传播的过程中，个人会沿着自己的立场或行为方向对他人期待的意义进行能动的理解、解释、选择、修改、加工，并在此基础上重新加以组合。经过这个过程的他人期待已不是原来意义上的他人期待，它所形成的自我也不是原来意义上的自我，而是一个新的行为主体。

3. 内省式思考(reflective thinking)

内省式思考是指短期的、以解决现实问题为目的的自我反思活动。在内省过程中，人的头脑中会出现他人的形象，个人会分析和推测别人是如何考虑的，别人对这个问题会采取什么态度，等等，只有在与他人的联系中才能形成个人的态度轮廓，考虑自己应该怎么做。这个过程，也是一个重新构筑自我与他人关系的过程，因此，内省式思考的过程也是一个社会过程。

二、人际传播

人际传播有广义和狭义之分。广义的人际传播是指内在传播以外的一切人类传播。狭义的人际传播是指发生在两个人之间的传播行为。

施拉姆说:两个人(或两个以上的人)由于一些他们共同感兴趣的信息符号聚集在一起就形成了人际传播。

人际传播是传播者与受传者之间的信息互动过程，是人际关系得以建立、维持和发展的润滑剂。人际传播可以是面对面的信息传播，如交谈、交往、约谈、讨论、对话等，也可以是借助传播媒介进行的传播，如写信、打电话、发传真等。这些人际传播的具体行为可以是两人之间进行的传播，也可以是小群体的传播和公众传播。

(一)人际传播的主要特点

1. 传受双方的深层传播处于“熟人圈”中。

2. 传播以单个的面对面形式为主，传递和接受信息的渠道多，方法灵活。

3. 信息的交流性强，反馈直接、迅速、集中、频度高，传受双方可以现场把握信息的流向、流量和清晰度等。

4. 信息的意义更为丰富和复杂。因为传播的手段灵活多样，会形成特殊的传播情境，这种特殊的传播情境会产生新的意义。

5. 适用于短时间内改变接受者态度。

(二)人际传播的行为主体的动机

对于每一个实际参与人际传播的活动者来说，人际传播是一种每个人都带着自身和他人的个性，以说和听涉入其间的联系。在实际生活中，人际关系依赖于社会传播形成发展，同时人际传播又总是在一定的人际关系中展开，以此相互作用形成良好的人际关系。那么人际传播的动机就成为理解人际传播的关键。人际传播的行为主体的动机一般包括以下几方面：

1. 获得信息是人际传播的首要动机。人类的生存和发展离不开对社会环境和自然环境的了解，并以此来调整自己的行为，寻求相应的对策，而要获得有关环境的信息往往要借助于人际传播。

2. 建立与他人的社会协作关系。作为社会的人，假如没有和谐的人际关系，我们难以与他人和谐共处、共谋发展。要与他人交往，建立和维持和谐的人际关系，人际传播是前提。

美国学者罗洛夫提出了一种人际传播的"社会交换理论"，它是借助于经济学的概念来研究人际传播的。"人际传播是处于一个关系之中的甲乙双方借以相互提供资源或协商交换资源的符号传递过程。"[①]人际传播之所以发生，取决于传播双方或多方所能获得的报偿与付出的交往代价的互换回报。社会交换理论揭示了人际传播中追求回报或报偿的显在的或没有意识到的动机。在现实生活中，人际传播的动机是多种多样的选择。当外界关系越来越多时，人际关系就需要权衡利弊进行选择，追求人际传播的报偿尽量达到最大化。当然我们不能把人看做是绝对的经济动物，把人际传播完全归纳为商品化的交换行为。但交换理论强调人际传播中与他人交流要符合双方利益的观点，也确实是实际生活中与他人建立关系以达到协作目的的一种表象。

3. 自我认知和相互认知。按照美国社会学家米德的观点，人的自我认识产生在信息交流之中，是人们在与他人的互动中逐渐获得的。美国社会学家库利的"镜中我"理论也认为，人们通过与他人的交往，从他人的反应中获得自我概念。这种互动主要是他人镜子式的对自我的评价和态度，自我根据这种镜子式的映照进行调整，努力与他人产生一些共同的东西，以使自己不断进行社会自我的实现。

4. 满足基于人的社会性的精神和心理需求。在人际传播的研究过程中，早期的人际传播研究关注的是个人功效、工具性价值方面的研究，随着研究的深入，现在逐渐转移到人际传播中的人与人之间的个性、人格、互动、协商等机制上的研究。由于人际传播的开放性和复杂性，人际传播的需求也是多样的。"人际需求论"从心理层面分析了人际传播的三种需求：第一种是情感需求，包括爱、敬仰、恨、渴望等，主要表现为倾诉和倾听；第二种是归属需求，希望通过与他人的交往建立某种

---

① [美]罗洛夫：《人际传播：社会交换论》，王江龙译，上海译文出版社 1997 年版，第 25 页。

关系，摆脱孤独和烦恼，寻求心理压抑的释放渠道，获得心理安全感；第三种是控制需求，每个人在不同的问题上都或多或少希望影响、支配他人的思想或行为。无论是以“爱”的名义还是以“恨”的名义，或者是出于某种“兴趣”。总之，人们通过人际传播的方式满足自我的各种各样的精神需求，调节各自的情绪，形成有利的心理和社会活动氛围。

三、组织传播

组织传播是指组织成员之间或组织与外部社会之间的信息交流活动。组织传播的目的就在于稳定、密切组织成员之间的关系，协调行动，减少摩擦，维持和发展组织的生命力，疏通组织内外渠道，应付外部环境的变化。其特点是：传播者以组织或团体的名义讲话；信息大多是指令性、教导性和劝服性的内容；具体活动是在有组织、有领导的情况下进行的；传播活动有一定的规模。

（一）组织的定义及结构特点

什么是组织？从广义上来说，任何由若干不同功能的要素按照一定的原理或秩序相组合而形成的统一整体，都可以称为组织，如细胞组织、肌肉组织、人体组织等，在狭义上，组织指的是“人们为实现共同目标而各自承担不同的角色分工，在统一的意志之下从事协作行为的持续性体系”。就这个定义而言，组织既是社会群体的一种，又与一般的松散群体有明显的不同。这种区别是多方面的，一般来说，辨认一个群体是否属于组织，主要看这个群体中是否有一个统一的指挥或管理系统，用马克斯·韦伯的话来说，即是否存在一个“管理主体”。在这个分类标准下，凡是具有中枢指挥或管理系统的群体，如政党、军队、政府机构、企业、社团等，都属于组织的范畴。

组织都是为了实现一定的组织目标而设置或成立的。与一般社会群体的目标相比，组织目标更明确、更系统，它的实现需要严格的制度化措施的保证。这一点决定了组织具有以下结构特点：

1．专业化的部门分工。组织目标大多是复杂的系统工程，需要执行不同功能的专业化部门的协同作业。组织的部门，一般可分成决策部门、管理部门和职能部门等。

2．职务分工和岗位责任制。职务是按照组织目标的需要而设定并由成员个人承担的角色位置，通常称为岗位。职务或岗位伴随着一定的权限和责任，其内容并不因担任职务的人的变动而改变，具有固定性和形式性。

3．组织系统的阶层性或等级制。阶层制是为了保障组织的统一目标、统一意志得到贯彻和实施而设立的指挥管理制度。如部门有上级部门、同级部门和下级部门,而职务也有上司、同僚和部下之分。

(二)组织传播的分类

组织传播可以划分为组织内传播和组织外传播,这两个方面都是组织生存和发展必不可少的保障。

组织内传播的正式渠道,指的是信息沿着一定组织关系(部门、职务、岗位及其隶属或平行关系)环节在组织内流通的过程。其传播形式可分为两种,即纵向传播和横向传播。一般来说,纵向传播有单向性流动的性质;横向传播双向性强,互动渠道畅通。根据信息的流向,纵向传播又区分为下行传播和上行传播。

下行传播。即有关组织目标、任务、方针、政策的信息,自上而下得到传达贯彻的过程。

上行传播。指的是下级部门向上级部门或部下向上司汇报情况,提出建议、愿望与要求的信息传达活动。

横向传播,指的是组织内同级部门或成员之间互通情况、交流信息的活动,其目的是为了相互之间的协调和配合,平等协商与联络是横向传播的主要形式。

组织内传播的非正式渠道,指的是制度性组织关系以外的信息传播渠道。非正式渠道中的传播主要有两种形式:一是组织内的人际传播,如组织成员工作之余的交谈、单位内外的各种私人交往,等等;二是非正式的小群体传播,如各种自发的革新小组、兴趣小组或联谊会中的信息交流。

非正式渠道中的传播是一种摆脱了组织的制度性结构压力的传播活动,因此,它具有以下几个特点:交流的信息广泛;交流的双向平等性;本意交流和感情交流的成分多。

组织内传播的媒体形式多种多样,包括书面媒体(如文件、报告、信件等)、会议、电话、组织内公共媒体(如内部报刊、闭路电视、各种娱乐活动等)、计算机网络系统。

组织外传播是组织与外部社会之间的信息交流活动,组织外的传播不仅可以通过交流达到缓和与各种其他组织间的矛盾与冲突、建立维护和协调组织之间的关系的效果,也可以创立和维护组织形象,为组织客户提供服务。从信息流向看,组织外传播可分为信息输入和信息输出两种。

组织的信息输入活动是组织为进行目标管理和环境应变决策而从外部广泛收集和处理信息的活动。

企业组织的信息输入渠道:(1)报刊、广播、电视等大众传媒以及互联网络等;(2)企业组织的专职部门,如调查室、计划部、市场调查部或营销部等;(3)聘用外部专家、委托独立咨询机构或大学科研机构。

近年来，许多先进企业正在大力开发或采用将组织智能与计算机智能相结合的新型信息系统，如DSS（决策支援系统）、MIS（战略信息系统）、POS（销售数据系统）。

组织的信息输出活动是多方面的，广义上说，组织任何与外界有关的活动都带有信息输出的性质。一般来说，组织的信息输出是指组织有目的、有计划的宣传活动。就现代组织而言，大致可分为三种类型：公关宣传、广告宣传和企业标志系统（CIS）宣传。当然在现今这个更开放、更高风险的社会里，也包括危机传播。

四、大众传播

大众传播的概念首次出现，是在联合国教科文组织于1945年11月在伦敦发表的宪章中。

所谓大众传播，就是专业化的媒介组织运用先进的传播技术和产业化手段，以社会上一般大众为对象而进行的大规模的信息生产和传播活动。传统的大众传播的五大传媒是报纸、杂志、广播、电视、书籍。随着技术的发展，互联网的影响越来越大，大众传播的媒介也愈加丰富。

(一)大众传播的基本特点

1. 大众传播中的传播者是从事信息生产和传播的专业化媒介组织。这个特点说明，大众传播是有组织的传播活动，是在特定的组织目标和方针指导下的传播活动。

2. 大众传播是运用先进的传播技术和产业化手段大量生产、复制和传播信息的活动。

3. 大众传播的对象是社会上的一般大众，用传播学术语来说即“受众”。受众的广泛性，意味着大众传播是以满足社会上大多数人的信息需求为目的的大面积传播活动，也意味着它具有跨阶层、跨群体的广泛社会影响。

4. 大众传播的信息既具有商品属性，又具有文化属性。

5. 从传播过程的性质来看，大众传播属于单向性很强的传播活动。

6. 大众传播是一种制度化的社会传播。

(二)大众传播的代表性观点

大众传播在现代社会的重要性不言而喻，已成为现代社会必不可少的组成部分，在传播的过程中对现代社会产生了强大的影响。传播者都试图把大众传播预期的社会功能最大化，但是大众传播作为社会的子系统之一，与社会的各个部分之间存在着种种复杂的利益关系，因此认识也不尽相同，比较有代表性的观点有以下几种。

1. 拉斯韦尔的“三功能说”

拉斯韦尔在1948年发表的《传播在社会中的结构与功能》一文中，将传播的基本社会功能概括为以下三个方面。

(1)监视社会环境。大众传播客观、准确地反映现实社会的真实情况，让人们理解影响社会进程的机遇或威胁，以此作为人们决策或付之行动的依据。施拉姆把这种功能称为“雷达功能”，现代也有人称之为“瞭望哨”作用。

(2)社会协调功能。大众传播通过对信息的选择、解释和评论，把社会的各个部分联系起来，整合为一个有机的整体，并对社会周围的环境作出有效回应，把人们的视线集中到适应当前情况的最重要的事件上来，也称为“整合功能”。

(3)社会遗产传承功能。大众传播具有将前人积累的经验、智慧、知识加以记录、积累、保存并传给后代，从而使社会成员共享同一的价值观、社会规范和社会文化遗产的作用。

2. 怀特的“四功能说”

1957年，拉斯韦尔的学生查尔斯·怀特在《大众传播：功能的探讨》一书中，在上述拉斯韦尔的“三功能”之外补充了第四种功能：娱乐功能，即通过传播而使人获得一种满足感与快乐感。

3. 拉扎斯菲尔德和默顿的功能说

1948年，美国社会学家拉扎斯菲尔德和默顿在《大众传播的社会作用》中提出了大众传播的三种功能。

(1)重申社会准则的功能。大众传播“揭露”某些背离公共道德的行为，曝光于社会，唤起普遍的社会谴责，将违反者置于强大的社会压力下，从而使社会规范得到彰显和巩固。

(2)授予地位的功能。个人、团体或者某种社会活动、观点、意见、问题或产品等，只要得到大众传播的广泛报道，就会成为社会大众瞩目的焦点，获得很高的知名度，甚至会改变其社会地位。

(3)麻醉受众神经。大众传播媒介庞杂的信息占据了大众有限的休闲时间，导致人们疏远社会关系；大众传播媒介丰富多彩的内容满足了公众，使人们从积极的参与者转变为消极的旁观者，降低和削弱了人们的行动力；大众传播媒介持续不断地受各种利益的控制宣传，会使大众失去辨别力而顺从现状；大众传播媒介为争取更多受众自觉削弱文化准入门槛，久而久之导致大众审美力的弱化、庸俗文化的流行。

4. 施拉姆的综合功能说

施拉姆在《传播学概论》中，根据拉斯韦尔和怀特的功能说，对大众传播的功能进行了概括。归纳为四种。

(1)政治功能：监视(收集情报)；协调(解释情报，制定传播和执行政策)；社会遗产、法律和习俗的传递。

(2)经济功能：关于资源以及买和卖的机会的信息；解释这种信息；制定经济政策；活跃和管理市场，开创经济行为。

(3)一般社会功能：关于社会规范、作用等的信息；接受或拒绝它们；协调公众的了解和意愿；行使社会控制；向社会的新成员传递社会规范和作用的规定。

(4)娱乐：通过消遣活动，摆脱工作和现实。

大众传播不仅具有积极的社会影响，也给社会带来消极的甚至有害的影响，默顿提出了“功能失调”这一重要概念。“功能失调”是指不利于体系的适应或调整的社会效果。特别是现代大众传播媒介受到资本、权力或个人的滥用，带来了许多负面功能。如：

(1)垄断意见；

(2)麻醉精神(消极旁观文化、冷漠人际关系)；

(3)文化堕落(色情、暴力、失实信息)；

(4)跨文化传播中的侵犯主权(信息流通的不平衡、民族文化的消失、以精英为对象的传播)。

第三节 传播的主要模式

模式是指对客观事物的内部和外部机制的直观、简洁的描述，其目的是使理论简洁化、直观化、条理化。模式一般用文字、图表来表述。

丹尼斯·麦奎尔对历史上的传播模式进行了总结，将其归纳为 5 种类型 28 个模式：

(1) 基本模式 8 种：如拉斯韦尔模式、申农—韦弗模式、奥斯古德—施拉姆模式、格伯纳模式等；

(2) 个人影响、扩散和大众传播对个体的影响模式 5 种：如两极传播模式、刺激与反应模式等；

(3) 大众传播对文化与社会的影响模式 5 种：如议题设置模式、大众传播依赖模式、沉默螺旋模式等；

(4) 受众中心模式 3 种:如使用与满足模式、使用与效果模式;

(5) 大众媒介的体系、制作、选择与流动模式 7 种:如把关人模式、比较媒介体系模式、媒介组织模式。

传播的模式是人们对传播研究过程不断累积、发展、深化的结果,是认识不断提高的产物。在传播的基本模式研究中,可以发现从孤立到系统、从单向到循环、从静态到动态、从单学科到多学科视野的不断完善的过程。由于人类传播的复杂性,传播学的模式研究也存在这样那样的局限性,下面对传播过程研究中的几种代表性模式加以介绍。

(一) 线形传播过程模式

1. 亚里士多德模式——传播学最基本的模式

2300 年前,亚里士多德在他的关于修辞学的论文中写道:"一篇讲演是从它对某个人的效果来判断的"。在很早以前,亚里士多德就比后来那些主张枪弹论的人更为接近于目标,因为他看到了有说服力的讲演并无神奇之处,只不过是仔细的计划和高超的技巧。他强调传播者的可信性,使用动感情的呼吁了解听众,而这些问题正是卡尔·霍夫兰和耶鲁大学小组在 20 世纪 50 年代所研究的。亚里士多德在他的诗中,就已经预见到今天如此流行的传播的使用和满足的理论。

亚里士多德在关于修辞学的论文中说,修辞可以"解释为是发现在特别的情况下什么是现成的说服手段的能力"。受当时历史条件所限,他无法展开对大众媒介的研究,他转向当时最强有力的传播渠道——修辞和讲演。

他说,现成的说服手段有两种,就是讲演本身和在讲演之外提供的证据。没有一个现代的演说家会在这一点上有异议;任何律师试图要让一位法官相信发生了一件谋杀案,他必须证明:有一具尸体被见证人看到后,必须是指印、一件武器,或是其他现代法学认为可利用的某种工具,把被告与尸体联系起来。但使亚里士多德最感兴趣的,并且同我们最接近的说法,是他相信传播可能完成的是说服者的修辞。他说,说服必须具有的三个条件是"演说者的品质……对听众造成某种态度(的机会),论点本身(所提供的证明)"。

他说,讲演要讲得使演说者看来是"值得信任的","因为作为一项原则,我们越是觉得一个人诚实,就会越快地相信他。在一般情况下,当问题超出确切的知识的范围时,在意见分歧时,我们就绝对信任他们"。他坚持认为,演说者的品德"是所有说服的手段中最有力的"。然而,我们绝不能把一切完全寄托在演说者过去造成的印象上,讲演的本身必须做到这一点,即使之造成对演说者的信任。

然后,首要的条件是使听众相信传播者。"说服是通过讲演使听众动感情而产生效果的;因为我们是在痛苦或欢乐,爱和恨的波动中作出不同的决定的。""当我们（以逻辑的证明或适合于某一情况的其他手段）显示了对某种观点的必要之点的真理，不论是真实的还是貌似的，那时论点本身才会产生效果。”

他说：“这些就是说服的工具，要掌握所有这一切，要求一个人看起来是可信任的，他能逻辑地说理，能根据品德分析人的性格，并且能分析各种情绪的本性和特质，利用以使之激动的手段和方法。”

亚里士多德曾详细地分析了说服的这些因素，他的许多观点至今仍具有重要意义。①

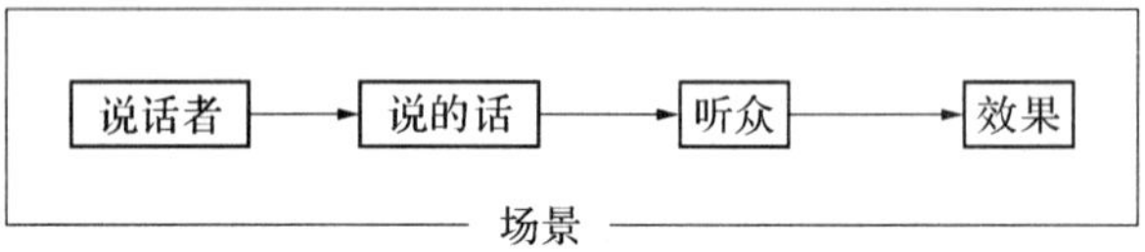

图 2-4　修辞学

2. 拉斯韦尔模式（H. Lasswell Model）

这一模式是哈罗德·D. 拉斯韦尔于 1948 年在《传播在社会中的结构与功能》（*The Structure and Function of Communication in Society*）一文中提出的。

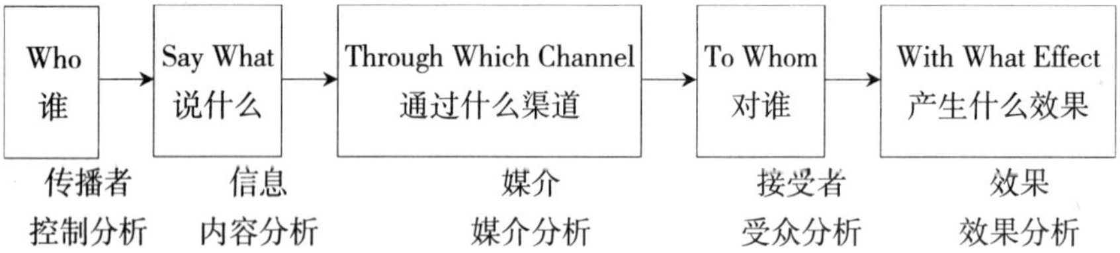

图 2-5　传播在社会中的结构与功能

米夏埃尔·比勒（1980）称赞“拉斯韦尔第一次准确描述了构成‘传播事实’的各个元素”。赖利夫妇（J. W. and M. W. Riley，1959）认为，这个简单的模式有多种用途，其中特别有助于用来组织和规范关于传播问题的讨论。

针对有人批评这一模式太简单和武断（认定必产生效果）的情况，赛佛林和坦卡德（Severin and Tankard，1981）既看到了拉斯韦尔认识上的局限性，也看到了它的创新性，认为“和许多好的模式一样，它已抓住了传播的主要方面”。在拉斯韦尔提出“5W”模式 10 周年时，布雷多克在《“拉斯韦尔公式”的扩展》（1958）一文中又增加了两个 W：在什么情况下？为了什么目的？即传递讯息的具体环境和传播者发送讯息的意图，构成“7W”模式。这的确又前进了一步，但再次忽略反馈要素应是

① ［美］施拉姆、波特：《传播学概论》，陈亮等译，新华出版社 1984 年版。

一大缺点。

3. 申农—韦弗模式(Shannon and Weaver Model)

1949年,数学家克劳德·申农(Claude Shannon)及其合作者沃伦·韦弗(Warren Weaver)于1949年在贝尔电话实验室研究电子通信过程时,在《通信的数学理论》中提出的图解模式也是一种单向直线性模式。

这个由公式化的定义形成的一种直线式的通讯模式由四个正功能单元和一个负功能单元组成:信源(要传递的信息)——发射器(有将信息转变为信号的能力)——接收器(有将信号解释为信息的能力)——信宿(信息要送达的目的地:人或物);再加上噪音来源(各种干扰)。数学模式的贡献在于发现了传播的负功能——噪音对信号的干扰所造成的不稳定和所传信息与所受信息之间的差别。而"传播失败的一个共同原因,在于传播者那一头不能认识到发出的信息与接受的信息并不总是相同的"(麦奎尔和温德尔,1987)。

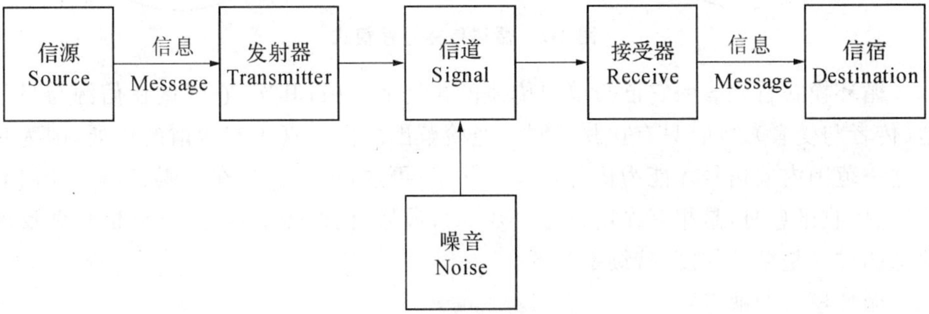

图2-6 申农—韦弗模式图

(二)循环传播过程模式

1948年,维纳(N. Wiener)发表了《控制论:或关于动物和机器中控制与通信的科学》一书,创立了控制论,即运用反馈信息来调节和控制系统行为,达到预期的目的。在传播过程中,强调传播是双向流动的信息传播回路。

奥斯古德—施拉姆模式(C. Osgood and Schramm Model)是较有代表性的循环传播过程模式。1954年由奥斯古德首创、施拉姆提出。施拉姆针对传统的直线型传播模式提出尖锐的批评,他认为,传播过程实际上是永无止境的,认为传播过程从某一点开始而到某一点终止,这种想法易使人误解。①

① [英]丹尼斯·麦奎尔等:《大众传播模式论》,祝建华等译,上海译文出版社1987年版。

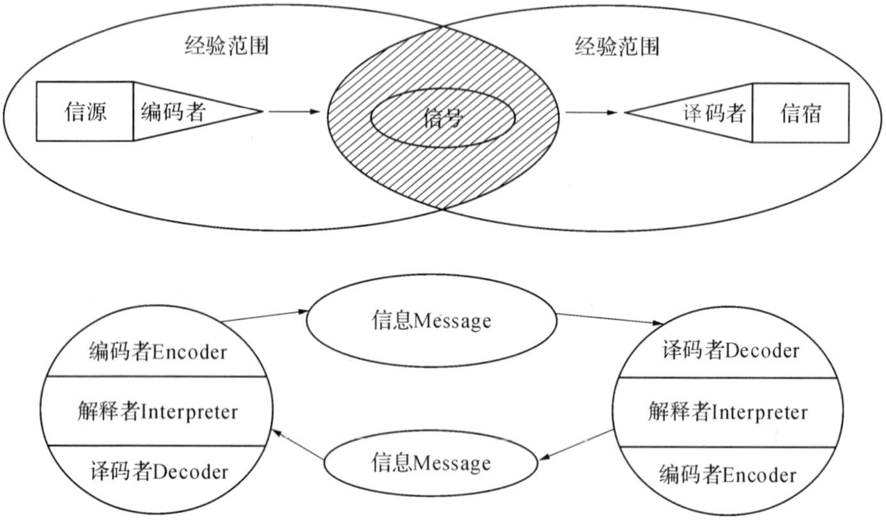

图 2-7 循环传播过程模式

循环模式首先表明它已与单向传播模式划清界限;其次,它强调在信源与目的地(传者与受者)之间,只有在其共同的经验范围之内才真正有所谓的传通,因为只有这一范围内的信号才能为传受两者所共享;再次,传受双方在编码、解释、译码和传递、接收讯息时,是相互作用、相互影响的;最后,他们传播信息、分离信息和反映信息的过程是循环往复、持续不断的。

循环模式的缺点:

施拉姆同奥斯古德一样,抓住了一些新的东西,也丢掉了一些好的东西。还有,他们的模式也较适用于人际传播,而不太适合于大众传播。循环模式所暗示的传、受两者平等的、等量的传播观念,在大众传播中也是找不到的。因为,大众传播是一种不平衡的、非等量的传播。

循环模式的优点:

1. 以双向的环形结构真实地呈现了信息交流的复杂性,较全面地反映了传播的主要过程。

2. 增加了另一组要素,以显示信源获得反馈有多种途径(大众媒介设施和反馈设施),而反馈则使信源有可能不断改进传播方式以更有效地适应信宿,从而增加两种含义达到一致或同型的可能性。

3. 模式也显示了两种含义之间产生不一致的一个重要原因,即噪音的干扰。

双向传播模式是对单向传播模式的一种超越和进步。但是,它们同大众媒介设施一样,免不了具有一种理想化、简单化的倾向,对人类传播,特别是对报纸、广播、电视等媒介为主的大众传播构成要素的众多性和复杂性反映不够,不能用来分析和解释人类的全部传播现象;对人类传播的新媒介(卫星电视、订阅电视、图文电视等)和新技术(网络传播)未给予足够重视,甚至"往往有低估新的传播技术的效果的倾向"。事实表明:传播媒介和新技术,不仅会将人类带入一个"我们已知的各个传播时期大不相同"的信息社会,而且会因此"可能使信息由点对面的流动变为点对点之间的流动。这就要求对媒介的系统进行重新审议",以及时提出或抽象出能反映这种变动的新的传播模式。

(三)系统传播模式

1. 赖利模式

这一模式是美国社会学家赖利夫妇于 1959 年从社会学的角度提出。认为大众传播是各种系统中的一个系统[①],把传播过程放到整个社会系统中进行考察,确实是赖利夫妇的一大创举。

赖利夫妇将传播过程看做是庞杂的社会系统中的一个子系统,同时对传播系统与社会系统之间的互动关系也进行了考察。他们的这种模式将大众传播研究带入了一个新的时代。

该模式的基本观点是,传播过程是处于社会系统中并受其影响的一个子系统,所有的传播过程都可以看做是一个系统的活动。传播系统既与社会中其他系统相联系,又具有自身相对的独立性。

从这样的角度来看,传播过程中传授双方都是具有内向传播的个体系统;这些个体系统之间相互影响,构成人际传播;个体系统又不是独立存在,而是从属于各自的群体,这样,群体系统之间又形成群体传播;而个体、群体又都是社会的组成部分,他们总是在社会中运行,因而又与总的社会系统有着互动关系。

赖利夫妇这一模式的提出意义极为深远。对于以前的直线模式和循环模式来说,它们探讨的都是传播过程系统内部的微观环节和要素;而赖利夫妇的系统模式则开始着眼于传播过程的宏观环境,并更多地对社会系统的整体环境加以研究,将传播过程放到整个社会系统运行的大框架中去把握。因此,这一模式开启了大众传播研究的新面貌。

---

① [英]丹尼斯·麦奎尔等:《大众传播模式论》,祝建华等译,上海译文出版社 1987 年版。

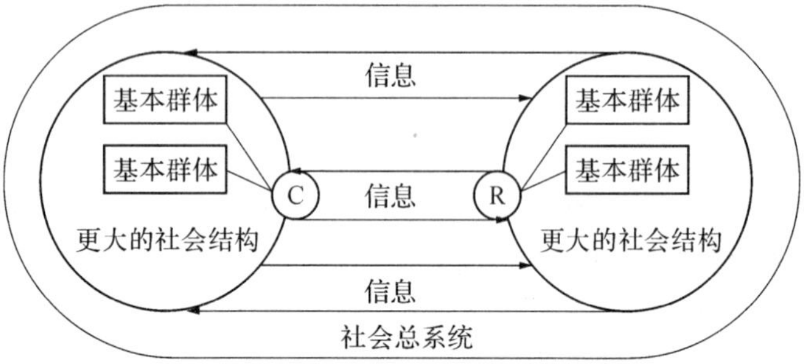

C=传播者　R=接收者

图 2-8　赖利模式

2. 德弗勒模式

1966 年,德弗勒首先提出了美国大众媒介体系模式。这个模式表述了在自由主义经济条件下,社会中政治、经济力量的变化与传播过程的关系。

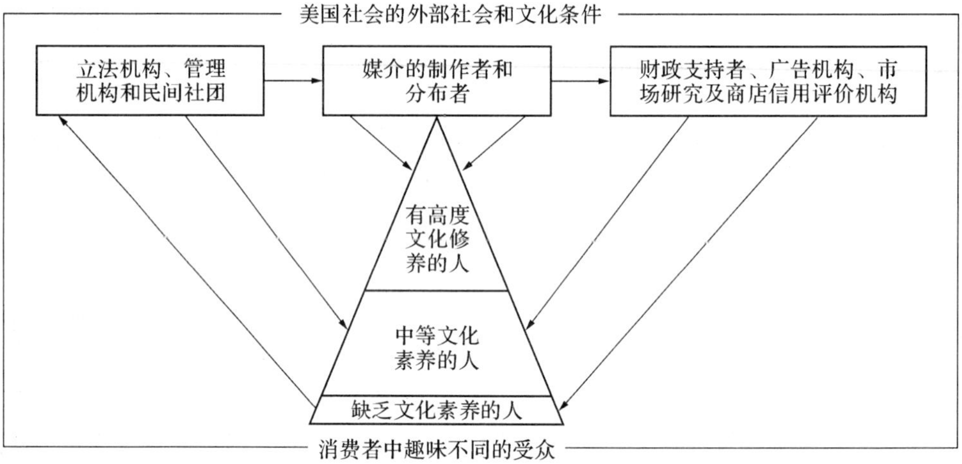

图 2-9　德弗勒模式

1976 年,德弗勒及其合作者提出了更具普遍意义的"大众传播效果依赖模式"。受众、媒介体系和社会体系是决定大众媒介效果出现的条件。

3. 马莱茨克的大众传播场模式

1963 年,德国学者马莱茨克在其《大众传播心理学》一书中根据场论思想提出了一个大众传播场模式,运用系统的方法分析了影响传播者和受传者的诸因素,特别注意突出媒介所受到的外部影响及其外部形象。他把大众传播看做是包括社会心理因素在内的各种社会影响力交互作用的"场",这一系统的各个主要环节都是这些因素或影响力的集结点，因此，传播过程是一个非常复杂的心理过程，同时也是一个非常复杂的社会过程。

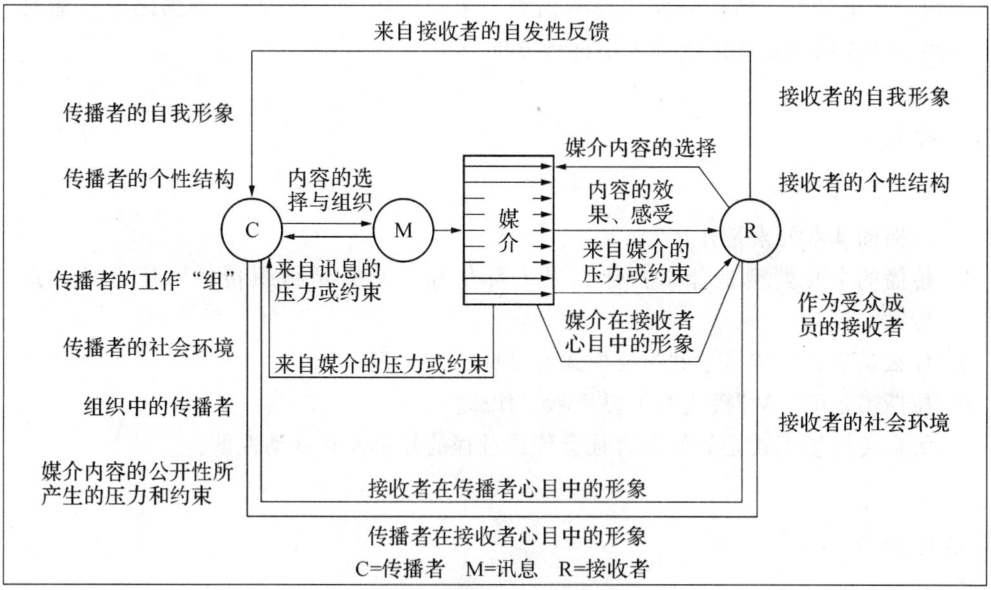

图 2-10 马莱茨克的大众传播场模式

马莱茨克进一步列举了影响传播者行为的有关具体因素。

(1)来自社会环境的约束：社会道德规范、社会文化规范和法律起着控制和制约传播者的作用；

(2)来自受传者的约束：群众的舆论反映出对传播者的态度；

(3)来自媒介组织的约束：各种大众媒介组织的宗旨、所有制形式和政策不同，而所有这些，对传播者个人来说都是重要的环境因素；

(4)来自工作群体的约束：大众传播者总是在一个群体中工作，他们的自由在某种程度上受到工作群体的规范和价值观的限制；

(5)来自传播者的个性结构和自我形象的约束：传播者都有自己的人格意识和个性结构，要考虑自己的行为准则在公众中的形象。这些都是制约传播者如何进行选择和制作信息的社会因素。

在这个模式中，马莱茨克认为，接收者心目中的媒介形象导致接收者对媒介内容的期望，因而可以认为这种形象将影响到接收者对内容的选择、感受和反应的方式。媒介的知名度和可信性是这一形象的重要组成部分。

马莱茨克的大众传播场模式是对于从社会心理学角度研究大众传播的总结，

它说明人类传播是一个极其复杂的社会心理过程，传播者和受传者的行为都是包含许多因素的函数，评价任何一种传播活动，解释任何一个传播过程的结果，都不能简单地下结论。但这一模式虽然列举了影响传播的各种因素，却失之于没能对各因素的作用强度和影响力大小进行分析。

思考题

1. 什么是传播？
2. 传播的基本要素是什么？
3. 传播的主要类型是什么？什么是人际传播？什么是组织传播？什么是大众传播？
4. 什么是模式？传播学的主要模式有哪些？
5. 拉斯韦尔的"5W"模式的主要贡献是什么？
6. 大众传播场模式是如何分解社会传播过程的复杂性和互动性的？

推荐阅读书目

1. [英]丹尼斯·麦奎尔等:《大众传播模式论》，祝建华等译，上海译文出版社 1987 年版。
2. [美]梅尔文·德弗勒等:《大众传播学诸论》，杜力平译，新华出版社 1990 年版。
3. [美]斯蒂文·小约翰:《传播理论》，陈德民、叶晓辉译，中国社会科学出版社 1999 年版。

第三章 传播者：角色、制度与控制

传播者是传播活动的起点和中心，传播者的基本职能是搜集、制作和传播信息，他们控制着传播内容，同时传播者又是社会大系统中的成员，受到时代与社会的制约。

第一节 传播者的概念、任务和权利

在一个基本的传播过程中，传播者是传播活动过程中最为重要的因素，它既是传播活动的发起者，也是传播内容的发出者。在大众传播中，传播者不仅指单个的人，如编辑、记者、导演、主持人、制作人等，还指一切从事传播的组织与机构，如报社、杂志社、电台、电视台、通讯社、出版社、电影公司等。

无论是个人层面的传播者还是从事传播的专业组织或机构，其最基本的职能或者说任务包括搜集、选择信息，加工、制作、传播信息，最后收集、处理反馈信息。传播者角色带有强烈的自主性，选择制作何种信息传播给受众，通过什么媒介，以什么样的方式传播给受众，都取决于传播者。传播者控制着传播内容、方式和过程。传播者角色还带有较强的专业性，它的从业人员无论是记者、编辑还是技术制作人员，都要有一定的专业知识和技能，并且在传播过程中往往需要集体的合作才能完成。如电视新闻节目的传播，需要有记者、编辑和主持人等表面看得见的直接参与者，还需要有技术人员、工人甚至媒介机构的管理者等间接的参与者，他们之间的相互合作才使信息顺利传播出去。

传播者的权利可以分为一般权利和专业权利。一般权利是由各个国家的宪法所规定的权利，主要指普通公民都享有的传播权利：言论权、出版权、著作权、通讯权，等等。如《中华人民共和国宪法》第二章第三十五条规定："中华人民共和国公民有言论、出版、集会、结社、游行、示威的自由。"第四十条规定："中华人民共和国公民的通信自由和通信秘密受法律的保护。"《美国宪法第一修正案》第一条规定："联邦议会不得立法建立宗教，不得立法禁止宗教活动自由；不得立法剥夺言论自由和出版自由；不得剥夺人民以和平方式集会或者向政府请愿、申冤的权利。"专业性权利是指专门从事传播活动的传播者的权利，如新闻传播者的权利。1980 年，联合国教科文组织发表了一份当代国际传播领域最重要的学术文献——《多种声音，一个世界》，又称《麦克布莱德报告》。报告中提到了采访权、报道权、批评权、专业保密权等，"记者有采访的权利和搜集信息的权利"，"在新闻人员的权利当中，最为重要的就是：可以自由地接触官方和非官方消息来源，并有自由地搜集和传播消息情报的权利"。"专业保密既是一种权利，又是一种义务。保密的目的在于保护新闻人员和新闻自由，使他们便于接触提供情报的人士而又不辜负公众的信赖"，"各国都要把新闻工作者视为平民百姓，并加以保护"。

传播者的角色一方面决定传播的内容、传播的形式、传播的渠道、传播的时间，还决定了传播信息反馈的处理，最后影响了传播的效果。传播者控制着传播过程的各个环节。但另一方面，传播者的角色又受到所在社会基本制度对他们的控制，而他们自己又成为社会控制的一部分。拉斯韦尔把对传播者的研究称为控制分析(即控制研究)。控制研究是传播学理论研究的一个主要领域，它是专门考察传播者(个人或组织)及其活动特征、揭示传播者同所处时代与社会之间的关系。

在传播学中，控制研究包含"施控"和"受控"两方面。"施控"是指传播者对信息流通所进行的干预和影响、左右和操纵，如把关研究及其理论；"受控"是传播者受其时代和社会的制约，大众传播与社会不可分割，社会政治、经济、文化因素影响和制约着大众传播。德弗勒在《大众传播学》中指出："那种认为媒介是独立的力量，能够随意影响和改造社会的老看法，过于简单并已过时。""所有的制度都必然在某种程度上对他们的媒介加以管制和控制——基本的原则是，任何社会对它的传播机构所施加的控制都是从这个社会中产生出来并代表它的信仰与价值观的。"①相应的，控制研究的具体内容包括三部分：一是传播者施控研究，从微观的角度研究传播者对传播过程的控制，如把关理论研究；二是传播者受控研究，从社会宏观的角度研究社会制度对传播者的控制，如施拉姆等人提出的 4 种控制观念和控制体系；三是不同的控制形态的研究，如每个社会文化系统，根据自身的政治法律制度、经济运行模式、历史传统、道德习俗等，对传播实施的各种各样的控制形态，一般有政治控制、经济控制、受众控制和自我道德控制等具体表现形态。

---

① [美]梅尔文·德弗勒等：《大众传播学诸论》，杜力平译，新华出版社 1990 年版，第 137 页。

第二节　媒介内部的控制理论

在现代社会，大众传播媒介具有强大的信息生产与传播能力，但是也不可能把社会生活方方面面的信息全部详细地提供给受众，那么大众传播媒介组织一般会把什么信息提供给受众？它们从什么角度把信息呈现给受众？为什么选择这些信息而不是选择那些信息给受众？它们取舍的标准是什么？在这个过程中，大众传播媒介组织起到了什么作用？具体到某一个编辑部，它的记者、编辑、编审直至总编在这一组织活动中起到什么样的作用？对此，“把关人”理论为我们提供了形象的说明。

一、卢因的“把关人”理论

“把关”与“把关人”是传播学控制研究中的重要内容。最早提出“把关人”概念的是传播学四大先驱之一的美国社会学家库尔特·卢因，1947 年他发表了《群体生活渠道》一文，首先提出了“把关人”概念。

在第二次世界大战期间，由于美国将大量物资提供给前线，导致社会上食物紧缺，美国人不吃的食品如牛心、羊或小牛的胰脏等也开始出现在许多美国人的餐桌上，如何鼓励美国公众食用动物内脏并接受这种新的饮食习惯，成为一个社会问题。究竟采用什么样的传播方式最能有效地引导人们改变旧的饮食习惯、接受新的饮食习惯呢？开展宣传活动，对人们进行劝服性宣传就成为必要。卢因应邀参与了由美国农业部拓展局组织的这项应用研究计划，开始这项著名的实验研究。

卢因带领学生对这一宣传活动进行一系列研究后发现：家庭主妇对那些不受欢迎的食物，扮演着犹如把关人的角色。除非家庭主妇决定将动物内脏等食物推荐给她的家人，否则，她的先生和孩子是不可能吃到的。针对这一结论，卢因设计了两个实验环境，一个在演讲会中，一个是在群体决定的条件下。在演讲会中的家庭主妇只听演讲，而另一组除听同样的演讲外，还要围绕这个主题展开讨论。结果显示：那些只听演讲的主妇只有 3% 试用了她们不曾食用过的肉类，而参与讨论的家庭主妇中有 32% 试用了其中的一种。也就是说讨论组中的态度改变者比演讲组高出十倍。

对此，卢因根据团体动力学解释说，讨论组中的态度改变者之所以比演讲组高出十倍的原因，是在于讨论组比演讲组多一个关键性因素——团体。在讨论组中，原来各不相属的家庭主妇暂时形成一个团体，大家同属该团体的成员，因此就有一种同呼吸、共患难的心理趋向。讨论过程中，大家彼此商讨、集思广益，逐渐产生出一种最佳的、得到公认的方案，在团体动力的作用下，每个成员都很自然地倾向于采纳这种方案，并有更多的人改变原有的态度，使之与团体规范相适应。但在演讲组中，实验对象处于互不相涉、各行其是的状态中，她仅凭自己的意愿做决定，不受团体的左右，没有团体对她心理的压力，因此其墨守成规，很少有人改变原来的习惯。

由此卢因得出结论，家庭主妇是一个家庭的把关人，有其决定购买何种食物以及向家庭成员推荐何种食物的作用。他由此得出：在群体传播过程中，“信息总是沿着‘门区’的某些渠道流通，在那里，或是根据公正无私的规定，或是根据‘把关人’的个人意见，对信息或商品是否允许进入渠道或继续在渠道里流通作出决定”。他认为“信息的传播网络中布满了把关人”。

这种对信息进行筛选、过滤和加工的传播行为就叫“把关”，对信息进行筛选、过滤和加工的人就叫“把关人”。

“把关”是传播活动中一个非常普遍的现象。在“把关”的过程中，传播者个人不可避免地站在自己的立场和视角对信息进行筛选、过滤和加工。从整个社会来看，传播媒介组织就是一个社会信息流通渠道的主要把关人。经过新闻媒介的采集与加工的双重把关之后，呈现在受众面前的是一幅幅人为的现实图景，传播媒介制造的是“头脑中的世界”，它与世界的本真面貌不完全一致，这就打破了西方新闻界盛行的客观原则论(镜子理论)。这种理论认为，记者、编辑是时代和客观事件忠实的记录者，报刊只能像镜子一样如实地反映客观现实。卢因“把关人”理论的提出否定了客观原则论。

二、“把关”的个案研究

卢因的学生怀特于1950年发表了《守门人：新闻选择的事例研究》一文，对一家报纸的电讯编辑的工作进行了实证研究，开启了“把关人”理论与实际的系列研究。1955年后，怀特、麦克内利、巴斯三人做了具体的研究工作，将“把关人”理论研究推向深入。

表 3-1　把关人取舍通讯社稿件的分类比例①

分类	收进电讯稿(%)	采用比例(%)
犯罪	4.4	3.2
灾难	3.4	3.4
政治	19.2	22.6
（州）	(4.7)	(6.8)
（全国）	(14.7)	(15.8)
人情味	35	23.2
国际性	22.5	23.7
（政治）	(15.1)	(13.6)
（战争）	(4)	(5.6)
劳工	5.5	5.5
全国性	9.9	18.5
（农业）	(2.5)	(6)
（经济）	(2.5)	(3.3)
（教育）	(3.2)	(3.3)
（科学）	(1.7)	(4.9)
总计	99.9	100.1
（则数）	11910	1297

表 3-1 是怀特对某家报纸的电讯编辑接收到的美联社、合众国际社一周内的稿件选用情况的统计研究。发现：

(1) 只有 10%的电讯稿被选用；

(2) 电讯稿在内容比例上失衡，国际性政治新闻、全国性政治新闻、人情味新闻、趣味性新闻占总用稿量的 2/3；

(3) 收进电讯稿比例和实际采用的比例大致接近。

为什么该报电讯编辑舍弃了 90%的电讯稿呢？

① 转引自邵培仁：《传播学》，高等教育出版社 2000 年版，第 90 页。

表 3-2 把关人抛弃稿件的理由①

理　　由	次　　数
不值得登：	
没趣味	104
写得枯燥、含糊	80
内容不好	67
登太多了，常出现	62
琐碎，浪费篇幅	55
不用此稿	23
宣传	18
不喜欢自杀消息；太挑逗；趣味庸俗	14
	423(40%)
已选登其他稿件：	
篇幅不够；如够，必登	640
等进一步发展	172
太远，不在本地区	40
太地区性	36
已用另一家通讯社的稿件	20
昨天已登横贯全页大标题	1
漏掉了	1
	910(60%)

表 3-2 是怀特寻访值班编辑为何舍弃稿件的原因研究。结论有二：

(1) 不值得登，占 40%；

(2) 已选登其他稿件，占 60%。

在"不值得登"的具体理由中，可以看到大部分都是编辑的个人喜好和情绪，编辑个人认为该登就登，不该登就不登。

怀特的"把关"研究是传播学中最经典的研究个案之一。在他的研究中，该报社的编辑就是典型的"把关人"，而他筛选、确定各类稿件的编辑过程就是典型的

① 转引自邵培仁：《传播学》，高等教育出版社 2000 年版，第 91 页。

“把关”行为。怀特的研究把信源到受众的信息输入和输出的现象与过程描述得非常清晰,但是他的实践有明显的不足。他把“把关人”当做一个独立的社会人,可以按个人的情绪和喜好处理信息,而忽视了社会因素对“把关人”和“把关行为”的控制与制约。社会学家何胥(Hirsch)认为,怀特的研究夸大了编辑的权限,只看到传播中一个关卡和一位把关人在把关活动中的作用。尽管怀特的研究存在着局限,但他为传播学的控制研究充实了研究内容,引发了当时及后来者的研究思路。

1959 年,麦克内利在《新闻的国际交流中的中间传播者》中进一步挖掘出把关人的层次,认为在新闻事件与最终接受者之间存在着各种各样的中间传播者,具体有驻外记者、分社编辑、总社编辑、报社电讯编辑等。

1964 年,施拉姆在《大众传播媒介与社会发展》一书中也为我们提供了一个非常典型的把关案例:从一家通讯社发出的新闻稿,经过编辑部的部主任、专线主任到四版面的新闻编辑再到读者,大约有 98%的新闻内容被筛选加工掉了。

正如施拉姆所说:“通过揭示把关的过程,它使传播对象更好地懂得应该如何评价已经过关的内容;此外,它促使把关人对自己借以决定取舍的理由作出评价。”[①]但他们的研究都有一个共同的缺陷,“虽然承认大众传播有重重关卡,但承认的只是一些表面现象,政府、垄断资本、老板等最大的把关人并未触及,而这正是问题的实质”[②]。

1969 年,巴斯在《使守门人概念更趋完善》一文中把把关的过程分得更详细,认为把关行为出现在媒介组织内部,把关的过程分为新闻采集和新闻加工两个阶段。记者接近信源采集新闻,编辑对新闻内容精心挑选、修改或提出,因此他们是媒介组织内部最能把关的人。

三、布里德“潜网”理论——编辑部内部的社会控制

布里德是哥伦比亚大学的博士生,曾担任过记者,长期在图兰大学当教师,1955 年发表了《新闻编辑部的社会控制》一文。在对美国数十家报纸、一百多位记者进行调查后,布里德发现,每家报纸的所有者都有自己设定和执行的政策原则,但这种政策通常是隐蔽的、不可见的,以避免与新闻自由的原则相违背,引起不必要的麻烦。具体体现在一个年轻记者进入报社后,为了避免被解雇或免职,为了获得提升的机会,为了有一个愉快和谐的人际环境,会遵循这些被设定的政策原则,

① [美]施拉姆、波特:《传播学概论》,陈亮等译,新华出版社 1984 年版,第 162 页。

② 张隆栋:《大众传播学总论》,中国人民大学出版社 1993 年版,第 70 页。

更重要的是,"新闻记者的奖励主要来自同事或者上司,而并非来自读者,因此,记者们为了迎合编辑部更为实用层次的价值观,常放弃自己的社会和专业理想。"[①]那么,"潜网"是如何起作用的呢?布里德认为,一个年轻记者进入报社,谁都不会明确告诉他该报社的政策规定,他们一般会通过以下几种途径学会遵守政策规定:预测上司希望他做什么和怎样做,以获得奖励,避免惩罚;每天研读本报社的报纸,了解其特点风格;模仿同事们的写作模式,以便按照确定好的标准化过程去写;从编辑规定的哪些稿件可用、哪些稿件不可用中学会揣摩其中的顾虑;通过日常生活中与同事们的交流,了解上司的兴趣、特点和人际关系;通过工作会议或内部谈话观察上司意图。

布里德认为,在报社内部始终存在的这张十分隐蔽但又非常强劲的控制网络,它一方面确保了报纸顺利贯彻所有者的政策原则,另一方面又防止报社新来者对报社组织既定行规的干扰。

布里德认为,这张"潜网"实际上是更大范围的社会控制体系在媒介中的折射。"对于任何社会来说,主要的问题就是维持社会秩序和稳定性,包括维护对价值观体系的共识","媒介可以省略或淹没那些可能危及社会文化结构及人们信念的新闻"。"在价值观发生冲突的情况下,媒介有时为了表现尊敬传统、公共礼节和秩序美德,而牺牲对重大事件的准确报道。"一般媒介不会涉及"阶级这个词,阶级,即社会的不平等,正与美国信念相反",不愿涉及的领域还包括"宗教、家庭、爱国主义、社区、医疗、法律和正义"。布里德认为,"媒介的作用就是保护'权利'和'阶级'"[②]。

布里德的"潜网"理论,揭示了任何处于特定社会环境中的传播媒介担负着社会控制的职能,而这类控制往往是一种潜移默化的、不易察觉的过程,因而被称为"潜网"。当然,半个世纪过去了,随着社会的进步和发展,布里德时代媒介报道的禁忌话题在世界各个国家的媒介报道中被大大地打破了,虽然"潜网"依旧,但已不可能像过去那样普遍存在了。

第三节 传播制度

传播制度是指一个国家传播事业的总体结构以及对传播事业进行经营、管理的方法。

---

① [美]赛佛林、坦卡德:《传播原理:起源、方法与应用》,郭镇之等译,华夏出版社2000年版,第364页。
② 同上,第366—369页。

一个国家的传播制度是与这个国家的政治、经济、文化等方面有着密切的联系的，具体地说，与该国的政治制度、经济制度、文化传统和价值观念密不可分。可以说传播制度实际上体现了大众传播活动的社会环境和社会条件，研究大众传播活动不能脱离具体的社会环境和社会条件。传播制度对于传播事业的发展起着举足轻重的作用，决定和制约传播活动的内容、方式及方法。大众传播媒介是依据其所在的政治、经济体制的类型，社会发展的阶段和各种特定的个人兴趣和需要发挥作用的。传播制度主要是研究在不同的社会形态下媒介如何运作的，它不仅对一个国家的传播制度进行研究，还包括对世界上主要国家的不同传播制度的分析和比较，从中找出传播事业与一个国家的政治、经济、文化方面的内在关系和发展规律。

具体来说，传播制度考察研究要从以下几个角度入手：

1. 国家、政府或政党与传播事业的关系，国家机构与大众媒介的关系。

2. 大众传播媒介的所有制问题。

3. 国家机构通过什么方法和手段控制传播事业。国家机构对传播事业的管理方式一般有两种：一是通过法律来管理、调节；二是通过政府的行政手段或政党的方针政策进行管理和调节。

一、施拉姆等人的《报刊的四种理论》——四种控制观念和控制体系

《报刊的四种理论》是以施拉姆为代表的三人合著的一部专门研究传播制度的书，发表于1956年，影响至今。施拉姆称，写作该书的目的是探讨报刊体系“差异存在的原因”。书中所说的“报刊”，是指一切大众传播媒介。“四种理论”是指书中经过分析、综合后将当今世界上的报刊体系划分为四种，每一种都有一个相应的理论做指导，从而确认了四种控制观念和四种控制体系，即：集权主义理论、自由主义理论、社会责任理论、苏维埃—集权主义理论。

施拉姆认为，“传媒（报刊）总是带有它所属的社会和政治结构的形式和色彩，特别是报刊反映一种调节个人与社会关系的社会控制的方式”，“传媒（报刊）体系间的差异，是一种哲学上的差异”。所以该书所要研究的是“当今世界上不同类型传媒（报刊）背后的哲学和政治学原理或理论”①。

（一）集权主义理论

集权主义理论出现在16、17世纪早期报纸阶段，这期间主要是集权主义社会，即封建专制统治时期。15世纪印刷术在欧洲出现，“随着宗教改革的发展，印刷物

---

① ［美］威尔伯·施拉姆等：《传媒的四种理论》，戴鑫译，中国人民大学出版社2008年版，第1—2页。

中反封建、反旧教的成分日渐增多,引起了封建统治者的恐惧和不安。封建王朝陆续采取了种种控制印刷出版的措施”[①]。例如,“1528 年,英王亨利八世下令限制印刷业的发展,1538 年正式建立皇家特许制度,规定所有出版物均须经过特许,否则禁止出版。1557 年,玛丽女王下令成立皇家特许出版公司,规定只有经过女王特许的印刷商才能成为公司的会员,只有公司会员和其他特许者才能从事印刷出版。1570 年,伊丽莎白女王将参议院司法委员会独立为‘星法院’,以加强封建统治。1586 年,星法院颁布特别法令,严厉管制出版活动,其中规定:一切印刷品均须送皇家出版公司登记;伦敦市以外,除了牛津、剑桥大学,一律禁止印刷;印刷任何刊物均须事先请求许可;皇家特许出版公司有搜查、扣押、没收非法出版物及逮捕嫌疑犯的权力,等等。这项法令一直执行到资产阶级革命爆发,以后又为历次复辟者效法,对英国出版业的影响长达一个多世纪。”[②] 集权主义传播制度根植于专制社会。从上述的历史中可以发现,报刊的主要目的是承认封建君主和特权阶级对报刊等传播媒介拥有绝对的统治权。报刊的功能和活动均由政府机构控制。国家主要通过颁布特许证、许可证,通过实行直接检查制度,对报刊内容进行审核,来控制报刊的创办及其内容,或者诉诸法庭,由法庭对于违法的报刊进行起诉和惩处。报刊不能刊登直接批评当权者的文章,不能批评政府,不能公开讨论政治问题。国家对社会的意见和谈话加以严格控制,否认自由和民主。报刊可以公办,也可以私人拥有。报刊不论是国家所有还是私人所有,都应该成为加强巩固政府统治的有力工具。

集权主义理论和观点的形成受古希腊哲学家柏拉图、意大利政治学家马基雅弗利、英国哲学家霍布斯、德国哲学家黑格尔等人的影响。他们都主张社会的一切都以权力或权威为中心,强调社会等级和绝对服从,主张国家对社会的意见和谈话要加以严格的控制。如柏拉图的《理想国》中就认为,最高等级才具有负责国家管理的能力,社会民众不具备参与国家政治事务的能力和权利。马基雅弗利在《君主论》中更是为君主集权主义提供了理论依据。同样,黑格尔也指出:国家的存在就是它本生的目的,它享有统治并制约个体公民的最大权利,而公民的最高职责则是成为国家的一员。

(二) 自由主义理论

自由主义理论产生于17、18 世纪资产阶级革命时期。从 1640 年的英国革命开始,一直到 1694 年的半个多世纪中,英国经历了查理一世被送上断头台—克伦威尔的军事专政—查理二世的复辟王朝—“光荣革命”,最终建立了君主立宪的、大资

---

①② 张允若:《外国新闻事业史》,武汉大学出版社 2000 年版,第 22 页。

产阶级和新贵族联合执政的政权。在英国资产阶级革命的过程中，随着资产阶级民主自由思想的传播，人们提出了“出版自由”的口号。“这是英国革命对世界新闻和出版事业发展的一个重要贡献。”[①]自由主义传播制度根植于资本主义自由社会，报刊的主要目的是帮助人们了解真相、监督政府，同时报纸还具有告知、娱乐和销售的功能。国家通过两种途径控制报纸：一是通过多数人的声音，“思想的自由市场”下的“真理的自我修正过程”使个人可以区分真理和谬误；二是通过法律体系，法律除了对诽谤、亵渎、无礼和战时煽动叛乱的行为进行规范外，报刊有合法的权利批评政府和官吏，出版内容不受任何事先的检查。报业主要是私有的，任何人只要有足够的资本，就可以创办一家通讯企业，它的失败或成功，则要看他是否具有获得利润的能力。

自由主义理论和观点的理论基础是17、18世纪启蒙运动时期的哲学及一系列社会政治思想，其核心是以权利、自由为主体的自由主义思想。代表人物为英国哲学家洛克(Locke)，诗人、政治家弥尔顿(J. Milton)，哲学家密尔(Mill)等人。1644年，弥尔顿发表题为《论出版自由》的著名演说，全面批评了出版检查制度的弊端，认为这一制度无疑是“让20个横行霸道的统治者建立起寡头政治，给我们的心灵再度带来饥荒，使我们除了经过他们用斗衡量过的东西以外就不知道旁的东西”，其后果只能是“破坏学术，窒息真理”。弥尔顿强调，人民的言论、出版自由是与生俱来的权利，主张让人们“有自由来认识，发抒己见，并根据良心作自由的讨论，这才是一切自由中最重要的自由”。他认为这种自由“是一切伟大智慧的乳母”，限制这种自由只会伤害真理，只有保障言论、出版自由，才能使真理在争论中战胜谬误。[②]弥尔顿提出言论自由和出版自由是天赋人权的一部分的思想，奠定了资本主义传播制度的基础。

哲学家密尔1895年出版了《论自由》一书，强调了出版和表达言论的自由。“在思想和言论这样的事情上采取专制高压的政策永远都是不合法的。如果全体人类就某事只有一种意见，而仅仅有一人执有相反的意见，这时，人类要使那一人沉默并不比那一人——假使他有权利的话——要使人类沉默更为正当。迫使一个意见不能发表的特殊罪恶乃在它是对整个人类的掠夺，对后代和对现存的一代都是一样，对不同意于那个意见的人比对坚持那个意见的人甚至更甚。假如那意见是对的，那么他们是被剥夺了以错误换真理的机会，假如那意见是错的，那么他们失去了一个差不多同样大的利益，那就是从真理与错误的冲突中产生出来的对于

① 张允若：《外国新闻事业史》，武汉大学出版社2000年版，第22页。

② [英]约翰·弥尔顿：《论出版自由》，吴之椿译，商务印书馆1989版，第5、34、44、46页。

真理更加清楚的认识和更加生动的印象。”[①]弥尔顿、密尔等人的论述到了18世纪法国资产阶级革命中广为传布时，其影响才由出版界推广到新闻界，从此以后它便成了资产阶级和广大民众反封建统治、争取新闻出版自由的锐利武器。1789年国民会议顺利通过《人权宣言》，其中第十一条明确规定：“自由传达思想和意见是人类最宝贵的权利之一，因此，各个公民都有言论、著述和出版的自由，但在法律规定的情况下，应对滥用此项自由负担责任”。这是人类历史上第一个明确规定出版自由的正式文件。1791年法兰西共和国的第一部宪法，又正式将出版自由写入法典。在美国，杰弗逊执笔起草了《独立宣言》，1791年正式生效的“人权法案”（或称宪法修正案）第一条明确规定：“国会不得制定关于下列事项之法律：确定宗教或禁止信仰自由；剥夺人民言论或出版自由；剥夺人民和平集会及向政府请愿的权利”。“人权法案”成为美国保障新闻自由最具权威的法律。

（三）社会责任理论

19世纪末、20世纪初资本主义进入垄断竞争时期，社会政治经济情况发生了深刻的变化，相应地这些国家的传播业也发生了重大的变化。商业化、社会化和垄断趋势得到不断的加强，从“一城多报”到“一城一报”，从“报业集团”到“传播集团”，再到“联合集团”，最后到“跨国集团”，垄断资本为自己的政治经济需要做宣传、造舆论，压制和排斥任何损害它的政治经济利益的言论和思想。“新闻出版事业的集中已被认为是对读者、新闻人员和较小的同行业的一种祸害和危险。日报数量的减少缩小了新闻出版界观点的多样性，减少了供读者选择的机会，限制了意见范围和论争领域，助长了千篇一律并迫使接受占统治地位的少数人的准则，从而有可能对那种对民主具有重要意义的思想多元化构成严重的威胁。”[②]早期资本主义崇尚自由竞争，当时是自由主义传播制度占主导地位。19世纪末、20世纪初资本主义进入垄断竞争，传播制度强调社会责任传播制度。

20世纪40年代，在美国产生了社会责任理论。该理论认为，大众传播媒介除了告知、娱乐和销售功能外，还必须承担“讨论冲突”的功能。媒介是私有的，除非政府为了保证为公众服务而接管媒介；政府不应该直接出面控制媒介，媒介可以通过社群意见、消费者行为，通过遵守职业道德、社会公德进行自律。任何想表达某种意见的人都可以使用媒介，如果媒介不尽到提供这个场合的义务，就应该有人来监督媒介，使其尽到责任。社会责任理论的最早论述见之于1947年美国新闻自由委员会发表的研究报告《一个自由而负责的新闻界》。

① [英]密尔：《论自由》，许宝骙译，商务印书馆1988年版，第45页。

② 蒋相泽：《世界通史资料选辑：近代部分（上）》，商务印书馆1983年版，第124页。

社会责任理论一方面认为传播活动应该是自由的，不受限制的；另一方面，大众传播事业的传播者应该对社会负责，对公众负责。社会责任理论是对自由主义理论的修正，施拉姆认为，社会责任理论与自由主义理论的不同之处在于，前者认为自由是绝对的，后者认为自由是相对的。“自由与责任相伴而生。位于政府之下，拥有特权地位的传媒，在当今社会具有大众传播的重要功能，因此传媒有义务对社会承担责任。”①

(四) 苏维埃—集权主义理论

这种理论是由施拉姆提出的，他主要是针对以苏联为代表的社会主义国家的新闻传播制度，施拉姆认为这种制度是集权主义模式的变种。媒介的主要目的在于巩固苏维埃制度，特别是要服从政党的专政，媒介只是作为一种有利于促进国家发展的组织而存在；媒介受政府经济、政治行为及监督部门的控制，只有忠诚和正统的党员才可以有规律地使用媒介；允许媒介对个人和党的策略进行批评，但党的宗旨和目标是不允许批评的；媒介是国有的。

虽然苏维埃的报刊理论来源于集权主义，但是这两者有区别。集权主义理论下的传播媒介一般是私有的，和政府分开；而苏联的报刊是与政府合二为一的，由政府直接控制、垄断和管理。

施拉姆的苏维埃—集权主义理论带有明显的主观性和片面性。“它是处在政治上动荡不安的紧张时期，也就是人们记忆中带有冷战色彩的时期起草的——施拉姆的问题出在，他的分析是怀有敌意的，他局限在‘我们对他们’的框框中看问题——因此，在他的文章中，不用费力就能断定好人与坏人。”②

二、阿特休尔的媒介三种模式——批判学角度的认识

赫伯特·阿特休尔(J. H. Altschull)是美国传播学批判学派的代表，曾先后在美联社、《纽约时报》、美国全国广播公司当过记者，后在美国印第安纳大学新闻学院当教授。1984年发表《权利的媒介》(*Agent of power*)一书，从社会统治权利与传播媒介之间的关系进行论述，着重揭示各种权势集团如何操纵传播、影响传播、控制传播，不像经验学派那样对传播的具体运作进行研究。此书一出，就被学术界看做是继《报刊的四种理论》之后的又一力作，是对经典的重大挑战。

阿特休尔说：“此书的主要论点之一是，新闻媒介历来没有发挥过独立的作用，

---

① [美]威尔伯·施拉姆等：《传媒的四种理论》，戴鑫译，中国人民大学出版社2008年版，第62页。

② [美]赫伯特·阿特休尔：《权利的媒介》，裘志康等译，华夏出版社1989年版，第67页。

也从来没有摆脱权力的操纵。""报业的历史表明，报纸及其现代变种已越来越趋向满足那些自私的资助者的利益，与此同时，媒介还在制造不朽的假象，仿佛新闻是为广大消费者服务的。期望新闻媒介发生戏剧性逆转，指望它们嘲弄那些资助报业的大财阀，就是陷入了最狂热的乌托邦式的幻想。"在该书中，阿特休尔用大量的事实详尽地阐述了一个基本观点：一切媒介历来都是受某种权势控制的工具，都是为某种权势卖力的"鼓吹手"。这些控制媒介的权势可能是宗教的，也可能是世俗的；可能是政治上的党派集团，也可能是经济上的利润指标。不管形式如何千差万别，媒介总归都是某种权势的媒介。"新闻媒介好比吹笛手，而给吹笛手的乐曲定调的是那些付钱给吹笛手的人。"①

阿特休尔从对世界报业体系的研究以及自己的体会中，总结了当今报业的三种模式：市场模式（Market 或资本主义）、共产主义模式（Communitarian 或社会主义）、进展模式（Developing 或发展）。三种模式的信仰、目标和对报业自由的观点比较如下：

	市场模式	共产主义模式	进展模式
新闻事业的目的	追求真理；尽社会责任；以非政治方式进行告知（或教育）；公正地为人民服务，并拥护资本主义学说；作为监督政府的工具	寻求真理；尽社会责任；（以政治方式）教育人民并争取盟友；通过要求维护社会学说而为人民服务；统 观点，改变行为	服务于真理；尽社会责任；（以政治方式）进行教育；通过寻求与政府合作为人民服务，为各种有益的目的进行变革；作为争取和平的工具
新闻事业的信条	新闻媒介不受外界干涉；为人民的知晓权服务；力求获得真理并反映真理；公正、客观地报道	新闻媒介改变错误的意识，并教育工人使之具有阶级觉悟；满足人民的客观需求；促进实际变革；客观报道事物的现实	新闻媒介是一支联合力量，而不是一支破坏力量；是有益于社会变革的工具；是社会公正的工具；旨在用来沟通记者与读者之间的双向交流
新闻自由的不同观点	新闻自由意味着新闻记者不受外界控制；是指新闻媒介不屈从于权力，不受权力操纵；不需要国家新闻政策来保证	新闻自由意味着全体人民的意见得以发表，不仅仅是富人的意见；必须反对压迫；需要一项国家性的新闻政策，以便保证新闻自由采取正确的形式	新闻自由意味着新闻工作者的心灵自由；其重要性次于国家存亡之重要性；需要一项国家性的新闻政策来对自由提供合法保障

① [美]赫伯特·阿特休尔：《权利的媒介》，裘志康等译，华夏出版社 1989 年版。

三、传播制度的评述

任何一个国家的传播体制，都与这个国家的经济、政治、文化、家庭、宗教有直接的联系。德弗勒说："今天的大众传播是我们体制结构的一个中心部分。也就是说，虽然媒介自成一个行业，但它们已经深深渗透到我们社会的五个基本社会体制之中。例如，由于它强调工商业服务和产品，它们是经济体制的中心部分之一。由于它们增加了在选举过程中的作用，用于报道各种听证会和注重政府新闻，它们成为我们政治体制中的一个重大特征。由于它们强调供家庭消费的娱乐和通俗文化，它们不可辩驳地成为我们家庭体制的一个重要组成部分。对许多人来说，电子媒介布道已经成为宗教体制的一个重要部分。在有限的程度上，它们也成为我们教育体制的一部分。简而言之，媒介已渗透到我们社会的体制核心。"①

传播体制与社会体制密不可分，一般来说，有什么样的社会体制就会有什么样的传播体制。但是实践证明，传播体制与社会体制不能完全等同起来。社会主义制度下可以有不同的传播体制存在，资本主义制度下传播体制也不完全相同。因此考察传播体制不能片面化，也不能简单地分为"我们"、"你们"的角度，类似于施拉姆，把世界上不同国家所存在的不同的传播体制按照四种理论模式来分，过于简单，也不符合实际。

自施拉姆提出报业的四种理论和阿特休尔提出媒介三种模式至今，世界形势和状态发生了重大的变化，许多媒介体制已不适用于传统报业四种理论的分类了，特别是在那些发展中国家。自20世纪80年代东欧剧变以来，社会主义国家的媒介功能和对媒介的控制发生了显著而不断的变化；在资本主义国家，大众传播的理想化功能（如报业的自由主义理论和社会责任理论）也与新闻实践有很大的出入。此后，相继出现了一些新的理论。如1971年美国学者约翰·梅里尔等人提出的"五种理论"，1983年英国学者丹尼斯·麦奎尔的"六种理论"，1997年芬兰学者卡尔·诺登斯特伦的"五种范式"，英国学者詹姆斯·科伦等人主编了《去西方化媒介研究》一书，以全新的"五种理论"和社会发展的眼光对传播制度的研究提出了修正与更新。

对于传播体制的分析不外乎从以下四个方面考察：传播媒介的所有制问题；传播媒介与政府或执政党的关系（是否受控制以及如何受控制）；传播媒介为谁服务（传播媒介的目的）；传播媒介的经济来源。

① ［美］梅尔文·德弗勒等：《大众传播学诸论》，杜力平译，新华出版社1990年版，第140页。

第四节 传播控制

传播控制是指“每个社会文化系统都会根据自身的政治法律制度、经济运行模式以及历史传统、道德习俗等，对传播实施各种各样的控制。”这些控制的方法、手段各式各样，但其基本形态是政治控制、经济控制、受众控制、自我控制（传播者职业道德的自律）。

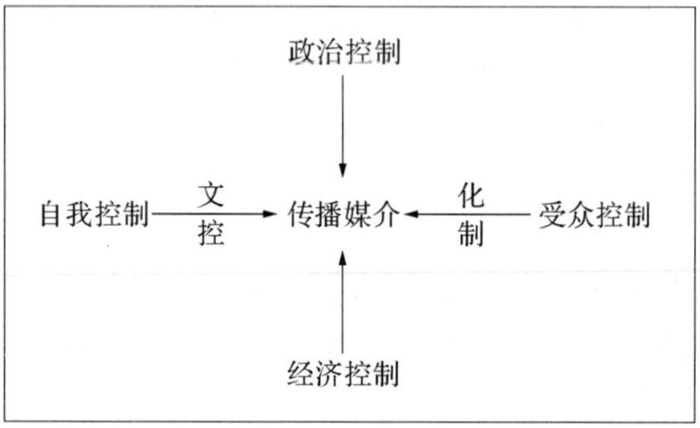

图 3-1　传播控制图①

一、政治控制

政治控制是指国家和政府对传播媒介的控制。“报纸不论在什么样的制度下也都受到同样的控制。这就是说，所有的制度都必然在某种程度上对它们的媒介加以管制和控制。”②

世界各个国家的政治体制、思想意识形态各不相同，控制大众传播的手段也不尽相同，但大致上会有类似的规定。

（一）制定法律和行政措施

通过制定各种各样的法律和行政措施来限制、约束、管理、控制传播媒介。包括宪法、民法、刑法中的有关表达自由和新闻自由的规定，也包括为大众传播特别制定的有关法律，如新闻法、图书出版法、著作权法、广播电视与电影管理法、广告

---

① 吴文虎：《传播学概论》，中国新闻出版社 1988 年版，第 144 页。

② ［美］施拉姆、波特：《传播学概论》，陈亮等译，新华出版社 1984 年版，第 183 页。

管理法、许可证申请法、反垄断法、色情管制法、保障隐私权法、诽谤罪法、保密法、煽动叛乱罪法等，还包括报纸、期刊、广播、电视、电影、互联网新闻传播的管理。如分配传播资源，许多国家对空中电波频率实行分配制和特许制；直接或变相的资助某些传播机构等，进行政治与经济的软化和拉拢。

（二）禁止或限制某些传播内容

在不同的国家和不同的社会制度下，政府禁止或限制的内容会有所不同，但以下几个方面基本上都是要禁止或限制的：与国家制度和意识形态有关的内容，与国家和国防安全有关的内容，涉及淫秽色情的内容，涉及侵犯名誉权和隐私权的内容，涉及虚假广告的内容，非法出版物等。禁止或限制的内容主要涉及意识形态方面，也有公众利益和社会风气方面的内容。

（三）操纵新闻发布，控制消息来源

政府通过新闻发布会、记者招待会、吹风会等，利用官方媒介操纵新闻发布、控制消息来源，引导社会舆论。一方面加强对外信息的检查；另一方面干扰外国信息的流入，以确保本国民众只能获得“官方”的解释。有时候，政府为了某种意图将本来毫无意义的事件渲染成社会轰动事件，以吸引大众传播媒介的大肆报道，这就是丹尼尔·波尔斯丁(Daniel Booerestin)的“伪事件”(Pseudoevents)理论。

二、经济控制

谁拥有媒介，谁就拥有话语权，谁就有权决定传播什么和不传播什么。经济控制具体体现在媒介的所有权和广告诉求上。目前世界上对媒介所有权一般分为三种：一是公营体制，即传媒为社会公共财产。需要澄清的是公营不等于国营，如英国的BBC、日本的NHK(日本广播协会)就是典型的公营传媒。二是国营体制，即传媒为政府所有。政府的财政拨款成为传媒的重要经济来源。社会主义国家的大众传播媒介基本上是国营的。三是私营体制，即传媒为私营机构所有。如美国采用的私营企业制度。

从理论上讲，在资本主义制度下，人们有自由表达和新闻自由的权利，但实际上，一般社会群体的传播权利是不能得到真正的保障的，传播媒介主要控制在垄断资本手中。1983年，美国传媒批判学者本·巴格迪肯(Ben Bagdikian)的研究发现，美国的全部新闻与娱乐业(包括电视、广播、有线电视、电影、报刊和出版业等)实际上控制在50家大公司手里；到1992年，媒介所有权加速集中，23家主要的媒介公司控制了美国媒介的大部分；到1996年，他发现对传媒的垄断更集中在10家公司手里；而到2000年，美国的传媒娱乐业几乎被下述五大财团垄断：

（一）美国在线/时代华纳集团

1. 美国在线：全美最大的因特网服务商，它还拥有网景公司（Netscape）、Compuserv，并部分拥有 Walmart、Bell Atlantic、Gateway、Hughes electronics 等。

2. 时代华纳：它拥有 CNN（时代华纳 1996 年收购，在美国有 7000 万用户）、HBO（美国最大的付费有线电视网）、华纳音乐（Warner Music，美国第二大音乐唱片公司，其中包括华纳兄弟唱片公司）、华纳兄弟制片公司（好莱坞最大制片厂之一）以及《时代》周刊、《体育画报》、《人物》和《财富》等。

（二）沃特·迪士尼集团

1. 电视制作公司：包括沃特·迪士尼电视、Touchstone 电视、BuenaVista 电视。

2. 沃特·迪士尼制片集团：包括沃特·迪士尼制片厂、Touchstone 制片厂、好莱坞制片厂、Caravan 制片厂等。

3. ABC 广播公司：拥有 ABC 电视网（在全美主要大城市有 10 家电视台、225 个附属电视台，约有 1 亿用户）、ESPN 有线电视网（该公司同时又在 Lifetime 电视公司和 A&E 电视公司有控制股权，每家各有 6700 万用户）。

4. ABC 广播网：AM 和 FM 频道，在全美各地有 44 个广播电台、3400 个附属台。

5. 出版业：有 7 家日报社和 2 家出版社。

（三）通用电器集团

1. NBC 广播公司：统辖 13 家电视台、212 家附属电视台。

2. CNBC 有线台：与道琼公司共同拥有。

3. MSNBC 有线台：与微软公司共同拥有。

4. History 有线台：与赫斯特集团共同拥有。

（四）新闻集团

1. 福克斯电视网：统辖 22 家电视台、159 家附属电视台。

2. 20 世纪福克斯电影公司。

3. 出版业：拥有《纽约邮报》、《标准周刊》、《电视导报》等，同时在海外还拥有 130 家报纸。

（五）维亚康姆（Viacom）集团

1. 为美国三大广播公司 ABC、NBC 和 CBS 提供和推销电视节目。

2. 拥有 CBS 广播公司（维亚康姆于 1999 年收购，拥有 35 家电视台、200 家附属电视台和 160 家广播电台）、派拉蒙制片公司、Spelling 娱乐集团。

3. 拥有 MTV、Showtime、Nickelodeon、UPN、Nashvill Network、Country

Music 等一些极受欢迎的有线电视网。

4．拥有 Simon & Schuster、Scribner、The Free Press 和 Pocket Books 等出版社。

5．拥有全美最大的 Blockbuster 录影带租赁网，在全美有 6000 多个录影带租赁店。

由此可见，对传播的经济控制主要表现为垄断大资本的控制，在现今也体现为媒介资本、工业资本、银行资本的交叉所有的控制。媒介的所有制决定了对媒介的控制，也决定了媒介的主要影响力。

除了所有制控制外，经济控制的另一手段就是广告诉求。广告收入是传播媒介的主要经济来源，在媒介经营中占有重要的地位。美国报纸的 2/3 版面是广告，因此传播媒介常常要刊登有利于广告商的信息，会经常违反传播公平、公正、客观、准确的职业道德，但目前仍然无法避免。

三、受众控制

在现代社会，大众传播媒介具有很强的社会公共性，传播的信息、刊登的广告是否真实，提供的文化娱乐内容是否健康等都会对现代社会生活的方方面面产生重要的影响，都会对现代社会受众的利益产生影响，因此受众有权对大众传播媒介的活动进行社会监督和控制。

受众的社会监督和控制往往从公共道德和普遍的社会良知出发，对媒介的传播活动进行监督，提出批评和各种有益的建议。受众对传播媒介的监督控制主要有以下几个手段。

1．受众的来信、来访、来电、电子邮件及传播媒介组织的受众调查等形式，直接表达对传播媒介的意见、建议或批评。

2．以行业或团体组织的名义对传播活动施加压力。如劳工团体、宗教团体、教育团体、工商业团体、广告商等从一般受众的立场出发，或从某一行业团体的立场出发，对传播活动进行批评、抗议或抵制。具体的形式有质询、评定等级、游行、集会、罢工、游说议会党团等对传播活动进行干预。

3．通过法律手段要求传播媒介对违法行为进行纠正。如传播内容侵犯受众的名誉权、隐私权，或虚假报道、虚假广告损害受众利益，受众可以通过法律手段提起诉讼，要求法律制裁或补偿损失。

4．通过视听率、订阅率、点击率、发行量等媒介的市场指标来制约传播媒介的活动。受众选择订阅这份报刊、收听这个电台节目、收看这个电视频道而排斥那份报刊、那个电台、那个电视，实际上一方面间接表达了自己对某一传播媒介的喜恶态度，从而影响传媒的社会形象；另一方面直接关系到传播媒介的经济收入，因为广告商主要是根据视听率、订阅率等指标来决定广告的投放，传播媒介的二次销售会影响传播媒介的经济利益。

四、自我控制

自我控制主要是指媒介组织对本机构人员的职业规范要求和传播者职业道德的自律。无论是规范要求还是道德自律，在不同的国家、不同的社会体制、不同的文化背景下会具有不同的特色。但是，在人类共同的社会实践中还是形成了一些普世性的原则，如 1954 年联合国制定的《国际新闻道德规约》。在新闻职业道德方面，尊重人类共同的价值、打造负责任的新闻界是新闻职业道德最基本的、也是第一的要求。如爱好和平，维护正义，尊重其他民族和国家，言论自由，信息的真实、公正、准确，以公正手段获取信息，禁止外界力量影响记者工作，禁止种族、民族、宗教等方面的歧视，尊重隐私权，禁止受贿和接受礼物，保守职业秘密等，都成为新闻界必须尊重和充分维护的共同的价值标准。

值得注意的是，由于各个国家关于新闻自由与责任的认识不同，有关传播媒介的职业道德规范也会出现差异，呈现出多元化的状态。为此多数国家或地区都会制定规范性准则、守则、规定、条例等。美国电影协会（Motion Picture Association of America）在 1930 年制定了《制片规约》（俗称"海斯规约"），1968 年出台了"电影业分级制度"。美国全国广播工作者协会 1952 年通过了《电视职业道德标准》。美国报纸编辑协会于 1922 年通过《新闻规约》，1975 年被修改并重新命名为《原则声明》。此份规约很有代表性，现摘录如下。

绪　言

第一修正案保护言论自由不被任何法律剥夺，保证了人们通过媒体表达言论的宪法权利，并因此赋予报纸工作者一项特别的使命。所以新闻工作对其从业者，除了行业和知识的要求外，还要针对新闻工作者的特殊使命对其追求正直品质的情况有所要求。为此目的，美国报纸编辑协会制定本原则声明，作为职业表现和工作道德的最高标准。

第一条

责任。搜集和传播新闻与意见的最初目的是服务大众利益，将情况通知他们，使他们能对当时的情况作出判断。为个人私利或不值得的目的滥用自己专业工作者的力量的报人,将辜负公众的信任。美国新闻媒体是自由的,这不仅是为了告知大众,或作为一个争辩的论坛,也是为了能对社会中的力量,包括政府各级官员的行为,进行独立的检查。

第二条

新闻自由。新闻自由属于人民。必须保护新闻自由不受来自任何公共或私人集团的侵蚀与破坏。新闻记者必须时时警惕,关注公共事务是否在公开场合下讨论解决。他们必须同任何利用新闻媒体为自己牟私利的企图进行勇敢的斗争。

第三条

独立性。新闻记者必须避免任何表面或实质上的不适当、表面或实质上的利益冲突。他们既不应该收受任何东西,也不应该参加任何看起来有可能伤害他们正直性的活动。

第四条

真实与准确。来自读者的良好信任是优秀新闻的基础。应该不惜一切努力保证新闻的准确、没有偏见、平衡表达各方意见。社论、分析文章和评论,在准确性上应该与报道中的事实做同样的要求。严重的事实错误和疏忽产生的错误,都应该做最快的和突出的更正。

第五条

公正。公正并不意味着新闻媒体不应该进行质问,或者不应该发社论表达意见。但是,它却要求媒体在新闻报道和媒体意见之间为读者划出一个清晰的界线。其中有观点和个人意见的文章应被明确标志出来。

第六条

正义性。新闻记者应该尊重被报道的人们的权利,遵守普通的正派的标准,对其报道的准确性和正义性向公众负责。被公开指控的人应该在最早的时间得到做出反应的机会。保证为新闻来源保密是要花很大代价的,因此不应轻易承诺。除非有十分清楚和急切的要求为新闻来源保密,他们应该被明确指出来。

1991年中国制定了《中国新闻工作者职业道德标准》。这些准则都是为了保持、保护和加强新闻工作者与公民之间的信任及尊敬。

除了制定准则、守则、规定、条例外,世界上许多国家尝试在媒介内部设置专职的督察员、道德顾问或建立新闻评议会,搜集、调查、调节受众对媒介的不满和指控,作为传媒职业道德的评判机构。这种专职的督察员、道德顾问或新闻评议会可以对违规的当事人和传媒进行行业内的裁定和惩罚，以加强自律。1916 年在瑞典出现了最早的督察员，美国设立督察员的报纸是《路易斯维尔信使报》，之后有 50 多家报纸设置了督察员。1991 年英国成立了报业投诉委员会，专门接待并处理对全英报纸或杂志的报道内容的投诉。在中国，中华全国新闻工作者协会（全国记协）也承担了新闻评议会的作用。

思考题

1. 什么是传播者？如何理解传播者的权利、义务和责任之间的关系？
2. 卢因“把关人”理论与“把关”个案研究的内容及其意义。
3. 施拉姆等人的《报刊的四种理论》是如何分析四种控制观念和控制体系关系的？
4. 布里德的“潜网”理论是如何谈编辑部内部的社会控制的？
5. 阿特休尔“媒介三种体系”的具体内容是什么？
6. 传播控制主要包括哪些方面？

推荐阅读书目

1. [英]弥尔顿:《论出版自由》，吴之椿译，商务印书馆 1989 年版。
2. [英]密尔:《论自由》，许宝骙译，商务印书馆 1988 年版。
3. [美]威尔伯·施拉姆等:《传媒的四种理论》，戴鑫译，中国人民大学出版社 2008 年版。
4. [美]赫伯特·阿特休尔:《权利的媒介》，裘志康等译，华夏出版社 1989 年版。
5. 联合国教科文组织:《多种声音，一个世界》，中国对外翻译公司第二编译室译，中国对外翻译出版公司 1981 年版。
6. [美]新闻自由委员会:《一个自由而负责的新闻界》，展江等译，中国人民大学出版社 2004 年版。

第四章 传播内容:信息、符号与内容分析

人类生活离不开信息。没有信息,世界也就不复存在。当今世界是一个信息时代,大众传媒业迅速发展,信息资源居于突出的地位,成了现代经济的“核”动力。当然信息是借助符号来进行传播的,没有符号,信息也就成了无根之木,难以生存。而信息又是符号和意义的统一体,符号是信息的外在形式或物质载体,意义是信息的精神内容。因此,对信息和符号等问题进行探讨与研究,具有十分重要的意义。

第一节 信息的概念、分类和功能

到底什么是信息?“梦断美人沉信息,目穿长路倚楼台”,这是南唐李中《暮春怀故人》中的一句,其中就出现了“信息”一词,这里的“信息”有“消息”、“音讯”之意。

信息对应的英文单词是 information,有音讯、通讯、消息、通知、情报等含义,是一切消息、讯号和知识的总称。

一、信息的概念

人们从不同的侧面和角度对信息做了不同的定义。

1948 年,信息论的创始人申农和韦弗在《通信的数学理论》中指出:“凡是在一种情况下能减少不确定性的任何事物都叫做信息。”这一定义是从通信科学的角度来探讨信息概念的,特指一种形式信息和统计概率信息。

1948 年,维纳出版了专著《控制论:或关于动物和机器中控制与通信的科学》,创建了控制论。他对信息的定义是:“信息就是我们在适应外部世界,并且使这种适应所作用于外部世界的过程中,同外部世界进行交换的内容的名称。”这一定义

深入到了人与世界的交换关系。维纳从控制论的角度出发,提出“信息就是信息,不是物质也不是能量”。他认为,物质、能量和信息一起构成了人类所生存的环境的基本要素,三者密切相关,但各不相同。信息虽然具有物质属性,但不是物质实体本身,同样,信息可以转化为能量,但不是能量本身,信息是由事物发出的消息、指令、数据、信号等所包含的内容。

1975 年,意大利学者朗高在《信息论:新的趋势与未决问题》一书的序言中提出:“信息是反映事物的形式、关系和差别的东西,它包含在事物的差异之中,而不是事物本身。”

1988 年,我国信息论专家钟义信教授在《信息科学原则》一书中把信息定义为“事物的运动状态和状态变化的方式”。

我国国家标准《情报与文献工作词汇基本术语》中,关于“信息”的解释是:“物质存在的一种方式、形态或运动状态,也是事物的一种普遍属性,一般指数据、消息中所包含的意义,可以使消息中所描述事件的不定性减少”。

此外,还有许多其他的定义,如“信息是用语言、文字、数字、符号、图像、声音、情景、表情、状态等方式传递的内容”等。

一切存在都有信息。对人类而言,人的五官生来就是为了感受信息的,它们是信息的接收器,它们所感受到的一切,都是信息。人类还通过各种手段,发明各种仪器来发现、感知信息。

信息是可以交流的,信息还可以被储存和使用。读过的书,听到的音乐,看到的事物,想到或者做过的事情,这些都是信息。

在传播学中,符号是表达特定信息或意义的形式或手段,媒介是传播或负载符号的物质实体。信息则是符号的意义,是语句的意义。信息是抽象的,没有形体,没有尺寸,没有重量。但是,信息需要以物质(如纸张、胶片等媒介)为载体,以符号(如语言文字)来加以表现。

信息是现实世界在人们头脑中的反映。它以文字、数据、符号、声音、图像等形式记录下来,进行传递和处理,为人们的生产、建设、管理等提供依据。

信息是事物运动的状态与方式,是物质的一种属性。在这里,“事物”泛指一切可能的研究对象,包括外部世界的物质客体,也包括主观世界的精神现象;“运动”泛指一切意义上的变化,包括机械运动、化学运动、思维运动和社会运动。

二、信息的分类

对信息本身进行具体的分类是一件困难的事,因为它种类繁多,从不同角度可以有不同的分类。在此列举其中的几种。

1. 依据信息的内容，可以把信息划分为政治信息、经济信息、军事信息、体育信息、教育信息、文化信息等。

2. 依据符号的载体特点，可以把信息分为文字信息、图像信息、音响信息等。

3. 依据信息的活动状态，可以分为静态信息和动态信息。

4. 按照信息的时间特性，可以分为过去信息、现在信息和未来信息。过去信息是一种回顾性、历史性的社会信息，是对过去发生的事件的记录、描述和反映。现在信息是一种报道性、现时性的社会信息，是对刚刚发生或正在发生的事实和信息的报道。未来信息是一种展望性、预测性的社会信息，是对未来可能发生的事实和信息的预报和推测。

5. 按照信息的主客观特性，可以分为意见性信息、事实性信息和情绪性信息。"意见性信息是对客观事物所作的价值判断、因果分析和理性抉择"，回答的是"为什么"、"怎么办"一类的问题。"事实性信息是对客观事物所作的客观、公正、准确的报道和反映"，从中可以了解"是什么"、"怎么样"等这些相关的情况。"情绪性信息是对社会生活中大众的情感体验、精神状态所作的真实、直观的表达和陈述。"①

6. 按照信息接收者的行为反应，可以分为指导性信息、确认性信息、娱乐性信息。指导性信息包括各种法规条文、通知、报告、教科书等传播的信息，用于规定或调整人们共同活动的原则及人与人之间的相互关系，维持社会秩序，继承和发扬文化遗产，促进经济发展。确认性信息是希望得到受众确认而不规定人们如何行动的信息。娱乐性信息不要求受众遵守什么规则，也不是想要得到他们确认，主要目的是让受众轻松、愉悦。

7. 按感知方式，可分为直接信息和间接信息。可以通过感官直接感受的信息是直接信息，如视觉可以感受的颜色、形状，嗅觉可以辨别的味道，皮肤可以感知的触觉等信息。而要通过其他一些媒介传递的或要通过间接符号传递的信息是间接信息，如通过大众传媒传递的信息、通过文字了解的信息等。

8. 按符号种类，可分为语言信息和非语言信息。用语言符号记录的信息，如口头语言和文字表述的信息是语言信息；用非语言符号表达的信息，如用图形、味道、摆设、表情和动作等传达的信息是非语言信息。

9. 按价值观分类，可分为有害信息和无害信息。这种分法是相对的，对不同的人，在不同的地点、不同的时间，可能有害，也可能无害，存在着差异。

---

① 邵培仁：《传播学》，高等教育出版社 2000 年版，第 158 页。

三、信息的功能

信息具有以下一些功能。

1. 认知功能。信息是知识的来源。知识是人类在长期的实践中通过不断获取信息、分析信息、处理信息获得的种种启迪。人类对于客观世界的认知是通过信息的学习和掌握进行的。因此信息有助于增强了解和掌握知识的能力,有助于增强认识和改造世界的能力。

2. 娱乐功能。通过读书看报,收听广播,收看电影和电视,上网,人们在紧张的工作之余有所放松,并得到精神上的享受。

3. 舆论功能。信息的广泛传播能够形成舆论,引导舆论,而舆论会对人们的思想、态度、行为产生极大的影响。这一点对于新闻传播的意义尤其突出。

4. 决策和管理功能。信息是决策的依据,运筹帷幄不是凭空臆测,而是基于信息所做的一种理性的判断。信息是现代社会的重要资源,是推动现代社会发展的重要媒介。信息是管理的基础,信息是控制的灵魂。

5. 方法论功能。信息及信息科学对于众多的学科具有方法论意义,信息科学已经渗透到各个学科领域,无论是自然科学、工程科学还是社会科学,无不受其影响。信息科学改变着传统学科的思维模式,带来了新的视角,促成了创新和突破。

第二节 信息社会的特征和现象

"信息社会"的提法是从生产技术上划分的。生产技术的重大变化,导致社会生产结构、劳动方式和生活方式的重大变化,从而出现不同形态的社会。人类社会的演进可以分为农业社会、工业社会和信息社会三个阶段。

在信息社会中,信息是最核心的资源,以计算机、微电子和通信技术为主的信息技术革命是社会信息化的动力源泉。

日本经济学家松田米津在《信息社会》(1982)一书中指出,信息社会就是以电脑技术为发展核心的社会,信息社会的发达程度由电脑技术的发展水平和普及程度来确定。整个社会的广度和深度都以运用信息化的理论方法和技术处理实践问题为主要特征。并且,信息经济在国民经济中占据主导地位。

(一) 信息社会的特征

信息革命带来的影响是全面而深远的,社会的各个领域都发生了重大的变化,也许许多人身在其中,却感受不是很深刻。信息社会已经到来,并且还在不断演变和发展。信息社会具有以下特征。

1. 信息爆炸以及信息过剩。世界上每年出版的书籍越来越多，知识老化和更新的速度越来越快。信息爆炸的现象十分明显，而信息过剩也随之出现。

2. 地球村的形成。信息快速传递，时空在一定程度上被压缩了，世界成了一个名副其实的"地球村"。

3. 信息成了社会最主要的资源。知识成了第一生产力，信息意味着金钱。在国民经济总产值中，信息经济与其他经济部门相比占绝对优势；知识成为社会发展的核心资源。

4. 给经济带来了巨大的影响。劳动力结构出现根本性的变化，从事信息行业的人数在社会中处于绝对优势；由于信息技术的发展，劳动生产率水平得以突飞猛进地提高，企业组织和管理体制变得越来越灵活，经济增长方式则高度集约化，经济领域日趋全球化，信息经济能源消耗少，是低碳经济。

5. 社会变革在加剧。由于信息革命的影响，传统的价值观念和人际交往的模式都有了巨大的改变。生活模式、文化模式日趋多样化，工作方式和生活方式走向个人自主化，可供个人自由支配的时间和活动的空间得以较大幅度的增加。

6. 政治领域。政府与公众的沟通逐步加强和公开化，使社会变得越来越民主。

7. 军事领域。军事技术和未来战争走向信息化，互联网和信息系统成了重要的战争手段。

8. 知识领域。人类的知识和经验体系不断被整合和重组。尊重知识的价值观念成为社会风尚。

总之，信息社会以信息及知识的生产与消费为动力，信息成了社会的核心要素。社会各个领域日趋数字化、自动化，人们拥有了覆盖面极广的远程快速通讯网络系统，而且人们具有更加积极的创造未来的意识倾向。

(二) 信息社会的几种现象认识

1. 信息爆炸和信息过剩

信息革命带来的其中一个结果是信息过剩。信息革命使得信息的生产和传播以前所未有的速度在进行，信息爆炸是人们对当代信息社会海量信息的快速生产和加速传播这一现象的描述，形容信息出现和传播的速度如爆炸一般席卷整个地球。

报纸、广播、电视和网络的普及，使信息数量激增。现代技术的应用也使信息的传播和更新速度加快，全世界仅报纸一项每天就有几亿份在发行，每月出版的书籍杂志也有几万种，电视每小时播报新闻，因特网上雪崩式的信息随时刷新，让人们应接不暇，眼花缭乱。我们每个人的"内存"都是有限的，也不是每个人都能建立起强大的信息管理与消化系统，大量的信息事先未经系统化、条理化的处理，便盲目地灌输到人的大脑中，会给神经系统带来很大危害，全人类可能都患上了严重的信息反应不良与信息焦虑症。你厌恶信息，却又离不开它。你想摆脱信息的纠缠，结果却被缠缚得越来越紧。在此，可以借用《信息烟尘》里的话来形容我们的信息现状：信息之于我们，有时如鱼子酱一般珍贵，可遇而不可求，有时如土豆，俯拾即是。信息过剩，信息垃圾，信息毒品，信息暴力，这一切都让人避之不及。

信息超载，信息过度消费，信息多得超过了人的合理承受能力，导致信息疾病。在这个海量信息时代，那些有价值的、对自己有用、能了解真相的信息，却严重缺乏。我们每天可以看到报纸、电视、网络上的大量新闻，但是对于事实真相其实不见得比过去距离更近，因为媒介仍是操控在部分人手里，而媒介上的虚假新闻也依旧不见减少。在这个信息过剩时代，重要的、原创的信息反而被海量的、重复的、冗余的信息淹没，导致我们获取的机会反而有所降低，有用的知识竟成了稀缺品。信息是形成知识的原始素材，知识是信息发展的高级形式，是人们理解了数据和信息的意思后以高度灵活的形式编排记忆的系统信息。现今的状况是，得到信息，没转化成知识；得到知识，没转化成智慧。

面对当前信息过剩的现实我们如何应对？这是信息社会里值得思考的问题。

2. 信息污染

信息污染指的是信息内容和传播方式给社会带来的危害。对于信息污染的确认标准，不同时代、不同国家、不同社会可能各异。一般而言，色情信息、暴力信息、失实信息、无用信息都是一种信息污染。

就媒介经营的经济效益而言，色情与暴力的内容更能吸引受众的注意，迎合人们的低级趣味和庸俗心理。但色情和暴力内容会带来负面效应。比如助长对他人的暴力和攻击；使每个人都有成为被害者的恐惧感；麻痹人们对犯罪和暴力的感受。失实信息也是一种污染，因为失实信息具有某种欺骗性和误导性，它蒙着真实的面纱，使受众信以为真，进而作出错误的决定。而无用的信息，用以充数的多余文字，或是没有价值的细节描述，增加了人们获取有用信息的难度，令人身心疲惫。

外国专家做过一个有趣的试验，让一个人每天看几万张不同的照片，过不了几天，这个人便会患上偏头痛、心脏病，女性还会引起月经失调。究其原因，就是信息"污染"的结果，是人脑对信息缺乏适应和承受能力的表现。外界信息的输入，需要大脑高级中枢去综合、分析和判断，即"信息消化"。如果大量的信息输入大脑而来不及分解消化，超过了机体的承受力，就会发生"信息消化不良"，造成大脑中枢神经功能紊乱，使信息利用者出现头昏脑涨、心悸恍惚、胸闷气短、精神抑郁或烦躁不安等症状，还会使思维及判断能力下降，消化功能紊乱，并可殃及心血管系统，出现血压升高、心跳加快、心律不齐，更为严重者可导致紧张性休克等疾病的发生。这些由信息污染引起的症候群，被称之为“信息污染综合征”。

如何有效避免信息污染？需要社会、个人各方都作出努力。就个人而言，要提高自己的媒介素养，包括提高自己识辨信息、处理信息的能力，提高利用新兴的信息技术的能力，尽可能地使纷纭繁杂的信息条理化、程序化、趣味化，以利于信息的消化吸收。

3. 文化侵略与信息安全

随着经济全球化的愈演愈烈，文化也越来越多地在全球范围内予以传播，这种传播，有助于文化的交流，但也有可能导致文化侵略。文化侵略是一场没有硝烟的世界大战。跨国传播所进行的“思想的征服”、“意识的竞争”、“文化的渗透”和“语言的剥夺”，对此如果不予抗争，就会像新加坡内阁资政李光耀所说的那样：“我们可能演变成不伦不类的西方社会，那将是我们的一场巨大灾难”。

形成文化侵略的条件一般是要有雄厚的经济实力和先进的传播科技、庞大的采编队伍以及文化的包装和营销，形成强劲的信息优势。文化侵略的危害，轻者垄断文化资源，控制态度行为，干扰正确决策；重者污染和毒化社会风气，腐蚀和败坏人的灵魂，摧残和销蚀民族文化，动摇和破坏社会稳定。

抵御西方的文化侵略，在政府层面，应理顺文化和传播体制，对于文化产品的生产制作和营销以及传媒产业，在政策上予以扶持。韩剧能够风靡中国，取得如此大的影响力，很重要的一个原因是韩国把文化产业作为国家战略产业，将“文化立国”作为发展方针，将“培育文化产业”作为一项基本国策。这是值得我国学习的。我国要发展和完善本国的文化创新机制与传播体系，形成自己的文化优势和传播特色，从而增强它同西方抗衡的力量。作为文化产品的生产、制作者，应建立创新机制，提升文化产品的水准。我国的文化产品完全能做到通俗但不媚俗，娱乐但不“愚乐”，创新但不失传统，开放但不失文化底蕴。文化竞争力的提升在于创新和变革，需要在观念上、体制上有所突破。抵御外来文化侵略要想落到实处，需要国家和个人共同努力。在国家和政府层面，应将文化产品的生产和开发上升到战略高度，解除过多的束缚，促进有益的创新。生产制作发行方则要不断提高业务水平，树立起更多的现代营销意识，从而有效地提升国家形象和软实力，在国际文化竞争中取得优势。同时，语言是抵御外来侵略的一道防线。在国人为了升学、评职称而拼命学英语的时候，也不应忽视汉语和中国文化的学习。

信息安全也是一个需要认真考虑的问题。在网络时代，个人隐私、商业秘密、国家机密很容易被侵犯，信息安全将是一个大问题。黑客会不时地入侵，病毒处处在侵扰。随着网络等新媒体越来越发达，社会会变得越来越“透明”，到时想找一个不被别人关注和打扰的角落可能也是困难的。因此，提高抵御文化侵略的思想意识刻不容缓。

第三节 符号的类型、符号与符号交流

两千多年前，亚里士多德提出“人是政治动物”，人们主要追求的是权力的获得和分配。二百多年前，亚当·斯密提出“人是经济动物”，人都是趋利的。几十年前，思想家卡西尔提出“人是文化动物”，对文化价值的追求和全面实现成为人类的焦点。而在传播学者看来，人是“符号动物”。人是唯一能制造、运用符号来描述事物并进行思考、传播和行动的动物。

一、符号与意义

符号是人类传播的基本要素。符号是人类的独特创造。符号是信息的依附对象和外在表征。“符号是传递信息、指示和称谓事物及其关系的代码。”[①]日本学者永井成男认为，只要在事物 X 和事物 Y 之间存在某种指代和表述关系，“X 能够指代或表述 Y”，那么事物 X 便是事物 Y 的符号，Y 便是 X 指代的事物或表述的意义。

符号不同于信号。信号与表示物之间是一一对应的关系，只有事物存在，信号才会存在；一旦事物消失，那么信号也消失，因而信号是即时、单一和即物的。而符号的存在不受事物的存在所控制，符号的存在也改变不了事物的形貌，符号只是代表被表示物。

符号不同于征兆。征兆是事物本身的特征，它代表着事物，可以让我们通过它来推知事物，是一种“未经预谋和加工、未经授意”的信号。在山里赶路，看到远处炊烟袅袅升起，就可以知道那里有可以歇脚或投宿的人家；乌云密布是将要下雨的征兆；冒烟是起火的征兆；中医诊断疾病，总是要号脉，看病人的气色、舌苔，闻病人呼出的气息；公安人员侦查案情，要收集指纹、脚印，记录和拍摄现场……征兆反映的是具有因果关系的一对一的表示对象，与它们所代表的事物有自然的联系，本身就是事物的特征，不具有目的性和密写性。符号则是人所创造出来的代码，目的是为了承载和传播信息，不仅表达具体的事物，还能表达观念、思想等抽象事物。

① 邵培仁：《传播学》，高等教育出版社 2000 年版，第 175 页。

符号是社会的产物，它要经过人们的约定，赋以一定的意义，才能起交际工具的作用。符号具有以下主要特性。

1. 任意性。符号和自己所代表的事物的关系是任意的，两者没有必然的联系。

2. 约定性。符号具与符号义之间的这种关系一经社会成员的共同约定，成了社会性的共同习惯，则具有相对的稳定性。

3. 指代性。符号是用来指代事物的，而不是事物本身。

4. 组合性。符号是一个灵活的开放系统。符号不是孤立的。

5. 发展性。世界在不断发展和变化，符号为了适应日新月异的社会状况，也会发展变化。

6. 跨越性。符号可以跨越时间和空间的限制，借助符号我们可以谈天说地，说古论今。

意义与符号总是难分难舍。“意义作为符号形式所表现出来的全部内容，是人（主体）对客观事物（指示物）进行阐释（符号化）的结果。”[①]任何意义都是特定符号的意义，正如任何符号都包含特定的意义。

某人面对某个具体事件文本，他可以感知，并实际感知用符号表述的内容和该事件形成的价值判断，意义就得以产生。任何一个语言符号都有两个层面的意义：外延意义和内蕴意义。

“所谓外延意义，是指语言符号体系中所固有的与客观事物有代表性关系的意义。”[②]外延意义是约定俗成的，具有客观性和相对稳定性。外延意义包括词汇意义和语法意义。“内蕴意义是指人们在运用语言符号时所表达与客观事物无直接联系的评价性意义。”内蕴意义是在特定的场景中产生的，具有主观性，并且会随场景的变化而变化。内蕴意义包括修辞意义、语境意义、历史意义和文化意义。

外延意义与内蕴意义并不是彼此分割的。某个符号的内蕴意义如果不断复现和无限扩张，会被转化为外延意义；外延意义也会随着社会的发展和时代的进步被人舍弃而转变成少数人的内蕴意义。

二、符号化与人类传播、符号化与象征性社会互动

符号为人类所创造，只有人能够认识自己所创造的符号世界，动物既不会创造符号，也不认识符号；人可以将自己的思想和观念转化为符号，具有编码的能力，又可以通过符号的译解还原为思想和观念，具有译码的能力，而动物则不具有这种能

---

①② 邵培仁：《传播学》，高等教育出版社 2000 年版，第 175 页。

力；动物会对一些信号作出反应，但一般不超出本能和刺激反应的范畴；人具有传播信息的能力，可以通过符号将信息传到千万里之外，而动物不会。

符号是一切传播活动的原材料，一切传播活动都离不开符号。符号化是人类社会的普遍现象。让·鲍德里亚曾认为，当代生活就是一个符号化的过程，不仅客体被符号化，而且连主体也同样被符号化。任何物品想要被人把握，比如被人消费，就必须首先成为符号，只有符号化的东西，如成为广告的描绘对象，得到媒介的传播，才可能进入人们的现实生活。在符号如此快地繁衍扩张的时代，人们实际上生活在一种由各种符号构成的“超真实”的世界里，所谓现实生活反倒成为对这种符号世界的模仿。①

面对某一客观事物，用于指代或表述的符号可以是多样的。符号化过程，实际上是一个不断抽象的过程，而当符号越发抽象时，它跟那个具体的事物的关系就越发疏离。

象征性社会互动，指的是人与人之间通过传递象征符号和意义而相互作用及相互影响的过程，是由美国社会学家乔治·赫伯特·米德于20世纪初提出的。象征性社会互动实质上是交换意义的过程，传播过程中的意义只有通过交换才能成立，才能产生互动效应。象征性社会互动来源于社会实践，是社会关系形成的纽带，又反过来体现社会关系。

象征性互动理论把人看做是具有象征行为的社会动物，把人类的象征活动看做是一个积极的、创造性的过程，认为研究象征行为不仅对揭示人的本质、而且对于理解现实的社会生活有重要意义。象征性互动是一种以象征性的符号为媒介来传播意义的社会互动行为，实现的是符号的“所指”功能，是“创造出广泛的文化的一种活力”。这一理论同时也强调了“社会互动”即传播在意义的形成过程中的核心作用。

符号互动论是对米德互动理论的发展。符号互动论这个术语是由布鲁默于1937年提出的。符号互动理论产生后，在20世纪40—60年代的芝加哥学派中达到了鼎盛时期，并在70年代逐渐定型为四个主要的学派：芝加哥学派、爱荷华学派、拟剧论和常人方法学。符号互动论成为一种深具影响的社会理论，尽管存有不同的学派，但是这几个学派的方法论基础都是相似的：坚持在社会与个体、宏观与微观的互动中解释社会生活中的行为形式。

符号互动理论着眼于人类社会关系中的互动过程。认为社会组织是不固定的，没有互动，社会组织就不会存在，社会是一种构成现象——源自个体间的调适

① 李彬：《传播符号及其意义》，《军事记者》2002年第2期，第21页。

性互动，如米德所言“社会制度是群体或社会活动的组织形式——社会成员这样被组织起来，为了更好地、社会性地采取行动，这些行动是以他人对社会的态度为导向的”；认为社会实体既在本身内部互动，也与其所处环境有所互动，“主张人类在社会生活中会竭力调整自己的行为，以便与他们在所处的情景中与其他人达成协调和稳定的调和”。

以象征符号为媒介的人与人之间的互动关系，有三个基本前提：(1)人是根据“意义”来从事行动的；(2)“意义”是在“社会互动”的过程中产生的；(3)“意义”是由人来“解释”的。[①]

符号互动论的核心思想主要包括以下几点。

1. 人类制造和使用符号，通过符号交往

制造和使用符号的能力，是人类与其他动物相比所独有的特征。凭借这种能力，人类得以不断地以符号象征化各种客观事物和思想，并进行交流。“社会中的互动使人类成为独特的种类”，“如果人类不具备这种制造符号和在其活动中运用符号的能力，那么人们之间的社会组织模式也不会被制造、维持和改变”。

人类之所以能够使用符号有效沟通，是因为他们具备在发音和身体姿态等方面获得一致意义的能力。符号交往是一个复杂的过程，因为人们在交往中不仅使用语言符号，还使用具有一般含义的面部表情、语音语调、辅助体态和其他象征性姿态等非语言符号。

2. 通过角色领会对他们的姿态行为进行解读，在此基础上形成互动

米德认为，角色领会是一种视他人的态度和意向而行动的能力。互动论者仍然视之为互动发生的基本机制。社会结构是动态变化的，社会性和制度性的力量通过互动“协商秩序”将社会生活联结在一起。

3. 心智和自我的存在是人类互动的结果

米德认为这种能力就是“心智与自我”，心智是“进行思维的能力——包括象征性地使用符号标志、权衡、评价、预测、设想蓝图以及组织行动过程”。

这一理论正在被目前的社会现实所证实。广告活动是现代社会中的象征性文化中极为活跃的因子。各种广告、公关和营销活动不断策划出新的符号和新的意义，炒作各种新的“概念”，作为打开商品市场的主要手段，人们被广告商制造的美丽梦幻包围了。我们生活的空间日益成为一个符号空间与意义空间。

---

① 郭庆光：《传播学教程》，中国人民大学出版社 1999 年版，第 52 页。

三、符号分类与符号交流

依据不同的标准，可对符号进行不同的分类，传播学里最常见的划分方式，是把符号分为语言符号与非语言符号。

(一) 语言符号

语言符号是人类所特有的有声符号集和符号系统，就人类传播活动而言，语言符号是人类社会中最重要的交际工具，是一切符号的基础。

语言符号包括口语和文字两种。语言的根本渠道是口语，文字是辅助手段。语言是伴随人类社会的产生而形成的，是人们在长期的社会交往中约定俗成的。语言包含语音系统和意义系统，是完整的、严密的组织结构。音、形、义是构成语言符号的三个要素，词汇是意义表达的基础，语法使表达具有系统性，而修辞规则使我们学会如何表达得更清楚，更有重点，更符合传播的愿望。

尽管世界上的语言千差万别，但总有若干共同的基本特性，语言的基本特性是：语言是静态的、有限的、抽象的；现实是动态的、无限的、具体的。

1. 语言是静态的，现实是动态的

我们常常会感觉到不被理解的痛苦，因为我们自己随着岁月的增长，不断地在改变，原有的一些观点我们可能不再持有，原来的一些脾性也会起变化，但是别人未必会时刻都随你而变，对你的认识可能还停留在过去，特别是提到你的名字的时候，还会使用一直以来在用的称呼，但是你的姓名没变，你却已经变了，变成了一个熟悉的陌生人了。赫拉克利特曾经说："一个人不可能两次踏入同一条河流。"现实是多变的。我们要量体裁衣，而不是依照以前的尺寸。爱略特说："我们对其他人的了解仅仅是我们认识他们时留下的记忆，而他们从那时起就已经改变……每一次聚会中，我们遇见的都是一个陌生人。"

我们常说，唯一不变的是变本身。变化是永在的。但语言则是相对静止的，它的变化相对于现实而言，有着天壤之别。为此，普通语义学家建议在谈论具体事物时加上日期，以提醒我们注意现实在不断变化。

2. 语言是有限的，而现实是无限的

我们常用的汉字不过几千个，但我们要表达的内容则是非常丰富的。约翰逊(1972)指出，英文里只有 50 万至 60 万个单词，而这些单词必须表达数以百万计的个别事件、经验和关系。我们对任何事情知道的还不到它的几亿分之一。

由于我们的知识是有限的，语言也是有限的，经常会词不达意，或"只可意会，难以言传"，并且不能说得面面俱到。为此，普通语义学家建议，在叙述句子后放一个“等”字,以提醒自己和他人,这件事情还能说出更多的内容。

3. 语言是抽象的,而现实是具体的

随意拿两个橘子,应该都有很大的不同,特别是细节上的差异,是非常大的,但是如果让你用语言来对这两个橘子的特征加以表述,可能你费了很多口水,我们也未必知道你到底在说哪一个橘子。任何语言都是抽象的,而抽象是选择某些细节和舍弃其他细节的过程。

字词越是抽象,与现实事物的距离就越远,彼此的联系就越不直接,彼此相符的程度就越低。

对于这种现象,语言学家做了研究,并提出了语言抽象阶梯来加以说明。语言按抽象程度不同排列成阶梯状,阶梯越往上,语言对具体实际摒弃的细节就愈多,离具体的实际就越远,给人的感觉就愈模糊。

日本学者早川角荣曾以一头名叫“贝茜”的奶牛来说明抽象的阶梯式上升:

● 财富(动产、不动产、精神财富等)

● 有交换价值的东西(农场财产及其他可出售物)

● 农场财产(牲畜及农场里其他可以出售的东西)

● 牲畜(奶牛与猪、鸡、绵羊等家养动物)

● 牛(奶牛、公牛、肉牛等)

● 一头名叫“贝茜”的奶牛(命名所看到的特定对象)

抽象的阶梯越往上,非常具体、可触可感的奶牛“贝茜”的许多特征就被舍弃得越多。阶梯的顶端是极为抽象的,可以涵盖大量具体的事物,结果很容易造成张三和李四虽然都在说同一个词,但所指的具体事物有极大的不同的局面。因而,字词被抽象之后,可能就会带来歧义和模糊,导致彼此理解的困难。

柯日布斯基的普通语义学是专门研究语言、意义和思想的关系的理论。该理论认为,人们认识世界的过程,是一个用语言来进行抽象的过程,意义是抽象的结果,而由于语言的上述特性或者说局限性,使得人们在运用语言进行传播信息时,出现语言误用,造成认识上的困难。具体有以下六个方面。

1. 死线上的细绎

指语言的抽象固定在某一个细绎水平线上。如果在传播中,语言被固定在高水平线上,那么就难以理解;相反,语言被限定在低水平线上,则会让人不得要领。抽象程度高的字词有很多,比如正义、民主、自由、人类、共产主义、法律、秩序等,当信息传播中这类高度细绎水平线上的字没有低度细绎水平线上的字词相配合时,信息内容就会显得高深艰涩。如电影《酒馆》中的一句对白:“如果所有的犹太人都是银行家,他们怎么可能又是共产党呢?”这句话就是高细绎的一个例子。而如果只有低水平线上的描述，那么会显得琐碎、没完没了、抓不住要领。

为此，普通语义学家建议要把握具体与抽象的平衡，避免死线䌷绎。有效的语言传播应该根据内容需要和文体特点，沿着䌷绎阶梯作上下波动，既有高䌷绎水平的概括总结，又有低䌷绎水平的细致描绘。

2. 潜意识的投射

指人们在发表意见、分析问题时，经常会在不知不觉、没有意识到的情况下将自己对各种事物的假定加入进去。威廉·莎士比亚曾说："凡事无所谓好与坏，而是想法使然。"杰克逊·布朗也认为："我们不是按事物的原状看事情。我们按我们的想法看事情。"约翰逊甚至认为："基本上，我们说的话，从来都是在讲自己。"例如，"这个广告很幽默"，像是对某个广告的客观评价，其实更多的是在谈自己的感受。我们的许多想法只是自己潜意识的投射，包含了许多根深蒂固的主观倾向性。

普通语义学家建议：在发表见解时加上"对我来说"或"在我看来"几个字，即使没有写下或说出这些字，心里也应想到，通过这些做法防止无意识投射的误导。

3. 指认不当

指无法分清同一范畴或类型中事物之间的差异和区别，把同一类型中的不同成员视为完全相同的个体。例如：

我不会再相信别的男人了。

你不能相信广告上的东西。

意大利人都是大情圣。

这些现象在现实中不难找到，问题是个别不能代表全体，它忽视了同一类别中的不同分子还有许多差异性。

在语言传播中，有必要对众多的复杂的现象加以归类和概括，但不应该盲目地将适用于个体的评价当做标签贴到全体的头上。这种做法，是对个体差异的全盘否定。

为了防止指认不当、类别化、以偏概全与刻板偏见，需要注意歧义与模糊，语言传播中应慎用全指，多用特指。普通语义学家有时建议，使用索引数字来防止指认不当。如"学生1"、"学生2"，因为指数1不等于指数2。当然，最重要的是要在思想上重视这一问题。

4. 二元价值观判断

指的是非此即彼、排斥了中间层次的极端化的思维方式。例如，只认黑与白、夜与昼、对与错，而不知道广阔的中间地带，总以为凡事只有两种可能、两种选择，却不知任何事物都存在着许多可能性。温德尔·约翰逊(1972)认为，语言运用上的极端化估计，往往会把自身引向精神病态。如有人这样想："我没有成功，即是失败，而失败就完了。”

为了避免二元价值判断，普通语义学家提出，对任何事都要做多方面的考虑，分析实际存在的一系列可能性，而不是只给自己两种选择。

5. 语言与实际混淆

人们在分析和思考问题时不看具体实际，只看符号本身，从而将语言等同于实际。“文如其人”、“字如其人”等成语，体现的是将语言与具体实际相混淆的现象。许多人只认白纸黑字，而不去关注、分析实际情况，结果误导了自己。不可否认的是，语言、文字等符号是具有欺骗性的。

为了避免语言与实际混淆，在传播活动中首先要了解语言的特性以及语言与实际的具体关系，在阅读语言文字的时候，要密切结合实际，而不是“望文生义”、“以文代义”，更不能被豪言壮语蒙蔽。

6. 推论等同于事实

人们经常根据已知情况或语言符号推论出未知的情况，虽然推论有可能是事实或即将成为事实，但两者不能够等同对待，成语“画饼充饥”、“望梅止渴”以及俗语“听见风就是雨”、“老子英雄儿好汉”、“龙生龙，凤生凤，老鼠生儿打地洞”等，都体现了这一现象。

为了避免推论与事实相混淆，我们需要认真鉴别哪些是推论、哪些是事实。对于推论，我们需要认真思考，而不是轻易相信；假如我们心理有所准备，那么我们就不容易受到误导。对于新闻记者而言，只有坚持真实、客观、公正的原则，才能将事实真相告知广大民众。

(二) 非语言符号

非语言符号是指不以有声语言和书面语言为载体，而是借助身体动作、体态、语气语调、空间距离等符号为信息载体的一种符号系统。非语言符号有多种表现形式，如鼓声、烽火、标志、图像、手势、眼神、表情、姿势、体态、装束、语调、气味等，其中大多都与人体有关。

非语言符号在日常信息传播中起着重要的作用。美国学者梅瑞宾认为：在信息传递的全部效果中，只有38%是声音（包括音调、变音和其他音响）传达出来的，语言（词语）只占7%，其他55%的信息是靠“身体语言”之类的无声手段传达的。一个人平均每天说话的时间之和只有约10分钟，平均每句话仅占2.5秒，其余绝大部分时间，人都是利用非语言手段向外发出信息的。[①]

在信息的传播过程中，非语言符号具有自己的基本特性：

---

① 许静：《传播学概论》，清华大学出版社2007年版，第42页。

连贯性。非语言符号相互连贯，并形成一个色带（色彩）和范围（声音），不间断地传递信息。

相似性。非语言符号与指称对象往往具有一定的相似性。

通义性。非语言符号在视觉传达上更直观、更直接地表达人们的想法。当我们看一本外文杂志时，虽然看不懂页面上的文字，但通过大量的图片、色彩和版式，或许可以“猜出”这是关于什么内容的文章，或者对其思想有所感受。

整体、多维和协同性。各种非语言符号在传播中相互关联、互为依托、协调一致。

可信性。当语言和非语言传播的内容不一致的时候，人们会更相信非语言传播。

形象性。在现今社会，人们可能选择看一部拍摄不错的电影，而不是看原著。画面中的角色与环境会让我们更直观地了解故事发生的时间、地点、人物、事件和故事发生、发展、高潮、结局的过程。

隐喻性。非语言行为对语言的传播有一种补充说明的功能，如通过面部表情、身体姿态和一举一动等非语言符号展现支配或服从的关系；另一方面，非语言符号提供了某种注解，如对某人感兴趣，就可能会有更多的目光接触，眉目传情或暗送秋波。通过接近喜欢的人或物，躲避不喜欢的人或物来激发活动暗示，引起人的情绪反应，改变人的行为表现。

抽象程度受限制，结构性差。非语言符号无法表达复杂的、抽象的信息，由于没有正式的语法规则，结构性差，可能会被误解。

非语言符号包括的内容十分广泛。既有烽火、信鸽、太阳光等古老的手段；也有在社会活动中人类发出的各种信号，包括有意的和无意的，可视的和可听的信号等。非语言符号大体分为以下几类。

1. 外貌与衣着

人的外貌和衣着的不同，给别人的印象会很不一样，传递给别人的信息也有异。外貌影响着我们对自己的评价，而我们也往往会以貌取人。衣帽服饰不仅体现着某种时代气息、民族传统、文化背景等信息，而且更是个人的身份、职业、情趣、品位、性情、爱好的表征。对每个人来说，穿着打扮其实就是一种无声的语言，会向他人展示自己的身份、地位以及生活状态，甚至是当时的心情等。

2. 表情与眼神

眼睛是心灵的窗户，人的喜怒哀乐在很大程度上是从一个人的眼神中体现出来的。眼神是最具表现力的声势语，像“眉目传情”、“暗送秋波”、“会说话的眼睛”、“执手相看泪眼，竟无语凝噎”等，都是针对这一点而说的。一个好的演讲者很重视与观众眼神上的沟通，从而表明自己的坚定立场。而在平时的交流中，翻白眼、抛媚眼、一个鼓励的眼神、一个嘲讽的眼神等，能传达的无声信息之多，以致很多情况下人们不便于用语言表达时往往通过"使眼色"来进行沟通。另外与人说话时看着对方的眼睛，表示一种关注、一种尊重。

人的面部表情可以起到传情达意的效果。如大惊失色、面红耳赤、脸色铁青、面不改色、面目可憎、面有难色、面面相觑等都在传播着某一信息。研究显示，某一面部表情和特定的情绪相关。哈佛大学有学者利用照片进行研究，发现各国对人基本的七种情绪——快乐、悲伤、惊奇、害怕、生气、厌恶和感兴趣的判断基本一致。不过，人们可以通过控制面部肌肉，掩饰自己内心真实的情绪情感。

3. 身体动作与姿势

姿态包括静态的"姿势"和动态的"举止"。前者如坐、立、躺、蹲、靠等，它们不管是本能的还是蓄意的，都可视为蕴涵着某种意味的符号。动态的"举止"更容易引起关注，类似耸肩、摇头、拍打、拥抱、接吻、握手等动作，都包含着非常明显的意义。

体态语最早的研究者埃克曼和弗里森把身体动作分为五大类。

符号势。在一定的文化范围内，对发出者和接收者都有准确含义。

图解势。语言表达时配以身体动作，以便减少表达困难。

调节势。协调与他人在对话时候的互动，如点头、做手势、调整姿势等。

心情展示。在交流沟通时，反映我们内心情绪、情感的一些动作。

适应势。为了让自己更加方便或舒服而做的一些无意识的动作，具有习惯性。

身势语一般都不是单一而孤立地发挥作用，它是一个综合的符号系统。比如欢乐的身势语，便可能同时体现为眉开眼笑、笑容满面、喜形于色、手舞足蹈、嘻嘻哈哈等。

作为表情达意的符号，眼神和表情重在笼统意味的流露，而手势则长于具体意思的传达。美国哲学家、心理学家威廉·詹姆斯曾指出，从非语言行为中所流露出的无意识冲动，经常显示在手的动作、位置和紧张程度上。

4. 个人空间及领域

每个人都生活在一定的空间内。人类学家霍尔在《无声的语言》一书中指出，每个人都有环绕身体的、无形的个人空间范围圈，也即他感到必须与他人保持的间隔距离。人与人之间熟悉程度不同，则彼此保持的距离也不一样。根据人际距离，可以划分为四个区域。

亲密区域：0～18 英寸（0～46 厘米），亲密的人如爱人、家庭成员、最好的朋友等之间保持的距离，可以有身体接触，如拥抱、接吻等。

熟人区域：18 英寸～4 英尺（46 厘米～1.2 米），与同学、同事、普通朋友、邻居等人交往时的距离。

社交区域：4～12 英尺（1.2～3.6 米），在此区域交往的一般是相识但不熟悉的人。这一距离，进退都比较容易，既可发展友谊，也可彼此寒暄。

公共区域：12 英尺（3.6 米）到目光所及，这是与陌生人的距离，在此距离很难单独交往，一般在进行演讲等公共活动时保持这种距离。

许多因素会影响我们交往时的人际距离。如不同文化背景、不同性格、不同性别的人对于人际距离的反应是不一样的。交谈时，阿拉伯人靠得近，英国人离得远；性格外向的人比内向的人距离更近一些；两个女人也比两个男人靠得更近。

一旦我们的个人空间受到了他人有意或无意的侵入，我们都会做出撤离、隔离、反抗等不同反应。一位心理学家曾做过这样一个实验，当他与朋友在餐桌上交谈时，有意识地将餐具往朋友那边移动，结果本来谈得很热烈的朋友开始变得心神不宁，最后终于提出了抗议。

5. 触摸行为

触摸可以用来表达情绪、传递地位等信息。按照赫斯林体系，触摸可以分为以下五大类。

职业性的触摸：如医生检查身体，这时被触摸者往往被作为一件物体来对待，以免夹杂亲昵或性的信息。

社交性的触摸：如社交中常用的握手、亲吻和拥抱等。这些行为按照一定的规则和礼仪来进行，是社会关系的体现。

友爱性的触摸：为了表示彼此之间的密切关系和友谊，如在机场见面时的紧紧拥抱、长辈对晚辈的一些亲昵举动。

情爱性的触摸：如恋人之间抚摸对方的脸等。

唤起情欲的触摸：这是触摸发展的最高阶段，是一种肉体诱惑力的表现。

不同文化对触摸有不同的规范，不同性别、年龄、种族、宗教等群体对触摸也有不同的礼仪和反应。

6. 副语言

用不同的发声方式说同样的一句话，能传达出喜、怒、哀、惧、紧张、傲慢等很多感情。伴随语言出现的其他声音要素和发声方式也能传递信息，被称为副语言或类语言。

副语言可以分为声音要素和功能性发声两大类，前者如音型、音质、音速、音量、音调等，后者包括哭、笑、呻吟、咳嗽、叹息、停顿等。副语言并非在信息传播中居于无关紧要的地位，许多时候往往对于信息的传播具有决定作用。怎么说比说什么更重要。

四、符号交流中的几种现象认识

(一) 萨丕尔—沃尔夫假说

萨丕尔—沃尔夫假说揭示了语言和文化之间的密切关系。按照萨丕尔—沃尔夫假说,人类受制于某种特定的语言环境。每一种语言都由文化规定了形式和类别,人们沿着他们本民族语言所奠定的方向来剖析自然和社会,建构自己的意识。

萨丕尔－沃尔夫假说有两个部分。其一是语言决定论,是"萨丕尔－沃尔夫假说"的初始假说,认为语言在塑造我们思维的过程中起决定性作用,一个人只能根据其母语中编码设定的范畴和区别定义来认识世界,一个人的思维完全由母语决定,不同母语的人必然有着不同的宇宙观、世界观。其二是文化相对主义,是初始假说的修正形式。这个假说认为语言决定了人类认知和文化的相对性。语言结构有无限的多样性,因此一种语言系统所编定的范畴类别和区分定义为该语言系统所独有,与其他语言系统所编定的范畴类别和区分定义不同。相对主义重视的是文化和语言的个性而非共性,是从一个民族的深处探询内在的语言模型。

萨丕尔和沃尔夫通过研究发现,语言影响了人们的感知分类和世界观。霍比人的语言与欧洲标准语有很大的不同。比如霍比人不说"炎热的夏天",因为在他们的概念中,"夏天是不热的","白天才是热的"。萨丕尔和沃尔夫通过对霍比人时间观念的分析,强调了语言对人类世界观的不同影响。由于语言的差异,霍比人的时间观念与欧洲人有很大不同。

身处不同文化氛围中的人对言语讯息有不同的文化态度。美国及欧洲国家极其重视言语的应用。亚洲文化不重视言语说服,言语不是用来表现个人,而是为了确定关系。可见语言的应用离不开文化环境。

人类是沿着他们的本族语言所奠定的方向来剖析大自然的,因此语言不仅作为学习的途径,而且起着对学到的东西进行取舍的过滤作用。现实世界在很大程度上,是无意识地建立在群体的语言习惯上的。我们对事物的认识和理解首先来自群体的语言习惯所倾向的解释。①

每一种语言都由文化规定了形式和类别,人们不仅根据这些形式和类别进行交往,而且用以分析现实,注意或忽略某些关系和现象,梳理自己的推理并建构自己的意识。每一种语言以不同的方式人为划分对现存事物不断涌现和流动的

① 许静:《传播学概论》,清华大学出版社 2007 年版,第 34—35 页。

意识。

（二）易读性研究

易读性指的是一段文字易于理解的程度。大众传媒要将信息传播给尽可能多的受众，就必须努力使文本尽可能地明白易懂，让人能轻松快捷地了解有关信息。

为此，能不能设计一种公式，来测量一段文字是不是容易理解和易于传播。对此问题的研究，就是易读性测量。

通过易读性研究，一是可以告诉我们一种方法，较为便捷地测量文字资料的易读性。二是这对作者也是很有帮助的，可以明确不同的写作形式对于理解文本难易度的影响，在写作时就可以加以注意，在技巧方面有所体现。

20 世纪 20 年代，舍曼发表了第一个测量句子长度的调查，他指出，从英国诗人乔叟到美国诗人爱默森的各个时代，作者句子的平均长度逐步下降。

1935 年，格雷和利里通过研究列出了 289 种影响那些只受过有限教育的成人阅读的因素，并在后来出版了《哪些因素使书好读》，将这些因素归为 5 种：在 100 字的一个段落的文章中，不同的难字个数；第一人称、第二人称和第三人称代词的数量；以字为单位句子的平均长度；不同字词的百分比；介词短语的数量。

后来弗雷奇创建了阅读易读性公式和人情味公式。

易读性公式如下：

$$R.E.=206.835-0.846wl-1.015sl$$

其中 R.E. 表示易读性指数，wl 是指每 100 字的音节数，sl 则是每 个句子的平均字数。易读性指数在 0～100 之间，得分越高越容易理解。

人情味公式如下：

$$H.I.=3.635pw+0.314ps$$

在这里，H.I. 就是人情味指数，pw 是每 100 字中人称代词数目，ps 是每 100 个句子中的人称词数目。人情味指数在 0～100 之间，得分越高越有趣。[①]

围绕弗雷奇的易读性公式产生了很多支派，其中罗伯特·冈宁提出了迷雾指数。“迷雾指数是指文章中词汇的抽象程度、艰涩程度以及句子让人困惑不解的程度。”[②]指标越高，理解起来的难度也就越大。

易读性测量现在已被应用在多个领域，比如用于评估教科书的难度，使其适合于阅读对象；报纸和新闻通讯社对于新闻的分析；为新识字者准备读物；公司和政

① [美]赛佛林、坦卡德：《传播理论：起源、方法与应用》，郭镇之等译，华夏出版社 2000 年版，第 129—132 页。

② 邵培仁：《传播学》，高等教育出版社 2000 年版，第 182 页。

府对于公文的改进;广告作品的易读性策略,等等。

在这个数字化的网络传播时代,易读性的概念已被扩展到多媒体信息成分,包括格式、颜色、背景、一个屏幕上的文本数量、屏幕卷动的使用和其他文本链接方式的使用,等等。

(三)新闻客观性与三种陈述方式

1. 客观性研究

新闻学教授约翰·梅里尔(John Merrill,1965)在其关于"《时代》杂志怎样形成对三位美国总统的偏见"研究中运用了他自己和普通语义学上的概念。他列出了以下六种偏见:①

(1)归属偏见:给他贴上一个标签,归为某一类人;

(2)形容词偏见:加上某些有偏向的形容词,强调某一特征;

(3)副词偏见:在描述言行举止时,用一些副词来突出个性形象;

(4)直率偏见:貌似很有道理的一句话,实则暗示某人存在问题,类似"骂人不带脏字"这种做法;

(5)上下文偏见:在整个报道的上下文中隐含偏见;

(6)照片偏见:不同角度的照片给人的印象是不一样的,照片标题也能够表明倾向性。

相似的还有赫尔曼对《纽约时报》国际报道的内容分析和劳里对电视新闻的随机抽样调查。

2. 报道、推论与判断

早川(1964)探讨了人们的三种陈述方式(报道、推论和判断)以及与偏向相关的争论。

报道是一种可以证实的说法,有据可查,是客观事实。

例如:"杭州市昨天的最高温度是38度,"这可以到气象站查证记录,是报道。

推论是根据已知情况推导出未知的或将要出现的情况。

报道:"张校长说学生会选举将在下周二举行。"这是可以向张校长证实的,因而是一种报道。

推论:"学生会选举将在下周二举行。"谈到将要发生的事,所以是推论。

判断是对某个事件、某个人或某件物体做出肯定或否定的表达,例如将某部电视剧描述成"煽动种族仇恨"和"过度虚构"。

为了确保新闻的客观性,就需要多用报道,尽量不用推论和判断,同时还应考

① [美]赛佛林、坦卡德:《传播理论:起源、方法与应用》,郭镇之等译,华夏出版社2000年版,第99页。

虑偏向因素。

"偏向是选择对所描绘的事物有利或不利细节的方法。"①

在新闻中,实现绝对的客观性并不现实,但值得新闻记者朝这个方向努力。

第四节 传播内容分析

要想实现有效的信息传播,传播内容的表达就显得非常重要。大众传播所传递的内容基本上由两部分构成:内容所包含的特定意义和内容所包含的传播方式。传播内容分析主要是收集并分析各种媒介的传播内容,理解信息与传播者意图的关系、信息与传播媒介特性的关系、信息与受众的关系、信息与社会影响之间的关系等。这一切都牵涉到研究方法和研究角度问题。

一、内容分析法

内容分析法是一种实证方法。美国学者贝雷尔森在1952年曾下过这样的定义:"内容分析,是一种对明示的传播内容进行客观、系统和定量描述的调查方法。"②其实质是对传播内容所含信息量及其变化进行分析,由传播内容中的那些表征的、有意义的词句推断出准确意义的过程。

内容分析法具有以下几个方面的优点。

1. 较为客观的研究方法

内容分析是一种规范的方法,对类目定义和操作规则十分明确。它要求研究者根据预先设定的计划按步骤进行,具有很强的客观性,不同的研究者或同一研究者在不同时间里重复这个过程都应得到相同的结论。

2. 结构化研究

内容分析法目标明确,对分析过程高度控制,所有的参与者按照事先安排的方法和程序进行操作,结构化的最大优点是结果便于量化与统计分析,便于用计算机模拟与处理相关数据。

3. 非接触研究

内容分析不以人为对象,而以事物为对象,研究者与被研究对象之间不需要任何互动,被研究的对象也不会对研究者做出反应,研究者主观态度不会干扰研究对

---

① [美]赛佛林、坦卡德:《传播理论:起源、方法与应用》,郭镇之等译,华夏出版社2000年版,第99页。

② Belelson, B. *Content Analysis in Communication Research*. Free press, 1952.

象,这种非接触性研究较接触研究的效度高。

4. 定量与定性结合

这是内容分析法最根本的优点,它以定性研究为前提,找出能反映文献内容的一定本质的量的特征,并将它转化为定量的数据。这些定量分析可以把定性分析已经确定的关系性质转化成数学语言。因此这种优点能够达到对文献内容所反映"质"的更深刻、更精确、更全面的认识,得出较为科学、客观的结论。

5. 揭示文献的隐性内容

首先,内容分析可以帮助了解几年来某专题的客观事实和变化趋势,追溯学术发展的轨迹,描述学术发展的历程;鉴别文献内容的优劣。其次,揭示宣传的技巧和策略。

二、内容分析的角度

1. 政治偏见和意识形态角度

在《意识形态和意识形态的国家机构》一文中,阿尔都塞将马克思主义的意识形态界定为被意识形态塑造的国家机构(教育、组织化的宗教、大众传媒、家庭、有组织的政治、文化产业等),以及在其中被再生产出来的物质实践(仪式、习俗、行为模式、思考方式)。分析媒介文本隐含的政治偏见和意识形态是传播批判学派的主要研究视角之一。

2. 女性主义视角

女性主义关心的是妇女受压迫和授权给妇女的方式与手段。在电影和广告中,大量传播的是男性主导的价值观,许多国家的传媒广告都把妇女定位在家庭角色中,广告中女性最常出现的地点是家庭,最普遍的形象是"贤妻良母",最多的动作是做家务,所推销的商品大部分是家庭用品或化妆品。广告中的女性即使出现在工作场合,也往往是男性的秘书、助理等从属角色。尤其令妇女们愤怒的是,广告经常利用妇女的身体、色相作商业促销,一些与女性毫不相关的杂志也用年轻貌美的女性主角作为封面,进行商业包装。通过大众媒介以及其他手段的基于男性意识上的传播进一步强化了女性作为弱势群体的角色。

3. 暴力、色情问题

通过定量研究,考察文本中的暴力和色情内容,并研究其给人们可能造成的影响。

4. 新闻来源

不同来源的新闻,对同一事件的报道存在着很大的差别。新闻来源的分析,有助于了解新闻的客观性和其他问题。

5. 地理/人口的均衡性

这是媒介地理学的研究视角。目前世界上大多数的传播媒介都是处在城市当中，新闻等信息的传播来源离城市很近，离农村很远。电视、广播、报纸大多是都市新闻和都市文化的体现。农村和农村文化已被都市所包容和同化。

6. 异常的人/物方面

考察媒介中出现了哪些异常的人/物，分析其原因、现状和影响。

三、三种内容分析

当我们从宏观的层面上整体来把握西方大众传播的内容研究时，可发现三个主要的方面，即信息式内容研究、符号化内容研究、批判性内容研究。①

1. 信息式内容研究

把大众传播内容作为客观信息进行精准描述的方法，以第一次世界大战后对宣传技巧的研究为起点。此后信息式内容研究源源不断地反映出研究者对新闻信息内容、对暴力和性描述的关注。研究者的主要出发点是为了实证效果而进行内容描述和分析。

2. 符号化内容研究

这一研究主要基于结构主义和符号学，并发展成为符号的文化意义分析。最初直接借鉴了早期语言符号学的相关理论。20 世纪六七十年代以来符号互动理论和文化研究热对其有推动作用。符号化内容研究的重点是传播符号本身、符号系统以及符号运作所依托的文化和背景，研究焦点集中于文本编码者和译码者的主体状态。

我们可以以广告中的符号模式为例进行符号学分析。文本的重点是表意过程，是符号所显示的对客观事物进行阐述或抽象的途径。意义作为符号形式所表现出来的全部内容，是人（主体）对客观事物（指示物）进行阐释（符号化）的结果。

每一个广告都表现了一种在传播渠道中可以传达的符号（文字、图形、音响）构成物。

在广告中，符号可操作，可指示事物，可与其他符号联系并赋予指示对象以意义。

广告中的符号系统包括文字、图片、声音、图像等要素，还包括表现出的观念、

---

① 唐迎春：《西方大众传播的内容研究》，《国际新闻界》1997 年第 4 期。

信念、价值、思想意识等。

广告创意就是对各种传播符号元素进行选择，并将选择的符号进行重新组合，以便与产品之间建立联系的创造过程。

广告中的符号具有以下作用：指示商品（用品牌符号指示具体的商品）；评价商品特征（如“舒肤佳能有效除菌”）；引起购买；审美。

3. 批判性内容研究

既有媒介系统内的批判，也有更大参照系统的批判。包括对媒介所标榜的“客观公正”、“独立自由”等所作的批判，也包括媒介内容的意识形态审视和批判。

思考题

1. 意义障碍产生的原因是什么？
2. 符号和意义的关系如何？
3. 观察一位你所熟悉的人，识别其非言语行为的作用。
4. 考察一些广告或影片，分析其中运用了哪些符号？有哪些特征？
5. 分析一段新闻材料，找出其中的报道、推论及判断内容。
6. 你用什么样的非言语行为捍卫你的领域和空间？

推荐阅读书目

1. [英]霍克斯：《结构主义和符号学》，瞿铁鹏译，上海译文出版社 1987 年版。
2. [美]爱德华·霍尔：《无声的语言》，侯勇译，中国对外翻译出版公司 1995 年版。
3. [美]苏特·杰哈利：《广告符码：消费社会中的政治经济学和拜物现象》，马姗姗译，中国人民大学出版社 2004 年版。

第五章 传播媒介:性质、发展与创新

人类传播需要借助于各种各样的媒介来进行。离开了传播媒介,信息交流活动是无法最终实现的。“烽火连三月,家书抵万金”,如果在战争岁月,收到一封家人报平安的书信,那是一件令人非常激动的事情。书信是古代应用得较多的一种人际传播媒介。现代社会,随着技术的变革和文化的变迁,家书已经很少收到了,但是传播媒介却越来越多样,越来越发达。

第一节 媒介的概念

人从出生那一天起就需要交流,而交流需要借助各种媒介。“媒介”一词,最早见于《旧唐书・张行成传》:“观古今用人,必因媒介。”这里的“媒介”是一种使双方发生联系的人或事物。

在英语中,media 是 medium 的复数形式,指的是使事物之间发生关系的各种介质或工具。

不同的学者给媒介下过不同的定义。

> “媒介就是插入传播过程之中,用以扩大并延伸信息传送的工具。”(施拉姆,1984)
>
> “媒介是一个简单方便的术语,通常用来指所有面向广大传播对象的信息传播形式,包括电影、电视、广播、报刊、通俗文学和音乐。”(巴勒特,1986)
>
> “媒介是指承载并传递信息的物理形式,包括物质实体和物理能。前者如文字、各种印刷品、记号、有象征意义的物体、信息传播器材等;后者如声波、光、电波等。”(龚伟,1988)

"媒介：用来表达含义的静态或动态的人和物体或物体排列。例如，焰火信号、击鼓、里程碑、树皮上的刻痕、跳舞、陶器上的花纹、军号、纸上的墨迹等。"(《新闻学大辞典》)

"一般来说，媒介是一种能使传播活动得以发生的中介性公共机构，具体点说，媒介就是拓展传播渠道，扩大传播范围和提高传播速度的一种科技发展。广义上讲的说话、写作、姿势、表情、服饰、表演与舞蹈等，都可以被视为传播的媒介。每一种媒介都能通过一条信道传送符码。如今它越来越多地被定义为技术性媒介，特别是大众媒介。"(《关键概念——传播与文化研究辞典》)

定义虽很多，但"媒介是什么"却不是一个能轻易回答的问题。因为媒介的内涵和外延都极其丰富，它不仅是信息传递的工具和载体，还涉及各种纷繁复杂的社会关系，这就要求人们从多种视角、各个层面来认识媒介的属性和特点。

媒介是"介于传播者与受传者之间，用以负载、传递、延伸特定信息符号的物质实体。"[①]整体而言，媒介具有以下几个特点。

媒介是一种物质实体，只有借助物质实体才有可能负载符号，将信息从一地传到另一地，从某时间到另一时间。

媒介是一个中介，它在把信息从一个传播对象传送给另一个传播对象的过程中扮演了重要的角色，但它本身并不具有自主性，不会独立思考和随意改变信息，只是一个中介者。

媒介与符号相伴随，它能够负载各种符号，能够传递符号。如果没有符号，则不构成媒介。

在此，还应该注意以下几个区别。

1. 媒介不同于传播

符号是一种代码，如语言、文字、图片、声音等，用以表达或负载特定信息或意义。而媒介是一种物质实体，用以负载、扩大、延伸、传递特定符号。

2. 媒介不同于传播形式

传播形式是传播者进行传播活动时所采用的各种方式，如口语传播形式、文字传播形式、图像传播形式等。传播形式表明了传播活动的状态、方式和结构，而传播媒介则是实实在在的物体。

3. 媒介不等于传播渠道

英语中 channel 一词，指的是海峡、水道、沟、路线、频道等。在传播学中，传播

---

① 邵培仁：《传播学》，高等教育出版社 2000 年版，第 198 页。

者和受传者之间相互进行信息交流的各种途径、手段、方式，通称为“渠道”。媒介则是扩大人类信息交流能力的传播中介物。

媒介、符号、传播三者之间的关系如下：符号负载信息，媒介负载符号，传播是人类通过符号和媒介交流信息以期发生相应变化的活动。

第二节 传播媒介的历史与发展

从古代基本的口语传播时代到今天的信息社会，人类传播的发展经历了一个漫长的历史过程。早期人类的传播方式与动物相差不大，但现在我们坐在家里，就可以通过互联网收发邮件、发帖聊天、读书看报、查阅文献资料、欣赏音乐、看电视和电影等。人类传播的历史可以说是一个不断提高传播速度、摆脱时空局限、最终达到自由传播的历史。而传播是需要通过一定的媒介进行的，人类传播活动的进化，与媒介技术的不断变革和发展密不可分。综观人类文明的演变，传播媒介的发展经历了从简单到复杂、从技术单一到多元融合的过程。总体而言，人类传播媒介的发展可以归纳为五个历史阶段：口语媒介阶段、手写媒介阶段、印刷媒介阶段、电子媒介阶段和当前的互动媒介（新媒介）阶段。

一、口语媒介阶段

人类在创造自身的符号之前，使用的是与其他动物所用的相似的符号进行传播，如手势、肢体动作、面部表情、声音等，这些符号都是非语言符号。人类从原始的非语言传播过渡到语言符号的传播，发声从单音到复音，从模糊的音节到清晰的音节，从含义不清的叫声到有意义的声音，经历了千百万年的时间。

距今约 9 万到 4 万年前，人类获得说话的身体能力。语言的产生大约发生在 2.5 万至 2 万年前。语言究竟是怎样形成的？语言学家提出了许多种理论，如模仿自然声而形成语言的“汪汪”论，表达情感情绪而产生语言的“感叹”论。不管怎样，语言的发展同人类作为群居动物、社会性的动物需要联合行动有关。觅食、避灾、御寒、交往等都是推动语言进化与发展的动力。而劳动在其中起了极为关键的作用，劳动促进了人脑的发育和人类思维的产生，使人类具有学习语言的生理机能，语言得以逐渐形成。

语言的形成和使用是人类传播史上第一次革命。语言在人类认识世界与改造世界的活动中起着重要的作用，大大促进了人类思维能力的提升和社会文明发展的进程。口语使人与人之间的外部沟通更加有效和畅通，人们可以结成更大的社会群体，有组织地处理问题。语言能系统和抽象地表达声音与客观事物、人类行为等的联系，使人类将声音同它们所指的对象分离开来，提高了人类推理、计划和概念化等逻辑思考能力，利用口语进行信息编码，从而更有效地收集、处理和传递有用的信息。

（一）口语媒介在传播活动中主要具有以下一些优点

1. 简便快捷。不需借助别的物体，交流传播并不复杂。

2. 亲切、生动。需要人亲身传播，一般都是面对面进行的，显得自然而亲切。

3. 易于控制。不必借助外力，什么时候说，什么时候不说，都可以由自己决定。

（二）口语作为原始的传播媒介，有其明显的局限性

1. 不稳定，易走样。口语传播往往借助人们口口相传的接力方式，使信息传播给更多人，但这难免导致“拷贝走样”，因为每“接力”一道，就可能出现一些因记忆有误等原因而造成遗漏或扭曲。

2. 空间范围有限。口语是靠人体的发声功能传递信息的，由于人体能量的限制，口语只能在声音所及的距离之内进行传递和交流，传播范围很小。

3. 保存性差。口语转瞬即逝，不便于记录和保存，只能依赖于人脑有限的记忆力。

因此，口语受到空间和时间等因素的巨大限制，在没有其他辅助工具（如电话、手机等）的情况下，它只能适用于较小规模的、近距离的、即时的社会群体或部落内的信息传播活动。

二、手写媒介阶段

距今五六千年前，岩洞象形文字、甲骨文字和钟鼎文字等相继产生，文字作为抽象化、规范化的符号系统开始出现。最早的文字诞生于古老的东方社会，如中国、埃及、美索不达米亚等地。当时的媒介是龟甲、兽皮、泥土、竹片、树皮、石头、青铜器、丝帛等。中国人将文字刻在竹简上，书写在丝帛、纸张上；古埃及人用染料把文字写在草叶上；古罗马人将文字写在羊皮和黏土上。

就文字的书写形式来划分，世界上主要有两种文字系统：象形文字和字母文字。前者源于中国而盛行于亚洲国家，后者源于中东肥沃的新月地带而遍及西方世界。就象形文字而言，汉字数量极其庞大，且难于书写，汉字要得到普及和推广很不容易。字母文字只表音不象形，易学、易用，也易变。不同的文字，反映了不同国家文化上的差异。

“盖文字者，经艺之本，王政之始，前人所以垂后，后人所以识古。”（许慎《说文解字叙》）文字的出现是人类传播史上的第二座里程碑，是人类进入文明社会的标志。文字使人类的传播活动摆脱了本能状态，进入技术传播时代。人类发明了文字和书写工具后，就能把信息记录、保存下来，这为把信息传给远方、传给较多的人、传给后世，奠定了重要的基础。并且大大推进了不同地区经济、政治和文化的交流与融合，也为文化的代代传承和大规模的社会管理与控制提供了可能性。

（一）手写媒介和口语相比，具有明显的优点

1. 保存性强。手写媒介克服了口语转瞬即逝的特性，能将信息长期保存，使人类的知识、经验的积累和储存不再单纯地依赖人脑的有限记忆力。

2. 改变了语言形式，使听觉符号转变为视觉符号，使语言变得有形。

3. 传播范围更广泛。手写媒介能把信息传递到遥远的地方，打破口语传播的距离限制，从而使异地传播成为了可能，扩展了人类的交流和社会活动的空间。

4. 信息更准确。手写媒介使人类文化的传承不再依赖容易变形的神话或传说，而有了确切可靠的资料和文献依据。

5. 突破了时间限制。手写媒介使人与人之间不需面对面在同一时间进行交流，突破了空间和时间的限制。

（二）手写媒介也有局限性

1. 手抄传播效率低。一部书抄写多册，要耗费大量的时间，并且单位面积负载信息量少，极大地限制了记载、复制信息的速度。

2. 非批量生产，传播规模小。一个人一生也抄不了几本书，手写媒介信息的生产规模小。

3. 成本高。需要人力和物力支持，媒介价格昂贵，不是人人都能承受。

手写媒介时代，教育的普及程度很低，文字传播基本上还属于政府、官吏、统治阶层和社会精英群体的特权。

三、印刷媒介阶段

印刷术的发明是信息传播史上又一座里程碑，标志着人类已经掌握了机械化生产和大量复制文字、图片等信息的技术。印刷媒介的出现，取决于造纸术和印刷术的发明和普及。中国的造纸术和印刷术为推动世界文明与人类传播的发展做出了重大贡献。

轻便可携带的纸张，是印刷媒介重要的基础，先看看造纸术的发展。

公元前 2500 年，埃及人发明纸莎草纸。

公元105年前后,我国东汉的蔡伦用树皮、麻头、破布三种纤维制成了轻便的纸张,用于记载文字,传播知识和信息。

公元950年,埃及人用新型的纸浆纸取代了纸莎草纸。

12世纪初,摩洛哥使用纸。

14世纪,欧洲广泛使用纸。

接下来看看印刷术的发明和普及。

印刷术起源于殷商时期的印章和公元200年的拓印术。

公元450年,中国南北朝时出现了雕版印刷。隋文帝以后,各种文化典籍就开始用雕版印刷。世界上现存的第一本印刷品是我国唐咸通九年(868年)印刷的佛典《金刚经》。

11世纪,我国宋朝毕昇发明了泥活字印刷术,并做过木活字印刷试验。但由于木活字"木理有疏密,沾水则高下不平,兼与药相粘,不可取"而被放弃。

1403年,朝鲜铸造金属活字。

1445年,中国铸造铜质活字。

15世纪中叶,德国人谷登堡发明了效率高的铸字方法,完善了金属活字印刷术,把一些已经相当普遍的材料和方法凑到一起,把西欧做酒的压榨机改装成印刷机,一次印了200份精美的《圣经》。

随着纸张和印刷术的发明与推广,报纸、书籍和杂志等印刷品这类传播媒介得以逐渐形成和普及。在宋朝,用于新闻传播的印刷媒介"邸报"已十分繁盛。15世纪末,欧洲各大城市印刷业发展。1665年创刊《牛津报》,1690年美洲出现第一份报纸。

1833年,美国纽约出现了第一种真正的大众媒介——便士报。这种报纸商业色彩突出,追求利润,成本低廉,价格便宜(一个便士),广大普通市民都有能力购买,且因内容通俗而广受欢迎。自此开始,大众传播时代到来了。

(一) 印刷媒介的特点

可以迅速大量地印制生产,信息容量大、传播效率高。

可以长期保存,随时取阅,反复研读。能将信息有效地保存下来,从而使受众获得反复接触的积累效果。

主要以文字符号表现信息,从而有助于培育线性的、抽象的逻辑思维能力和想象力。并且适宜用来传播高深、复杂、篇幅较长的信息。

读者拥有主动性、选择性。读者在接触印刷媒介时,可以自由地决定阅读的时间、地点、速度和方式。

便携性。由于纸张小巧轻便,因此易于携带。

不过，时效性仍然较差，要经过一个较长的制作周期；另外一个缺点是印刷媒介的使用需要识字能力，因而受到文化程度的制约，文盲和文化程度较低的人无法使用或不能充分使用这种媒介。

（二）印刷媒介的意义

书面语言标准化，可以大量地复制，高效率地得到信息。

文化普及。印刷媒介不仅大量传播了宗教经典，还使其他内容的书籍不断增多，廉价供应，大大推动了教育与文化事业的发展。文化得以推广，打破了少数人对知识的独享和在传播上的特权，文化垄断逐渐被击碎。

加速了欧洲封建主义的崩溃和资本主义的诞生。印刷媒介加速了新思想、新观念的传播，推动了科学普及和社会进步。在西方社会，引人注目的是冲破了黑暗的中世纪宗教牢笼，推动了文艺复兴与思想启蒙运动，进而又导致了工业革命，并推动了社会的不断前行。

人类社会从此步入了一个崭新的大众传播时代。信息传播的数量、质量、速度和范围得到飞速的增长。

四、电子媒介阶段

电子技术的产生和运用是人类传播史上的第四次革命。电子传播，包括一切用电磁波或电子技术来进行传播的方式，如电报、电话、广播、电影、传真等。早在16世纪，人们就对电磁通信发生了浓厚兴趣。电子媒介的出现是社会发展与科技进步的综合产物。19世纪后半叶由于电的发现和无线电技术的发展，一大批电子媒介开始诞生。

（一）广播

电子传播媒介的革命，始于电报的出现。西方人很早就已经充分地认识到了电报这种电子传媒的巨大威力。

1844年，美国人S. 莫尔斯发明了有线电报，在美国华盛顿国会议事厅发出了人类历史上的第一份电报，内容是“上帝创造了何等奇迹”。

1857年，大西洋海底电线架设成功，改善了欧美之间的信息传递。

1875年6月2日，贝尔发明了电话，使语言传播摆脱了空间阻隔。

1877年，美国人爱迪生发明了留声机，使得人类第一次将声音记录下来，声音的传播也由此突破了时间的限制。

1895年，意大利人G. 马可尼完成了无线电试验。

1901年，马可尼实现了远距离无线电信号传递。

1906 年，利用无线电传送语言和音乐的试验在美国取得成功。

1920 年，美国西屋电器公司在匹兹堡创立了世界上最早的无线电台——KDKA 广播电台，于当年 11 月 2 日开始播音。这是世界上第一座广播电台，标志着电子新闻媒介的诞生。

广播电台，尤其是无线电广播的覆盖范围几乎是无边无界的，它给人类经济社会和文化领域带来了革命性的影响。正如麦克卢汉所说："广播的潜意识深处，充满了部落号角和古老鼓乐的共鸣回荡……这个媒介有力量把心灵和社会转换成一个共鸣箱。"①

（二）电影

早在 2000 多年前，人们就发现了小孔成像现象。

1826 年，法国石版印刷工埃普斯成功获得了第一张记录工作室外街景的照片。

1837 年，法国的舞台美术师达盖尔发明了完善的摄影方法——银版摄影法。

1851 年，英国的阿彻尔发明了湿版术，成为现代摄影的开端。

1895 年，法国的卢米埃尔兄弟发明了电影摄影机，在巴黎一家咖啡馆地下室首次售票公映电影，"第七种艺术"自此诞生。

20 世纪初，电影完成从无声到有声、黑白到彩色的过渡，之后又出现宽银幕电影、立体电影。

20 世纪 80 年代出现环幕电影、球形电影、全息电影。

电影的出现是人类文化生活的一个转折。麦克卢汉说："电影的诞生使我们超越了机械论，转入了发展的有机联系的世界。仅仅靠加快机械的速度，电影把我们带入了创新的外形和结构的世界。"②电影在诞生之初，就已置身于世俗化大众的包围之中，与大众结下了不解之缘，并注定要改变大众的文化娱乐方式。

（三）电视

电视的产生也经历了一个长期的探索过程。

1884 年，德国科学家保罗·尼普柯发明了旋转盘扫描式的播送方式，为现代电视技术奠定了基础。

1897 年，德国人布劳恩发明了电子显像管。

1926 年，英国人约翰·洛吉·贝尔德成功地进行了电视的试验，贝尔德也因此被称为"电视之父"。

1928 年，贝尔德将电视画面由伦敦发射到格拉斯哥和纽约，解决了电视画面的

---

① [加]麦克卢汉：《麦克卢汉精粹》，何道宽译，南京大学出版社 2000 年版，第 438 页。

② 同上，第 232 页。

远距离传播问题。

1930年，英国广播公司（BBC）与贝尔德合作解决了声频信号的同步传播问题。

1936年11月2日，英国广播公司在亚历山大宫建立了全世界第一座公众电视发射塔。电视作为大众传播媒介由此诞生。

1940年，美国无线电公司试制成功彩色电视。第二次世界大战以后，电视事业在美国及其他国家蓬勃兴起，电视时代到来。

20世纪60年代，通信卫星技术引入电视传播领域，电视信号在世界范围内的传输变得十分便利。

20世纪80年代中期后，电视直播进入实用阶段，跨国卫星电视直接进入电视观众家庭。在电视传播领域中，逐渐形成了有线电视与卫星电视相配合，数字电视与移动电视逐步兴起的星网传输格局。在此过程中，各类视频、音频的采集工具及各类数字传播媒介也相继出现，所有的这些都极大地改变了人类信息传播的基本方式。

有线电视利用同轴电缆或光纤电缆将电视台与用户直接连接起来，解决了因地形、电波等干扰而无法收视的问题，并提供“多频道化”、“专门频道化”服务，双向的交流功能为生活服务（家庭购物、收费、订票等）提供方便，使电视变成有偿服务，改变了电视媒体单一广告收入的经营模式。

电视能够使我们看到远方发生的事件。电视从诞生之日起，就注定要成为大众观察世界的一扇窗口，这扇窗口向人们展示了丰富多彩、千变万化的图像，从浩瀚无边的星空到深不可测的海洋，从明星卧室中的隐私到美国总统的竞选，从身边发生的谋杀案到国外举办的奥运会等体育赛事，电视使人们将所能想到的、甚至不可想象的各种景象尽收眼底。

电视改变了人们观察世界、接受文化的方式，也改变了文化本身的固有风格。借助于电视，人们能够看宇航员在太空中行走，看美国大兵在战场上厮杀。电视似乎具有了神奇的魔力，电视的图像世界仿佛就是无比真实的客观世界，甚至在“真实性”上比真实世界还显得更“真”。

电视使人类文化进入了影像的、形象的或视觉的大众传播时代。在技术的推动下，大众传播以越来越强大的力量影响着人类社会发展进程的方方面面。

电视是一种大众化的娱乐工具。借助于电视，人们可以把一系列生活片断编成电视剧，并以此作为电视节目的主要表现形式。人们收看电视的方式也比较随意，主要以个人或家庭为单位进行。电视采用日常口语化风格，这种风格的交流方式与电视在家庭中的地位是相称的。人们一边看电视，一边聊天，电视似乎成了家庭谈话的又一位参与者。电视如同一双眼睛，借助它，人们可以观察世界。

(四) 电子媒介的意义

电子媒介具有普及性、大众性和民主性。电子媒介的出现，实现了声音和影像信息的大量复制、传播及历史保存。

以电子媒介为基础的信息既具有口语媒介的直观、生动的特点，还能像文字符号一样克服人类直接交流中的时空限制。

电子媒介大大提高了信息传播的速度。电子媒介依靠无线电传送信号，实现了信息的远距离快速传播和实时同步传播。

电子媒介使文化传承的内容更丰富，视听冲击力大，感染力强，具有强烈的现场感，大大增强了信息的说服力。

电子媒介形成了人类体外化的声音信息系统和体外化的影像信息系统。

电子媒介使人类知识经验的积累和文化传承的效率与质量产生了新的飞跃。几百年前，复制一件文稿还是需要花费很长时间的事。但是现在，经过激光照排、高速印刷，成千上万册书都可以很快地赶印发行，数量少的文本复制采用复印机只要几秒钟就可以完成。

电子媒介的传播者是职业传播者，是组织整体（如报社、电台、电视台、杂志社等）或个人。这些人大多受过职业教育，以传播为职业。他们收集、管理和传送各种类型的信息，借助于专门的机械媒体来向社会公众传播新闻、娱乐、教育方面的信息，这些被组织化了的个体分担着传播媒体中不同的角色，从而使传播向着规模化、产业化发展。

五、互动媒介(新媒介)阶段

人类正在实现由大众传播时代向网络传播时代的飞跃。

在新的时代，传播媒介终于不再是无法参与和神秘莫测的了。传播权也不再被精英阶层垄断，而是日渐分散，走向草根阶层。新的互动媒介可以使一个普通人成为新闻记者、编辑、主持人，可以通过互联网向全世界发布信息。比尔·盖茨指出："信息高速公路作为概念已经过时了，因为公路让人想到地理、距离、旅行，而网络最主要的性质就是消除距离。网络会把世界装进一个巨大的超级市场里。"

1946 年，第一台计算机出现。

20 世纪 60 年代末，开始进行 ARPANET 实验（高级研究项目署网络）。

1971 年，第一台芯片电脑出现。

20 世纪 80 年代初，互联网实现民间化。

1989—1994 年，马赛克（MOSAIC 网络浏览器）和万维网研发出来。

之后，其他如通信卫星、有500个频道的光缆电视、移动电话纷纷出现，一种智能化的“网络＋无线通信”的模式逐渐形成。

网络传播提供了隐去身份、同步参与交流的条件。互联网作为新兴的电子媒介，它不仅完善了电子传播媒介对大众传播时代的拓展，还给人类的传播活动带来了革命性的影响。

能提供旧媒介无法提供的新服务质量。信息高速公路就是把光纤通信技术、数字、影像压缩技术和多媒体一体化技术相结合，用计算机网络传播各种信息，实现任何人、任何地点的双向互动交流。

电脑的出现意味着人的大脑这一信息处理中枢也开始了体外化的进程。电子信号的传输也实现了由模拟信号向数字信号的发展。电子传播技术的发展，使人类进入了全新的、前所未有的信息社会。

电子时代的到来方便了我们的生活，给我们的学习和工作带来很大的帮助，如，电脑的出现提高了工作效率，能方便快捷地了解到一些必要的信息；可以通过许多方式和国外的朋友交流，可以通过网上授课实现学习方式的多样化。

新的媒介环境出现了，在这个“虚拟现实”和“电脑空间”里，人类传播活动与过去相比有了很大的差别。并且，这种变革还在继续。

互动媒介的发展阶段，是人类使用的传播媒介不断丰富的过程，也是社会信息系统逐步发达、不断趋于复杂化的过程。

第三节 新、旧媒介的特点

四大传统媒介是指报纸、杂志、广播、电视，网络媒介是当前发展势头很猛的新兴媒介，在未来将会扮演越来越重要的角色。下面对新旧媒介的特点做简单介绍。

一、报纸

报纸一般分为版面部分（指各版稿件的布局，包括标题、栏、页）、图片部分（照片、插图，“图文并茂”是现代报纸的标志）和文字部分（包括各种文体，主要是新闻和评论），一份报纸要经过采写、编辑、排印、发行等阶段才会面世。

（一）报纸的优点

信息容量大，保存信息的力量较强，适合传达深度信息，读者的自主性强，携带方便。

(二)报纸的缺点

时效性较差;感染力弱,缺乏图声并茂的动感,也不如有声的广播报道亲切、活泼;要求读者必须具有一定的文化程度,限制了传播范围。

当前我国报纸充分利用自身篇幅可伸缩的优势,纷纷进行扩版,以更多的篇幅,提供更多的信息、更深刻的分析。报纸在竞争中求生存与发展的对策是充分发挥自身信息容量大、报道范围广、易于保存等方面的优势,借此弥补时效性方面无法与电子传播媒介匹敌的不足。

二、杂志

杂志也叫期刊,是一种装订成册、定期或不定期地连续出版、有固定名称和期号的出版物。

最初,杂志和报纸的形式差不多,极易混淆。后来,报纸趋向于刊载有时间性的新闻,杂志则以刊载小说、游记和娱乐性文章为主,在内容的区别上越来越明显。在形式上,报纸的版面越来越大,而杂志则经装订,加封面,变成了书的形式。此后,杂志和报纸在人们的观念中才具体地分开。

(一)杂志的分类

按出版周期的长短,杂志可分为周刊、半月刊、旬刊、月刊、双月刊、半年刊、年刊等。从杂志的内容上看,包括医疗卫生、农业科学、工业技术、哲学政法、社会科学、经济财政、科教文艺、基础科学等门类。

(二)杂志的特点

以使用文字和图片符号为主。新闻性不强,更趋于专业化、专门化。而且注重图文并茂,对印刷技术和纸张的质量较为讲究。杂志的读者群较为稳定,文化水平较高,并且杂志能够引领社会潮流。

网络杂志,又称电子杂志、互动杂志、数字多媒体杂志,是近年来随着计算机技术的迅速发展而出现的集音频、视频、文本、图片、动画于一体的新型传播媒体形式。

三、广播

广播既声情并茂、亲切感人,而且可以作为背景媒介,听众可以一边做事一边收听,所以说广播是一个从不妨碍我们的朋友。

(一)广播的优点

传递信息极其迅速,时效性强,电波的速度达 30 万公里/秒,声音的发出和接收几乎是同步;受众面广,渗透性强;影响面广,不受时空、文化限制;充分运用丰富的语言和各种音响感染听众,且制作成本相对较低。

(二)广播的缺点

保存性差,选择性弱;广播单纯提供听觉形象,难以给受众留下深刻印象。

广播应发挥听觉媒体的长处,以简明新闻、音乐节目等吸引受众,在传递节目的形式上,采用直播形式和24小时连续播音。并发挥自身节目制作比电视简单、成本低的特点,向专栏化节目发展;另一方面,收听工具已走向小型化、轻便化,更利于受众随时携带、收听。

四、电视

电视运用视听语言进行传播,具体而言:图像是电视符号的基本要素,分为影像、画面、镜头和镜头连接等几个方面,具有连续性、现时性、多义性等特点。声音可补充画面无法表达的内容,具体包括:语言(解说词、人物同期声)说明背景、观点、心理;音响(现场同期声、效果音响)制造气氛;音乐表达情绪和情感,渲染气氛。另外,文字(主要是指字幕)起到辅助说明、强调补充的作用。

(一)电视的优点

视听兼备,图声并茂,感染力强,形象生动逼真,多感官享受;以负载带声音的画面信息为主,画面是人类沟通的世界语,没有分享信息的障碍;真实性和现场再现能力强,具有极强的形象感、现场感、过程感;速度快、时效性强;手段先进,传递信息神速,超越空间的力量强。

(二)电视的缺点

电视画面转瞬即逝,难以保存;按时间线性传播,选择性差;以图像方式传播,影响逻辑思维能力。

电视在与原有媒介的竞争中主要以集声像之美取胜。电视以丰富多彩、图声并茂的节目受到观众青睐。电视是最大众化的、最物美价廉的娱乐工具。

五、网络

(一)网络的优点

受众的主导性、自主性强。在网络媒体中,用户都掌握着信息接收的主导权。网络是一种非同步的传播,突破了时间和空间的限制,自主性大大增强。

显著的方便性和快捷性。网络信息的传播速度惊人,可谓转瞬即至。网络传播无需纸张,不用印刷。过去一封信在路上要走一周或半个月甚至更长时间才能到对方手里，现在通过网络发电子邮件，刚一发出，对方就可以收到。网络媒体上的信息更新非常快，如奥运奖牌榜可以间隔几秒钟就更新一次，几乎是实时传播。

高度的综合性。网络是报纸、杂志、广播、电视等传统媒介的整合，是一种多媒体。

充分的交互性。运用超文本链接方式，融合过去人际传播“点对点”、“对话式”的双向传播和大众传播“点对面”独白式的单向传播的优点，形成新的电子交互式的网络传播方式。在网络世界里，每个人都既是信息的接收者，也是传播者，具有很强的互动性，可以及时地对信息作出反馈，例如在阅读新闻之后，可以在网上发表意见，参与新闻评论。

（二）网络的缺点

不安全，容易遭受病毒、黑客的侵袭。

虚拟性。网络被认为是虚拟的空间，资料如果不小心被删除，则很难恢复。

六、其他数字媒体

国家863计算机软硬件主题专家组编写的《2005中国数字媒体技术发展白皮书》对“数字媒体”作出的定义：“数字化的内容作品和信息，以现代网络为主要传播载体，通过完善的服务体系，分发到终端和用户进行消费的全过程”，数字媒体包括了图像、文字以及音频、视频等各种形式，传播形式和传播内容实现数字化，即信息的采集、存取、加工和分发都是一个数字化的处理过程。

在数字化的浪潮下，除了网络媒体，传统媒体中的报纸、杂志、广播、电视等都已开始走向数字化，将成为新兴的数字媒体。手机媒体是一种以手机为载体的媒体，是继报刊、广播、电视、网络四大媒体之后出现的新媒体，有人称之为“第五媒体”。手机媒体作为新时代高科技的产物，是在电信网与计算机网融合的基础上发展起来的。手机媒体可以将报刊、电视等传统媒体的内容，通过无线技术平台发送到用户的彩信手机上，使用户可随时随地通过手机第一时间阅读到当天报纸的内容或观看电视正在播出的节目。随着智能手机时代的到来，手机的功能会变得越来越强大，多媒体的特性日趋突出。手机媒体已成为十分重要的互联网终端设备，并直接引领了移动互联网时代的到来。

数字媒体的特点：将以前截然分开的印刷和广播技术融合；媒介资源由“稀有资源”转为“丰富资源”；从大众化内容转向针对群体或个人的内容量身定做；从单向传播变为互动传播。数字媒体是一种更加便捷、更人性化的媒介。

第四节 媒介理论

媒介是现代信息社会不可或缺的组成部分，许多学者对媒介做了深刻的思考，形成了不少重要的理论，接下来主要探讨一下伊尼斯、麦克卢汉、梅罗维茨、布热津斯基、波兹曼等人的重要理论。

一、伊尼斯的媒介偏倚论

哈罗德·亚当斯·伊尼斯(Harold Adams Innis，1894—1952)是加拿大政治经济学家，多伦多学派的鼻祖，麦克卢汉的老师。早期，伊尼斯主要研究政治经济学，后来，他拓展研究领域，在传播学研究中提出了重要的思想。他对传播学的介入不是从心理学，也不是从社会学，而是从政治经济学，更具体说来是从传播的社会历史出发。伊尼斯对传播的理论定位是把传播放在人类文明形态的演变中考察。麦克卢汉在《谷登堡星汉璀璨：印刷人的诞生》一书中指出："伊尼斯是第一个在理论上处理了与技术形态本身有关的变化过程。和他的工作相比较，我的工作只不过是在他的著作中的位于页面下方的注释。"伊尼斯最主要的传播学代表作是1950年的《帝国与传播》和1951年的《传播的偏倚》，在书中他提出了著名的媒介偏倚论。

伊尼斯认为，传播媒介是一整套传递和贮存人类文明的智力形式和技术手段。所有的文明都是由知识、思想、习惯、实践、仪式、艺术等组成的。文明的兴起、衰落和占支配地位的传播媒介息息相关，社会组织的转化、主体性的新形式和知识的重新组织都受到传播媒介的影响。他认为，传播有助于维持权力，建立知识的垄断，特别提到了印刷业兴起而导致的知识控制。就是说，在已知的社会背景条件下，传播形成了有利于一定社会阶级的知识和权力的集中与垄断。报业使得帝国能在他国形成文化和知识的垄断，"谁掌握了报业，谁就掌握了权力"。

伊尼斯认为，控制传播媒介是行使社会和政治权力的一种手段，而新的传播媒介的出现可以打破旧的垄断权。伊尼斯把传播媒介看成是人类思维的延伸，他相信任何历史时期的热点问题都是由人类所使用的占优势地位的媒介所致。比如羊皮纸、泥版和石头，中国的竹简和钟鼎都是可以世代相传的硬性媒介，它们促成了人类的部落社会结构向国家政体的过渡。而轻便且易于运输的新产品——纸张的问世使信息能够从一个地区向另一个地区传递，这直接促进了帝国的建立和大型行政机构及军队的发展。

在文化处于口语状态的远古社会，人际关系和社会关系不超出人的声音的范围。这个时候的知识储存和传递方式是代代相传的口头神话，这种叙事方式整理了世界的秩序。而书面文字的问世可以抵抗时间的压力，可以把过去和现在进行比较，开辟了认知未来的可能性。和口语相比，文字允许具体保存思想、观念，可以经受理性审查，可以拉开人际距离，从而开辟了间离社会规范的个人主义行为实践的可能性。事实上，当一个社会的成员能和社会在知识形态和组织形式上拉开距离时就产生了个人自我转化的可能。这种距离效应是个人主义的历史性生成形式。最后，在社会发展过程中，政治、经济和军事利益取代了宗教利益和神性表述，媒介这种知识形式就成了权力的支柱。新的知识垄断的霸权不再是针对时间而是空间，一个典型的历史事实是古罗马帝国。

在伊尼斯的概念中，媒介和权力的相互关系是一种"相互决定"的关系。口语社会倾向于一种复杂而不易转移的文字载体（石头），而与圣经有关（即与书面文字有关）的社会倾向于一种简单易行的文字载体（纸莎草纸）。石头是一种向时间倾斜的媒介，而纸莎草纸是一种向空间倾斜的媒介。由此，伊尼斯找出了媒介和社会的对应关系。就是说传播技术形态决定了社会的组织形式。通过传播技术对知识的垄断，支配了社会群体之间政治权力的分配。

伊尼斯认为，权力是人类对时间和空间的控制事务。之所以传播系统锻造了社会的组织形式，是因为传播系统建构了人类社会对时间或对空间的关系。在历史上，我们可以区别两种形式的媒介和传播。第一种形式和时间相关，是通过口语文化、手稿、记忆、小群体和权力的传统形式，是一种非集中化的方式。第二种和空间相关，直接和空间在一起，是通过印刷和电子媒介得以象征化，是对地域的扩张和控制，是一种集中化的方式。

在伊尼斯看来，传播媒介可以分为倚重时间的媒介和倚重空间的媒介，帝国也可以分为倚重时间的帝国和倚重空间的帝国，即宗教帝国和政治帝国。伊尼斯认为，一个帝国成功的关键是在传播媒介和帝国组织的时间偏向与空间偏向间保持平衡，他理想中的帝国是希腊帝国，因为希腊的口头传统比较好地解决了时空的偏向问题，而他对印刷时代西方文明过于倚重空间和书面传统的状况感到惋惜和担忧。

伊尼斯认为，一切文明都是靠对空间领域和时间跨度的控制而存在的，有些媒介便于对时间跨度进行控制，而有些媒介则便于对空间领域进行控制。人类传播媒介演进史，是由质地较重向质地较轻、由时间偏倚向空间偏倚发展的历史。时间偏倚的媒介质地较重，耐久性强，如黏土、石头和羊皮纸等，较适于克服时间的障碍，能够长久地保存。空间偏倚的媒介质地较轻，容易运送，如普通纸张等，较适于克服空间的障碍。倚重时间的媒介，如羊皮纸、黏土和石头，性质耐久，有利于宗教的传承，维持宗教帝国的统治权威；倚重空间的媒介，如纸莎草纸、电报和广播，质地轻便，有利于政治帝国的空间扩张和远距离控制，知识和权力的垄断在媒介与帝国的关系中发挥着桥梁的作用。

总之，伊尼斯的观点受科技决定论的因果模式影响，过于消极和悲观。伊尼斯认为，为了反对现代技术决定论的效果，有必要重建“口语传统”，唤醒记忆，创造民主参与等其他积极因素，建立另外一种形式的传播。

从文化的角度来看，伊尼斯主要论述了媒介对社会文化的作用，他的思维依然是单向的。也许伊尼斯根本没想过要建构一个无所不包的媒介理论大厦，他只是对其中一方面感兴趣而已。

二、麦克卢汉的媒介理论

在媒介理论研究方面，加拿大人马歇尔·麦克卢汉（Marshall McLuhan，1911—1980）是极为重要、非常独特、富有争议的一位学者。他是大器晚成者，40岁才出版第一部著作《机器新娘：工业人的民俗》，他的主要著作还有：1962年《谷登堡星汉璀璨：印刷人的诞生》，1964年《理解媒介：论人的延伸》，1967年《媒介即讯息》以及他与人合著的在他去世以后才出版的《地球村》等。

在这些著作中，他以特立独行的思维，提出了许多惊世骇俗而富于启发性的思想，其中尤以《理解媒介：论人的延伸》影响最为深远。在该书中，麦克卢汉以全新的视角阐述了媒介的概念，提出了许多具有突破性的观点和理论。

（一）麦克卢汉媒介理论的主要观点

麦克卢汉的媒介理论主要观点有：媒介是人体的延伸，媒介即讯息，媒介的冷热性。此后，他还首次提出了“地球村”的概念。麦克卢汉的这些观点尽管曾引发很多争议，但提供了一种看待科技、媒介和生活方式的全新视角，对传播学的研究具有很大的启发性。

1. 媒介是人体的延伸

在麦克卢汉看来，媒介即万物，万物皆媒介，媒介无时不有，无处不在。凡是能使人与人、人与事物或事物与事物之间产生联系或发生关系的物质都是媒介。麦克卢汉在书中提到了26种媒介，其中包括货币、时钟、游戏、武器、住宅、数字、滑稽漫画、数字等。麦克卢汉提出“媒介是人体的延伸”的观点，认为人类使用的工具和从事的一些活动，都不外乎是人类器官的一种延伸或者说是一种外化，不同的媒介对不同的感官起作用。如石斧是手的延伸，车轮是脚的延伸，衣服是皮肤的延伸，书籍是眼睛的延伸，广播是耳朵的延伸，电视是眼睛和耳朵的同步延伸，电话是嘴巴和耳朵的延伸……所有这些媒介都可以与人体发生某种联系。

2. 媒介即讯息

20世纪50年代末期，麦克卢汉在一次全美广播电视教育工作者协会的年会上提出了“媒介即信息”的观点。

麦克卢汉很看重传播媒介在人类社会发展中的地位和作用，他认为，重要的是媒介本身，特别是新的传播媒介的出现。人类有史以来的每一种媒介技术的发展都代表着规模、速度或者类型的变化，它们都会介入人类的生活中，引起社会的某种变革。媒介是社会发展的基本动力，每一种新媒介的产生，都开创了人类感知和认识世界的方式，创造出新的社会行为类型。在麦克卢汉看来，每一种新媒介一旦出现，无论它传递的具体内容如何，这种媒介的形式本身就会给人类社会带来某种信息，并引起社会的某种变革。麦克卢汉指出：“媒介的内容就像破门而入的盗贼携带的一块多汁的肉，它的目的是分散看门狗的注意力。”重要的是媒介的形式，而不是它的内容。从这个意义上说，媒介本身就代表着某种时代的信息，媒介就是讯息。

具体而言，“媒介即讯息”包含有两层含义：一是“任何媒介对个人和社会的任何影响，都是由于新的尺度产生的；我们的任何一种延伸都要在我们的事务中引进一种新的尺度”。二是“一种媒介是另一种媒介的内容”。任何媒介的内容必然包含文字、音频、图像等的符号或其他可以传输的东西。而这些东西又是一种媒介。如“文字的内容是言语，文字是印刷的内容，印刷又是电报的内容”等。“没有一种媒介具有孤立的意义和存在，任何一种媒介只有在与其他媒介的相互作用中，才能实现自己的意义和价值。”

麦克卢汉认为，人们总是通过某种适当的平衡的感觉比来适应外界，每一个时代的主导媒介会产生出其独特的感觉比，从而影响人们的知觉，使人类得以凭借媒介技术的进步使自身的感觉器官功能得到相应地延伸。麦克卢汉认为，印刷媒介强调的是视感，电视则是视觉的、听觉的和触觉的媒介，电视可能恢复印刷媒介毁坏的感官比例的平衡。

3. 媒介的冷热性

在谈热媒介与冷媒介之前，我们首先来看一看热爵士乐和冷爵士乐。热爵士乐是乐谱严密的爵士乐，每一位演奏人的角色都界定得清清楚楚，演奏者很少有即兴表演的机会；而冷爵士乐则是一种完全参与性的风格，乐手之间互相影响，几乎完全靠即兴发挥，每一位乐手在创作中固然有一个角色，但没有一个界定明显的安排。20 世纪 40 年代和 50 年代的爵士乐中的两种不同风格，显然为麦克卢汉对媒介冷热性的思考提供了营养。麦克卢汉依据媒介提供信息的清晰度或明确度及信息接受者想象力的发挥程度及信息接收活动中的参与程度，将媒介划分为冷媒介与热媒介。麦克卢汉认为，所谓的热媒介是一种“高清晰度”和“低参与度”的媒介，所提供的信息明确度高，无需观察者参与补足信息，如广播、电影、照片、印刷书籍是热媒介；而冷媒介则是一种“低清晰度”和“高参与度”的媒介，所提供的信息明确度低，需要受众参与补足信息，如电视、电话、卡通是冷媒介。具体而言，他觉得电视和卡通一样，提供的形象不那么鲜明和清晰，观众的眼睛始终探索不断变化的形象轮廓，以便重构匆匆闪现的图像，需要观众积极参与，属于冷媒介。而会话也是冷媒介，需要双方大量的参与和认真的投入，通过对面部表情、身体语言、语调语气等许多因素加以分析，才能明白对方的意思，完成交流过程。电话要求人的深刻参与，深度卷入，为受众填补其中缺失的、模糊的信息提供了机会，留下了广阔的空间，调动了人们再创造的能动性，是冷媒介。而印刷媒介则是热的媒介，它完全占用一种感官——视觉，无需太多别的参与。

冷的媒介总是激发接受者的卷入，需要发挥丰富的想象力去理解所传信息的内容，这种卷入带动生成更多的主观思考和印象，对于接受者而言，冷的媒介更具挑战而启迪幻想。所以，麦克卢汉主张，传播内容要保持适度的冷，这样才能给受众更多挑战和创造的空间，冷的神秘也是魅力的源泉。他主张，冷、热媒介应按各自的技术特征去努力延伸其功能，甚至极力贬低印刷媒介“直线的、逻辑的”表达方式，提倡跳跃的、不连贯的写作方式，以强化冷媒介受众的高参与性。麦克卢汉对当时已经出现并越来越引起人们关注的计算机在传播中的利用潜力以及电视和通信卫星等传播技术的普遍运用持乐观的态度。

4. “地球村”

麦克卢汉的时代还没有网络，但他却天才地预言了“地球村”的到来，他指出，电视和卫星等技术的出现，使地球“越来越小”，时间和空间被压缩了，信息能够在瞬间从一个地方传到另一个地方，地球就好像成了一个小小村落。

受基督教文化的影响，他认为人类社会的发展经历了一个部落化—非部落化—重新部落化的过程，以此来隐喻人类传播史的宗教赎罪过程——伊甸园、人的堕落和重返天堂。在麦克卢汉看来，部落时代人们的各种感官是平衡的，在随后的非部落化时代，拼音文字以及机械印刷搅乱了感官之间的平衡，但是电力时代使得重新部落化成为可能。在麦克卢汉看来，文字和印刷术的诞生使人们从那种整体模糊的部落生存状态中分割开来，使人们越来越趋近于视觉的、专门分工的、割裂的生存状态。这样的人在面临电力时代的“内爆”时需要重新把自己回复到部落化的生存状态。"地球村"与重新部落化是相关的，"家书抵万金"的年代只会产生"咫尺天涯"的感觉，通过 E-mail、MSN 才能感受到"天涯若比邻"。现在微博盛行，人们借助微博进行互动，，这种状态像是在进行口头交流，这是在寻找一种重新部落化的状态，在寻找失落的口头文化传统。

他预测地球会"越来越小"，人类将突破时空限制，让讯息在瞬息之间递送到世界的任何一个角落。那时，地球变成了一个"村庄"，"村民"间的交流变得极为方便，而一切都电子化的世界会迫使我们放弃传统的数据归类的习惯，进入模式识别的生存方式。我们不能再一块一块、一步一步地建立数据，因为瞬时交流保证了外界和个人经历的所有要素同时存在于积极的相互作用中。"地球村"的出现和发展给人类社会带来极大的影响。人与人、社会与社会、国家与国家的相互依赖性及相互之间关系的密切程度大大增强，经济、社会、文化等社会结构要素的形态发生了前所未有的变化。

(二) 麦克卢汉媒介理论的意义与局限性

麦克卢汉早期关于媒介的思想建立在他的导师哈罗德·亚当斯·伊尼斯的研究基础上。伊尼斯和麦克卢汉认为，媒介是文明的精髓，两人都认为：历史是由各个时代占优势地位的媒介引导前进的。

尼尔·波兹曼在给麦克卢汉传记写序的时候说，麦克卢汉并无原创，这不仅是社会科学研究的本质，更是因为麦克卢汉的思想在伊尼斯和刘易斯·芒福德的著作中都可以找到渊源。尽管如此，麦氏的光辉依然璀璨，他真正开创了从媒介形式本身探知其社会影响的新视角，这一观点的方法论意义更超越有关媒介功用的具体陈述。

麦克卢汉是一个在思想世界中探险的顽童，他最大的乐趣是在口若悬河的"独白式"对话中守候那灵光一闪的刹那，这是他创作的主要方式。人们说，麦克卢汉最伟大的思想恐怕无法从留下的著作中揣摩，因为他最迷恋的是对话的畅快淋漓，而不是写作的苦心孤诣。

麦克卢汉的观点备受争议，他走在两种评论的夹缝之中。50 年前，世人对他的评价毁誉参半，判若天壤。褒之者宣告他是"继牛顿、达尔文、弗洛伊德、爱因斯坦和巴甫洛夫之后的最重要的思想家"，是"电子时代的代言人，革命思想的先知"；贬之者骂他是"通俗文化的江湖术士"、"电视机上的教师爷"、"攻击理性的暴君"、"走火入魔的形而上的巫师"、"波普思想的高级祭司，在历史决定论的祭坛前为半拉子艺术家做黑弥撒的教士"。

不难看出，麦克卢汉理论的意义在于，它开拓了从媒介技术出发观察人类社会发展的视角，并强调了媒介技术的社会历史作用。从唯物史观出发看问题，科学技术是第一生产力，媒介工具和技术作为生产力的重要组成部分，无疑具有推动社会前进和变革的巨大力量。

麦克卢汉的理论启示我们，将媒介置于人类文明发展史的大背景中去考察，探索其在传递的内容意义之外的意义——媒介的出现带给人类文化和文明的影响。他对我们认识媒介工具的重要性有启发意义，他对现代传播媒介的分析深刻地改变了人们的生活观念。他着眼于传播科技的历史影响的研究，至少是对长期局限于媒介内容的短期效果研究的一种补充或丰富。他对传播科技本身的形式的发明或进步便是变革的动力和不靠“内容”而起作用的论述，是对以往那种媒介不起作用、只有内容才起作用认识的一种订正和完善。

他预言的“地球村”影响了当代人的追求。信息高速公路崛起，知识经济到来，虚拟现实的出现，使人们恍然大悟：原来他是对的！在当今这个网络社会，他预言的“地球村”已成为现实。他的确是电子时代的先驱和预言家！

综观西方传播学的发展史，大多数的研究都是以媒介传递的各种信息内容对受众的影响为中心。而麦克卢汉的媒介理论，强调媒介对整个文明发展进程的影响。《理解媒介：论人的延伸》中对“电视一代”与“书本一代”之间的代沟和对美国 20 世纪 60 年代的校园抗议等的关注，显示了他善于探索贴近现实的热点问题的敏感性。对于学术界而言，麦克卢汉媒介理论比较突出的地方还在于其观点所显示出来的洞察力和预见性。他认为：“在电子技术下，人类的全部事物变成学习和掌握知识。这意味着所有形式的职业变成‘有偿学习’，所有形式的财富都来自信息的流动。发现职业或工作可能被证明是难题，而发现财富反倒轻而易举。”

虽然麦克卢汉的媒介理论有如此大的魅力，但并不表示其理论无懈可击，麦克卢汉的著作读解困难，表述常出尔反尔、自相矛盾。沃塞指出，麦克卢汉在生前因缺乏学术严谨性、连贯性而受到学术界的蔑视。麦克卢汉过分强调媒介的作用，把媒介描绘成导致社会发展的最大动力，从而走向技术决定论的极端。

麦克卢汉的著述对一些基本概念未作严格的科学界限划分，言论神谕性，论述极端性。他只下断语而不谈理由，只讲述不答疑。对英美文学的沉潜使他的精神气质完全类似一个神经质的诗人，他不是审慎的学者。

三、梅罗维茨的媒介情境论

约书亚·梅罗维茨(J. Meyrowitz)，美国学者，致力于现代传播媒介尤其是电子传播媒介的研究。代表作是 1985 年出版的《消失的地域：电子媒介对社会行为的影响》。在该书中，他结合麦克卢汉和戈夫曼的有关理论，研究了社会“场景”的结构，发现了电子媒介影响社会行为的机制：电子媒介使得我们表演的社会舞台得以重新组合，从而带来了新的社会规则以及对“恰当行为”认识的变化。

戈夫曼的“拟剧论”对梅罗维茨有极其重要的影响，戈夫曼将人们的社会互动、社会生活同戏剧表演进行类比，认为每个人都在不同的社会舞台上扮演各种各样的社会角色。我们会尽力使我们的言行举止符合角色规范的要求。在特定的情境下，个人的行为可以分为两类：后台行为和前台行为。在前台区域，我们扮演着相对理想化的、符合社会规范要求的角色，可以说许多时候是戴着“面具”的；而在后台区域，角色扮演者相对放松和随意，比较真实地展示自我的内心世界。

梅罗维茨对戈夫曼的“拟剧论”批判地吸收之后，提出了媒介情境论。梅罗维茨认为：情境应被视为信息系统；每一种独特的行为需要一种独特的情境；电子媒介引发了情境的变化，促成了许多旧情境的合并。

(一) 媒介、场景和行为

梅罗维茨认为，在现代社会，媒介的变化必然导致社会环境的变化，而社会环境的变化又必然导致人类行为的变化，其中尤其是电子传播媒介对社会变化所产生的影响最为明显。梅罗维茨认为，由媒介造成的信息环境同人们表现自己行为时所处的自然环境同样重要；在确定情境界限中，应把接触信息的机会考虑进去并当作关键因素。

梅罗维茨认为，每一种独特的行为需要一种独特的情境。对于每一社会情境来说，人们都需要一种明确的界限，因为人们需要始终如一地扮演自己的角色；不同情境的分离使不同行为的分离成为可能。当两种或两种以上不同的情境重叠时，会混淆不同的社会角色，令人们感到困惑、不知所措。

(二) 从印刷场景到电子场景

梅罗维茨认为，电子媒介能促成许多旧情境的合并。由于电子传播媒介代码的简单性，它们能将来自不同的经验世界的视听形象显示给许多不同的受众群，造成不同阶层的受众群对信息更大程度的分离，从而促成许多公众活动领域的合并。他认为，由于电子传播媒介造成的社会情境形式的变化，使公开行为和私下行为的界限变得模糊，社会地点与物质地点定向分离，人们的社会角色形式也在变化。

(三) 社会角色的混淆

梅罗维茨认为，人们原先想要竭力隐藏的现象被曝光；距离被拉近，空间被打破，失去了神秘的面纱；现在的神话越来越没有神秘的感觉，现在的故事也失去了原先的韵味。社会角色的混淆主要体现在以下三个方面：

男性气质与女性气质的杂糅。从选秀节目走出的李宇春、曾轶可、刘著等人以其中性现象大受欢迎。

成年和童年的模糊。小孩子从小就接触了成人的世界，了解了成人的游戏规则，揭开了成人原先在小孩子面前所戴的面具，使得儿童过早地进入了成年人的世界。

政治英雄降为普通百姓。权威是建立在一定的神秘感基础之上的，而通过媒介，我们看到了政治家倦怠的神情、打哈欠的表情，语无伦次、结结巴巴的时刻，这些没有经过"编辑"的画面呈现在我们面前，让我们觉得政治英雄也不过是一个普通老百姓，而不是神。

(四) 对该理论的评价

梅罗维茨接受了伊尼斯和麦克卢汉将传播媒介看做社会变化重要原因的观点，认为他们的理论提供了分析社会变化的一种角度。

1. 媒介并非仅仅是两个或者两个以上环境中的人们之间传播信息的工具。它们本身即是讯息。

2. 传播形式的转变是对社会变化产生作用的极其重要的因素，但这一因素却普遍受到忽略。

但是，梅罗维茨认为，这种理论对人们日常社会生活的结构和动力缺乏分析，无法解释和分析电子媒介对人们社会行为带来的各种影响。

同时，梅罗维茨肯定了美国社会学家戈夫曼的理论，认为戈夫曼的理论在分析人们社会角色及行为规范时具有可行性。但是，梅罗维茨同时批评这种理论忽视了人们通过媒介发生的相互作用，而把目光局限于人们面对面的交流。而且，梅罗维茨认为，戈夫曼使用的是静态的分析方法，未必是科学的。

梅罗维茨的媒介情境论把传播媒介看做社会环境的一部分，提出应该将它们与社会环境及其变化联系起来研究。他把受众的概念包括在情境的概念之中，从而指出了受众在媒介—受众—社会关系中的重要性。该理论认为，谁被包括进某一情境，谁被排斥在外，这是规定情境形式及与此相适应的行为形式的界限之关键因素。

根据这一观点推理，受众的类型、人数多少和特征实际上影响着传播方式。与此同时，在通过媒介进行的传播活动中，应根据受众群的分离和结合形式设计媒介讯息。

梅罗维茨的媒介情境论值得肯定的方面是：媒介研究与社会研究有机结合；以动态的和可变的眼光分析情境与行为的关系；将受众的概念纳入媒介情境分析之中，提出了"情境合并"的系列观点。

但是，这一理论也存在着显而易见的缺陷，主要有以下几点：

过分夸大了媒介科技的作用，夸大媒介对社会环境和人们社会行为的影响，几乎将媒介描绘成引起社会变化的唯一原因,这与麦克卢汉的媒介技术决定论如出一辙。

过分夸大了媒介科技对社会的消极作用。

将媒介与讯息甚至连同情境混淆在一起,把媒介本身的特点和媒介传递的内容混淆在一起,缺乏连贯性。

这一理论还只字不提社会制度和媒介制度的关系,看不到社会意图对媒介管理和内容等的影响。

四、布热津斯基的“媒介失控论”

兹比格涅夫·布热津斯基(Z. Brzezinski),美国著名的政治家、战略家。1928年出生在波兰华沙,1938年随父母到了加拿大,1953年从加拿大移居美国,1958年加入美国国籍。布热津斯基在国际政治研究领域著述颇丰,曾获美国总统自由勋章。《大棋局》、《大败局》和《大失控》是他的代表作。在1993年出版的《大失控》一书中,布热津斯基系统地阐述了全球变化失控的观点,媒介发展失控是其中的一部分,传播学界称之为“媒介失控论”。布氏的著作《大失控》一问世,立即引起西方舆论界的高度关注,认为该著作意义重大,这既是“一部佳作”,也是一首挽歌;既是“紧迫的预警”,也是现实的审判。

布热津斯基认为,在现代经济和跨国大众传媒的影响下,美国凭借其在经济、军事、政治实力的优势,能够在意识形态上对其他国家产生重要的影响力,成为全球传播的枢纽。

美国作为全球性超级大国,布热津斯基认为它具有超级大国的所有特征,即全球军事势力范围、全球经济影响、全球的政治实力和全球的文化魅力。但是整个美国乃至全球已经处于一种大失控和大混乱的境地。

媒介失控是布热津斯基所说的大失控和大混乱反映在超级大国的一个方面。媒介失控表现在对公众认识和价值观念形成有着重要作用的电视,其内容“越来越成为感官的、性的和轰动性的,日益失去控制”,并带来许多负面的影响。

在大众传播媒介中,电视被看成是“第二位上帝”。布氏认为:“对于世界的大多数人(特别是年轻人)来说,电视是接触社会和接受教育的最重要工具。在这方面,它正迅速地替代历来由家庭、教会和学校所起的作用。”

布热津斯基认为,电视是万恶之源、罪魁祸首。布氏认为:“电视使年轻的观众对外部世界投以最初的一瞥。它最初界定了幸福生活的含义。”布热津斯基清醒地看到,美国和西欧的电视虽不是所有的内容都使人生厌,但其内容逐渐庸俗化、低俗化，并日益失去控制。电视之所以成为万恶之源、罪魁祸首的原因是：电视“刺激了全球群众在物质上的攀比欲望”，所有的人“都着力追求处于道德混乱中的物质享受”和“西方国家阔绰富裕的生活方式”；引发了“全球范围内的精神危机”，“持久的信仰原则被时髦的口号所取代，而无所不包的信条则让位给空洞的渴求”；带来了道德败坏和文化堕落，美国电视“所展示的价值观念的形象不大可能加强其全球声望，相反，这类形象所显示的极端庸俗和精神空虚，却使人们更加怀疑美国还能不能向当代世界提供更深刻的启示”。甚至“可以毫不夸张地说，好莱坞影片和电视制作厂家已成了文化的颠覆者，正是它们一直不断地传播自我毁灭的社会伦理”。

布热津斯基还认为，全球性文化教育的普及使成千上万的群众觉醒，这些觉醒的群众“渴望着对他们的处境找出政治解释和作出政治矫正，从而引发信仰上的激情和对现世乌托邦的寻觅探求”，“加速了以欧洲为中心的世界范围内帝国的分崩离析”。这显然对“位居第一”的美国超级大国地位构成了某种威胁。但是，布热津斯基认为，最可怕的是电视煽动起来的“目前着力追求处于道德混乱中的物质享受的目标会带来风险”。具体而言，表现为：“容易导致无理性的和逃避现实思想的新浪潮”；让广大穷人看到了“先进国家的阔绰富裕的生活方式”，从而产生了“一无所有的贫困之感”；由此“就会无意地点燃沮丧的但不是有组织的妒忌之火，而这种妒忌反过来很容易被蛊惑人心的极端分子所利用”。因此，在布热津斯基看来，“如果世界上再次发生大规模的穷人针对富人的无产阶级革命，那么电视是最坏的‘颠覆者’和‘教唆者’。”①

在布热津斯基眼里，美国利益高于一切，他分析问题时总是以是否符合美国利益为基本出发点。他最关心的是在21世纪美国能不能继续维持超级大国地位、把日本和欧洲远远地抛在后面？能不能仍然在全球范围发挥“催化作用”？

怎么来制止媒介失控、继续发挥美国的“催化作用”？布热津斯基提出的解决方法有：(1)“对一味追求满足个人的欲望进行自我控制。”(2)“强化教育，反复灌输持久的价值观念。”(3)“在21世纪更加拥挤和亲密的世界上建立共同的道德共识，”“只有通过建立一个受某些共同遵守的自我约束准则所指导的社会，才能有助于塑造出一个真正掌握自己命运的世界。”②

布热津斯基的媒介失控论的最基本的基础是美国作为全球传播的枢纽，而目的是为了维持和发挥美国的“催化作用”，根本目的是维护美国在全球化中的领导

① 邵培仁：《传播学》，高等教育出版社2007年版，第224—228页。

② [美]布热津斯基：《大失控与大混乱》，潘嘉玢、刘瑞祥译，中国社会科学出版社1994年版。

地位。当前存在着媒介所有权集中化和企业集团化的趋势，美国成为大众传播的枢纽有必然性，因此，出现媒介失控也是必然的，从这个方面看，布热津斯基的媒介失控论有其一定的科学性。

但是，从根本上来说，布热津斯基没有从人类历史进程中去理解媒介，只是片面地维护资本主义制度，维护美国的霸权地位，对其他国家来说是一种文化强权，是文化帝国主义的一种表现形式，对此应该予以批判。

五、尼尔·波兹曼的媒介环境论

尼尔·波兹曼(Neil Postman，1931—2003)，世界著名的媒介文化研究者和批评家，生前一直在纽约大学任教。他视野开阔，横跨了教育学、语义学和传播学等多个研究领域。他继承和弘扬了麦克卢汉、伊尼斯等人提出的媒介理论，在创建媒介环境学过程中扮演了首要角色，并推动该学派进入北美传播学主流圈子。2003年10月波兹曼去世后，美国各大媒体发表多篇评论，高度评价波兹曼的媒介环境论以及他对后现代工业社会的深刻预见和尖锐批评。

波兹曼一生出版过20余部著作。他的主要著作包括《童年的消逝：家庭生活的社会史》、《娱乐至死：娱乐时代的公共话语》、《技术垄断：文化向技术投降》，以上三本是他著名的"媒介批评三部曲"。

(一) 1982年《童年的消逝：家庭生活的社会史》

"他用媒介环境学理论考察大范围的文化。其理念是，我们的信息环境或媒介环境不仅影响文化而且创造文化，媒介环境就是文化。"[①]具体而言，童年是印刷文化的产物，童年被挡在印刷术所产生的分界线之外，使他们得不到成年人读书而获取的信息。电子媒介尤其是电视则抹掉了童年和成年之间存在的这条界线以及童年的现代观念和经验。

(二) 1985年《娱乐至死：娱乐时代的公共话语》

波兹曼考察了电视时代的话语和文化，他认为，问题的本质不是电视具有娱乐性，而是电视使娱乐成为一切信息的存在方式，电视的出现使政治竞选成为舞台表演，决定成败的不再是政治见解，而是容貌风度、表演技巧。他不无揶揄地说："我们似乎达到了这样一个阶段：政治家原本可以表现才干和驾驭能力的领域已经从智慧变成了化妆术。"[②]电视还导致了宗教仪式的娱乐化、学校教育的娱乐化，电视

① [美]林文刚：《媒介环境学：思想沿革与多维视野》，何道宽译，北京大学出版社2007年版，第171页。
② [美]尼尔·波兹曼：《娱乐至死：娱乐时代的公共话语》，章艳译，广西师范大学出版社2004年版，第5页。

的连贯播放在时间序列上控制了受众的思维，在观看过程中，任何残酷和严肃的事件都很快被接下来的其他节目冲淡，人们没有时间思考。他最后借用了赫胥黎的预见来发出电视社会的盛世危言：西方民主社会将莺歌燕舞、醉生梦死地消亡，而不是戴着镣铐一路哀歌。《娱乐至死：娱乐时代的公共话语》是对 20 世纪后半叶美国文化中最重大变化的探究和哀悼。“一切公众话语都日渐以娱乐的方式出现，并成为一种文化精神。我们的政治、宗教、新闻、体育、教育和商业都心甘情愿地成为娱乐的附庸，毫无怨言，甚至无声无息，其结果是我们成了一个娱乐至死的物种”。[①]在现代生活的任何领域，没有人可以逃脱被媒体塑造的命运，我们会发现：“与其说自己是主动的市民，不如说自己是被动的消费者；与其说是主动地发生了兴趣，不如说自己是被动地接受娱乐且没有得到什么启示；与其说是激发了行动的主动性，不如说是被麻木了。”[②]

（三）1992 年《技术垄断：文化向技术投降》

波兹曼认为，在人类文明演进过程中，我们经历了制造工具、技术统治、技术垄断三个文化阶段。他警告世人，我们正在进入技术垄断的文化阶段，正面临前所未有的危险。波兹曼认为，技术垄断“把宏大的还原主义作为目的”，而“还原主义认为，人生的意义要到机器和技术里去寻找”，结果就是“一切形式的文化生活都臣服于技艺和技术的统治”。[③] 他揭示了技术垄断阶段各种“软”技术的欺骗作用，挞伐所谓的社会“科学”，谴责唯科学主义，并且辨析自然科学、社会“科学”和文学的异同，号召人们以强烈的道德关怀和博爱之心去抵抗技术垄断，并坚决反对文化向技术投降。

那么什么是媒介环境学？波兹曼认为：“媒介环境学研究人的交往、人交往的讯息及讯息系统。具体地说，媒介环境学研究传播媒介如何影响人的感知、感情、认识和价值，研究我们和媒介的互动如何促进或阻碍我们生存的机会。”[④]

---

① [美]尼尔·波兹曼：《娱乐至死：娱乐时代的公共话语》，章艳译，广西师范大学出版社 2004 年版，第 4 页。
② [美]林文刚：《媒介环境学：思想沿革与多维视野》，何道宽译，北京大学出版社 2007 年版，第 176 页。
③ [美]尼尔·波兹曼：《技术垄断：文化向技术投降》，何道宽译，北京大学出版社 2007 年版，第 53 页。
④ [美]林文刚：《媒介环境学：思想沿革与多维视野》，何道宽译，北京大学出版社 2007 年版，第 164 页。

思考题

1. 简述人类传播活动及媒介的发展过程。
2. 试述报纸、杂志、广播、电视几种媒介的特点,它们如何发挥这些特点进行竞争?
3. 造纸和印刷都发明于中国,但为什么有"谷登堡革命"一说?
4. 手机是大众媒介吗? 如何理解媒介技术发展的特征?
5. 你认同"媒介即讯息"吗? 为什么?
6. 布热津斯基的媒介失控论有何现实意义?
7. 联系当前的种种娱乐文化现象,谈谈你对《娱乐至死:娱乐时代的公共话语》的理解?

推荐阅读书目

1. [美]罗杰·菲德勒:《媒介形态变化》,明安香译,华夏出版社 2000 年版。
2. [加]哈罗德·伊尼斯:《帝国与传播》,何道宽译,中国人民大学出版社 2003 年版。
3. [加]马歇尔·麦克卢汉:《理解媒介:论人的延伸》,何道宽译,商务印书馆 2000 年版。
4. [美]约书亚·梅罗维茨:《消失的地域:电子媒介对社会行为的影响》,肖志军译,清华大学出版社 2002 年版。
5. [美]尼尔·波兹曼:《娱乐至死:娱乐时代的公共话语》,广西师范大学出版社 2004 年版。
6. [美]沃尔特·李普曼:《公众舆论》,阎克文、江红译,上海人民出版社 2002 年版。
7. [美]林文刚:《媒介环境学:思想沿革与多维视野》,何道宽译,北京大学出版社 2007 年版。
8. [加]哈罗德·伊尼斯:《传播的偏向》,何道宽译,中国人民大学出版社 2003 年版。

第六章 传播受众:特点、权利与应用

在传播学的发展过程中,人们的研究重心由开始的传者中心论向后来的受众中心论转移,受众研究的地位逐步从效果研究中凸显出来,成为传播学研究中的重要领域。

第一节 受众的概念、类型与特点

受众是传播信息接受者的总称,传播能否有效果,自然体现在受众身上,针对性的受众研究有利于效果的实现。

一、受众的概念

受众又称受传者,是指传播活动中信息的接受者。受众是信息传播的对象,是信息传播过程中的要素之一。没有受众,信息传播活动无法进行。因此受众也是传播活动存在的前提,是传播活动的参与者、信息产品的消费者、传播效果的反馈者。

受众有广义和狭义之分。广义的受众是指信息传播的接受者,如谈话的参与者、演讲会的听众、会议的出席者等。狭义的受众是指大众传播的接受者,具体包括书籍、报刊、杂志的阅读者,广播的听众,电视、电影的观众,互联网的阅、听、视者等。

受众可以是单个的信息接受者,也可以是信息接受者的总称。在人际传播和组织传播中,传播者和受传者相对存在,可以互为前提存在,面对面,可及时反馈并调整传播内容和方式。在大众传播过程中的受众即受传者(阅听者),是对大众媒介信息接受者的总称。在大众传播过程中,受众地位尤其重要,受众“能够决定一个传播内容、一个传播媒介甚至传播者本身的发展前途”①,受众研究在传播理论研究中成为一个很重要的部分。

二、受众的分类

现实生活中受众数量庞大、差异显著,很难在理论上进行严格的区分。在人际传播和组织传播中,作为单个的信息接受者的受众,其特征、范围还是比较容易确定的,但在大众传播中,由于受众多、杂、散、匿,准确地把握受众的特征就有一定的难度。研究学者以自己对受众的理解提出了各种不同的分类,比较流行的有“二分法”、“四分法”,或称“纯粹受众、介质受众”,“预期受众、现实受众、潜在受众”等。②德国哲学家克劳斯(Crouse)则把受众分成三个不同的层次。

第一个层次是特定国家或地区内能够接触到传媒信息的总人口,这是最大规模的受众。例如在中国的电视覆盖区域内,凡拥有电视机或能观看电视节目的人都是电视传媒的受众。

第二个层次是对特定传媒或特定信息内容保持着定期接触的人,如报纸的定期读者或电视节目的稳定观众。

第三个层次是不但接触了媒介内容而且也在态度或行动上实际接受了媒介影响的人,对传媒而言,这部分人属于有效观众,在他们身上体现了实质性的传播效果。

对受众的分类,体现了研究者的不同认识,对受众分类的目的是为了有效地区分和掌握不同受众之间的差异,了解和认识不同受众群体的传播规律,使传播的信息和传播的方式更容易被受众接受。

(一) 从受众对信息的关注程度和信息内容特征,分为一般受众和特殊受众

一般受众对于各种媒介及其传播内容都有接触和使用的愿望,但没有固定的接受方向或明确的接受重点,他们接触媒介是为了消遣、娱乐或为了满足某种心理需要。这类受众人数众多,居住分散,个性不同,兴趣不一,有些学者也把此类受众称为“广受众”,以区别于特殊受众的“窄受众”。

一般受众是大众传播的主要传播对象和研究重点。大众传播媒介会根据种类受众总体特点和普遍心理去组织传播的内容,使传播的信息内容更具有广泛的适

① 胡正荣:《传播学总论》,北京广播学院出版社 1997 年版,第 257 页。

② 邵培仁:《传播学》,高等教育出版社 2000 年版,第 199—200 页。

应性。

特殊受众也称“窄受众”。特殊受众虽然与一般受众一样是分散、匿名和异质的，但他们对某种媒介及其传播内容有共同的兴趣爱好，有类似的接受倾向和相同的接受重点，他们接触媒介的目的明确。如歌迷、球迷、影迷、戏迷、网络游戏迷、收藏迷、时装迷、书画爱好者、政治家、股民等，他们接触和使用信息与自己所属的特定群体兴趣相关。随着社会的发展，这种特殊受众的数量在不断增加。

在大众传播媒介不断进步的今天，“我们正在从将传播媒介灌输给大众的泛播转变为针对群体或个人需求设计传播内容的窄播。”①大众传播媒介了解和掌握自己的目标受众，提供有针对性的信息内容，在提高受众满足度、提高传播效果的同时，也可以提高大众传媒的收视率、收听率、订阅率、销售率，达到良好的社会效益和经济效益。目前国内外都由过去各种综合性电台、电视台、报刊、杂志一统天下的局面发展到各种专业报刊、各类电台、各类电视频道、各类网站齐分的局面，以此来适应社会受众的变化。

（二）依受众接触媒介方式的不同，分为读者、观众和听众

阅读书刊、报纸等印刷媒介的受众，称为读者。读者有一定的文化水平要求，在接受信息的时候具有较高的自主选择性和灵活性。

观众是以看为主，看听结合的电视、电影、录像、光碟等电子媒介的受众。观众不受文化水平的限制，在接受信息时自主性和灵活性较小。

听众是以听广播、录音、MP3、MP4 等电子媒介的受众。听众也不大受文化水平的限制，在接受信息时自主选择和灵活性较大。

随着信息技术的进步，互联网、多媒体、流媒体、手机电视、手机报纸等新媒介的出现，读者、观众、听众之间的界限开始模糊，他们之间出现了交叉，在现实生活中严格意义上的区分变得困难。但对特定条件下的各类受众进行一定的区分，掌握受众不断变化的趋势，对大众媒介效果研究有重要的意义。

三、受众特点

作为个体的信息传播接受者来讲，他们在社会的、个体的、心理的层面上呈现出千差万别，但作为大众传播信息的接受者来讲，受众又具有共性，呈现出多、杂、散、控的特点。

（一）多

大众传播的受众人数众多，他们花费在大众媒介上的时间多，使用的媒介种类

---

① ［美］赛佛林、坦卡德：《传播原理：起源、方法与应用》，郭镇之等译，华夏出版社 2001 年版，第 4 页。

多。大众传播是一种由点到面的传播，其传播的覆盖面广，受众的数量庞大惊人。无论是中国还是世界上其他任何国家，任何内容一经大众传播媒介的传播，就会拥有众多的受众。施拉姆说："每一个平常的冬日的夜晚，都有大约1亿美国人在看电视。在任何一个工作日都要发行6100万份日报，读者达9200万。美国的成年人中，大约有75%经常读报，他们每天平均在读报上花费35分钟，经常阅读杂志的占美国人口40%的人平均每天在杂志上花费33分钟，1/3的美国人经常阅读书籍，平均每天在读书上花费47分钟。一个普通美国家庭里的电视机在冬季每天要开6个多小时，而各种媒介加起来每天总共要耗去一个普通美国人5个多小时的时间——除了工作和睡眠以外，比其他任何事情所费的时间都多。"①

在中国，中央电视台总编室每5年进行一次的全国电视观众抽样调查结果显示：1997年，全国有10.94亿人能够看到电视；到2002年，全国的电视观众数量达到11.15亿人。五年时间增加了2000万人，电视观众的数量增长接近极限。2007年电视观众总数为12.05亿，与2002年相比增加了9000万人，比20年前增加了1倍多。据《中国广播电视年鉴·2002》最新的统计，截至2001年年底，全国共有电视台357个，承载着2194套节目的制作和播出。其中国家级电视台有中央电视台和中国教育电视台，每个省、自治区、直辖市、地级市基本都有至少一个电视台。在全国2083个县(县级市)中还有1262个广播电视台，即60%的县有一个广播电视台(其中绝大多数为转播或差转台，只承担播出功能，没有自办频道的许可和能力)。在上星电视方面，除了中央台的12套节目和中国教育电视台的2套节目上星外，我国大陆所有的省、自治区、直辖市都有一套节目上星，内蒙古、西藏和新疆的上星节目还不止一套。2002年，电视观众家中可接收到的频道数量，全国平均为16个，城镇平均为24个。1997—2002年这5年的时间里，观众家中平均能够接收到的频道数量增加了1倍。到2007年，99.89%的家庭拥有电视机，观众户均收看频道数量为32.4个，比5年前增加1倍。据权威收视调查机构CSM媒介研究公布的最新数据显示，2008年8月24日晚，全国共有6.58亿观众通过电视实时收看了奥运会闭幕式直播，占全国电视总人口的53.7%。奥运期间，全国收看奥运转播及相关体育报道的累计观众人数更是达到了11.2亿人，占全国电视总人口的92%。

根据中国互联网络信息中心(CNNIC)发布的"第27次中国互联网络发展状况统计报告"，截至2010年12月底，中国约有4.57亿互联网用户。我国网民规模正跨入新一轮快速增长阶段。随着科技的发展，相对于广播、电视、报纸、杂志等传统意义上的媒体，被形象地称为"第五媒体"的新媒体大量出现，如数字杂志、数字报

① [美]施拉姆、波特：《传播学概论》，陈亮等译，新华出版社1984年版，第166页。

纸、数字广播、手机短信、移动电视、网络、桌面视窗、数字电视、数字电影、触摸媒体等,相应地出现了大量的新媒体受众。

(二) 杂

大众传播的受众构成复杂。大众传播的受众是由社会各个阶层、各个领域、各个集团或群体的人构成,他们的社会环境、社会角色、文化背景、民族宗教等不同,年龄、性别、个性、职业、经历、兴趣、爱好、价值观、智力水平等都不同,在传播活动中显示出不同的特征。一般情况下,我们会从人口统计学和社会关系意义的角度来对大众媒介的受众进行区分,以把握个体受众的群体属性。“受众个人的群体属性不同,意味着他们所处的时代、社会环境、社会化的条件、社会地位、价值和信念、对事物的立场观点和看法、心理特点和文化背景都有很大的差异,对大众媒介信息的需求、接触和反映方式也是千差万别的。”①尽管大众传播的受众构成复杂,但在传播活动中,同一群体的受众会有某些共同的特征。某一群体的受众对相同的传播内容会有相同的反应。某一群体中的个体受众,会受到人际传播与社会关系的影响。群体规模越大,组织力越强,受众对群体的依赖性越强;群体规模越小,组织力越弱,受众对群体依赖性就弱。因此在传播过程中,掌握这些复杂受众的相关特征,有助于我们对传播过程的整体把握。

(三) 散

大众传播的受众是分散的个体。使用大众传播媒介的人分散居住在世界的各个角落。他们从事各行各业,互相之间不认识、不联系,各自行动,怀着不同的动机和目的,各自选择自己喜欢的传播内容和传播媒介。

大众传播的受众是无组织的群体,这种分散的、无组织的特点也带来了大众传播受众的不固定性和不确定性。使用大众传播媒介的受众是不固定的,有的受众今天收看、收听这个节目,明天就不收听、不收看了,有的受众这段时间阅读这份报纸和杂志,下个阶段他就不看了。由于大众传播的受众的分散与不固定性,使得大众媒介的传播者无法确切地知道有多少人、有哪些人在使用自己的传播媒介,在接受自己的传播内容,在什么时间、什么地点接受和使用自己的媒介。对大众媒介的传播者来讲,由于传受双方的时空间隔,大众媒介的传播者对受众的了解也是间接而笼统的,他们无法确切地知道每一个个体受众的年龄、性别、个性、职业、经历、兴趣、爱好、价值观、社会角色、文化背景、民族宗教等,他们只能了解受众整体的主要特征。

---

① 郭庆光:《传播学教程》,中国人民大学出版社 1999 年版,第 174 页。

(四) 控

大众传播的受众是主动的接受者。在现实生活中，大众传播媒介的影响无处不在，但对受众来讲也不是轻易地会被传播者完全控制。大众传播的受众有强烈的自主性，他们对传播内容的选择、理解，对传播方式的接受、使用都有自己的主张，他们会凭自己的兴趣、爱好、个性、经历、文化、信仰等作出自己的选择。大众传播的受众在传播活动中是积极、主动的参与者与反馈者，在新媒体面前更是如此。

第二节 受众的权利

对于受众的权利，在不同的历史时期会有不同的社会认识、不同的权利追求。1980 年联合国教科文组织国际交流问题委员会的报告《多种声音，一个世界》，集中了各国代表性的观点。受众权利包括知情权、传播权、接近权。

一、知情权

"知情权"这一概念最早是由美国合众社总经理肯特·库珀(Kent Cooper)在 1945 年提出的。1953 年他的《人民的知情权》一书出版。在书中他认为"知情权"是指民众享有通过新闻媒介了解政府工作情况的法定权利。

知情权对现代社会来讲非常重要，许多学者认为，知情权是现代国家民主宪政的基础要素，也是公众的一项最基本的社会权利和政治权利。因此许多国家在认识上和制度上都给予权限。1948 年 12 月 10 日，联合国大会通过并颁布的《世界人权宣言》第 19 条认为："人人有权——通过任何媒介和不论国界寻求、接受和传递消息和思想的自由。"1966 年 12 月，联合国又通过了《公民权利和政治权利国际公约》。1968 年 4 月，第一次国际人权会议在伊朗首都德黑兰举行，大会通过了由伊朗起草的《德黑兰宣言》，都认为通过大众传播媒介获取各种信息是人人享有的最基本的权利和自由。

大众传播的受众有权知道有关方面的真实情况。知情权具体包括两个方面：一方面是社会成员获得有关自身所处的环境及其变化的信息，以及生活所需各种有用信息的权利；另一方面是公民对国家的立法、司法和行政等公共权力机构的活动所拥有的知情和知察的权利。民众有权通过大众媒介来了解政府的有关公共信息和国内外每天发生的重大事件，有权了解政府的决策过程，特别是当有关信息涉及或影响到受众的生活和工作，并要求受众作出判断的时候，受众都有知情权。只有知情，受众才能选举出自己信赖的政府成员并对其进行有效的监督。如果没有知情权，受众的选举权和罢免权就无从谈起，舆论监督也无法实现。随着大众传播技术的进步，人们的信息交流更加便利，受众对国家政治的影响也越来越大。这意味着公共权力机构对公民负有信息公开的责任和义务，处于社会信息流通中心的政府应将信息公开化、工作透明化，并从法律上确认公众的知情权。

20世纪60年代，世界各国相继把知情权付诸实践，尤以美国最为明显。1966年，美国国会通过《情报自由法》(*Freedom of Information Act*)，要求政府公开所有的信息资料，并规定了保密权的限定条件。1974年，美国又对该法进行修正，进一步扩大了政府公开文件材料的范围，同时还制定了政府拒绝公开信息时，公民可依法提出诉讼的法律程序。

但是，知情权在实践中仍障碍重重，主要体现在两个方面。

首先，它与行政特权及政府保密权之间存在矛盾。

行政特权是宪法赋予政府部门的特殊权力，当议会、法院、新闻机构和公民要求政府部门提供信息资料时，政府可据此拒绝。

保密权也是宪法赋予的权利，它拥有跟知情权一样的法律效力。由于法律上对保密信息资料的种类和范围缺乏具体而明确的规定，如果义务人是公务员，那么泄露政府情报的官员理应受到制裁；但由于立法不详，保密权的使用极易超出法定的界限。政府官员泄露情报，反而成为公众了解政府的一种特殊途径。

其次，它与隐私权之间存在矛盾。

隐私权是指受众拥有对个人私生活进行保密、不受大众媒介打扰和干涉、个人名誉的利益不受伤害的权利。在西方社会中，由于大众媒介的发达以及对私生活揭露的热衷，迫使人们注重保护自己的隐私，隐私权受到法律的保护。隐私权最早是美国两位学者沃伦和波兰戴斯(Warren and Brandeis)于1890年在《哈佛法律评论》上发表的文章中提出的，文章指出，关于隐私与公共利益之间的关系、界限等一直存在比较激烈的争论。如何处理好隐私权与公共利益之间的关系，是国际社会和世界新闻界共同面临的社会问题和职业道德难题。关于公共利益和个人隐私的范围目前还没有一个明确的界定。法律对隐私权的权利主体划分不明确，影视艺人、体育明星、大企业老板，甚至政府官员都包括在权利主体在内。这么一来，新闻界就难以对公众瞩目的人士进行监督和批判，并且无法了解他们的行为是否真正对社会有利。隐私权对于受众的知情权形成了一定的障碍。

谋求两者之间的动态平衡是各国法律界、新闻界以及其他社会各界经常讨论的课题。特别是在网络日益普及的今天，国际新闻界早有人指出，黑客记者的出现只是一个时间问题，迟早会发生新闻记者窃取他人计算机上资料的事件。因此，两者之间的关系将随着计算机和网络的日益普及更加复杂。隐私与公共利益的关系，既是一个比较复杂的社会问题，也是一个比较复杂的法律及道德问题，一直是国际上重大的学术课题。

二、传播权

最早提出传播权概念的是法国学者达尔西(Jean d' Arcy，1913—1982)。1969年，他在《电视转播卫星与传播权利》一文中指出：总有一天人们将会承认一种比《世界人权宣言》中阐述的基本人权更重要、更全面的权利概念，那就是传播权。此后，传播权这一概念逐渐受到国际社会的重视。1980年，联合国教科文组织国际交流问题委员会发表的《多种声音，一个世界》报告专门谈到了传播权的问题。报告认为：受众"有权把他所看到的关于个人生活条件、愿望、需求和痛苦的真实情况告诉别人。凡是用恐吓或惩罚迫使他保持缄默，或剥夺他利用传播渠道的机会，就是侵犯了这项权利"①。在现代社会，传播权不只是大众传播媒介组织或机构所具有的权利，也是受众作为社会成员所享有的基本的权利之一。随着受众认识的提高和社会科技进步、媒介的发达，"有一种趋势正在发展着，它与个人所起的作用有十分密切的关系，那就是为个人提供机会来影响政府当局、交流机构和从事交流的专业人员，以使它们能考虑到个人和集体的利益，或者甚至让人们直接使用交流工具并赋予管理和利用的直接责任"②。可见，传播权不仅是每个人的自然权利，而且应是公民的社会权利的体现。在一个社会中，传播权不仅有利于个性的发展与完善，而且有助于促进社会的发展，有助于促使人类的传播手段更好地发挥作用。

传播权作为基本人权中最重要的权利，其内涵包括了有关言论与新闻出版自由、表达自由以及社会公认的知情权、接近权等概念。这些思想渊源于17、18世纪资产阶级革命时期的"天赋人权"、"主权在民"的认识，这些认识成为现代社会的普遍的人权和民主原则，成为许多国家的宪法立国之本。《中华人民共和国宪法》规定了公民有言论、出版、集会、结社、游行、示威的自由，通信自由和通信秘密的权利，批评、建议、申诉、控告、检举国家机关和国家工作人员的权利，进行科学研究、文学艺术创作和其他文化活动的自由。1998年底政府开始"政府上网工程"，作为政府通过大众传媒以及其他各种方式不断拓宽政情公开渠道的一项重大措施。2008年4月颁布了《中华人民共和国政府信息公开条例》，推进政府信息公开工作，

---

①② 联合国教科文组织：《多种声音，一个世界》，中国对外翻译公司第二编译室译，中国对外翻译出版公司1981年版，第155页。

保障公民、法人和其他组织依法获取政府信息。

在很大程度上,大众传播媒介组织或机构所具有的传播权利,会超过社会成员作为个人受众所能享受的权利,成为传播特权的拥有者。“传媒的这些权利,是建立在它们公共性和公益性的基础之上的——只有在传媒作为社会成员和公民实现自己的传播权和知晓权的场所、工具和手段而发挥作用的时候,它们才能享受这些特权;如果传媒活动仅仅是为了谋求私立,拒绝承担这些义务和责任,它们的自由权利也就失去了任何法理上的依据。认识到这一点,对于传媒加强自律和行业规范是十分必要的。”①

三、接近权

接近权最早是美国学者巴隆(Barron)于1967年在《哈佛法律评论》上发表的《接近媒介——一项新的第一修正案权利》一文中提出的。1973年,他又在《为了谁的出版自由——论媒介接近权》一书中对接近权进行了系统的论述。他认为:美国《宪法第一修正案》规定的“出版自由”所保护的是作为一般社会成员的受众的权利,而不是传媒企业的私有财产权;在传播媒介越来越集中于少数人手中、广大受众越来越被排斥在大众传媒之外的今天,已经到了“必须把第一修正案的权利归还给它的真正拥有者——读者、视听众”的时候了。

接近权包含两个问题:一是指一般的社会成员利用传播媒介阐述观点、发表言论以及开展各种社会和文化活动的权利,二是传播媒介应该负有向受众开放的责任和义务。从接近权强调受众的传播权来看,可以说接近权是传播权的一种,但是接近权更强调的是传媒具有向受众开放的责任和义务。传媒究竟如何向受众开放,至今在法律上尚未有明文规定,但至少有三个方面作出改变,要引起注意。

第一是关于“反论权”。即社会成员或群体在受到传媒攻击或歪曲报道时,有权要求传媒划出一定的版面或时间供他们刊登或播出反驳声明,以便使社会对事情真相有一个客观、公正的认识。

第二是关于“意见广告”。传媒为了引导或改变受众的看法,或为了争取受众的好感和信任,会以收费形式接受受众要求刊登的意见广告。这类广告不是商品广告,也不是直接自身形象广告,主要是针对某个问题表明看法和陈述己见。

第三是关于“开放频道”。一些国家基于接近权原理,在发放有线电视系统经营许可证时,要求多频道开放,规定必须开设允许受众自主参与的“开放频道”。

---

① 郭庆光:《传播学教程》,中国人民大学出版社1999年版,第178—179页。

接近权的核心内容是要求传媒必须向受众开放，它实质上是为了真正实现公民知情权和传播权而提出的一种补充性权利，可以说接近权也是公民的基本人权之一。此概念在20世纪60年代一经提出，就在西方国家产生了普遍的社会影响。因为接近权实质上反映了西方社会制度下传播媒介高度的私人占有垄断与普通社会成员要求言论自由和表达自由之间的巨大矛盾。在法律上，西方国家的宪法都规定了社会成员拥有言论自由和表达自由的权利，但是在现实中，往往无法做到，因为实现言论自由和表达自由的手段即媒介被私人拥有，媒介私有制保障的是私人所有者的言论表达权，而不是社会公众的言论表达权。接近权的提出虽然不能从根本上解决问题，但在缓解社会矛盾方面起到了一定的作用，有利于从基本人权的角度遏制新闻传播媒介滥用新闻自由的现象，也有利于新闻媒介增强监督政府的能力，有利于促使大众传播媒介真实、客观、公正、全面地传播信息，传播媒介应该成为"公众的讲坛"和"社会的公器"。

第三节　受众心理与行为

什么是心理？心理是人脑对客观现实的主观反映。心理学认为，心理是在生理的基础上进行的，心理是客观现实在人脑中的反映，客观现实是心理的对象。所以心身问题和心物问题是心理研究的两个核心。

心理和客观现实的关系即心物关系具体体现为三个特点。第一，客观性。外界事物是什么样子，头脑中反映的也是什么样子，两者是近似的。第二，主观性。由于各人的知识、经验、兴趣、世界观的不同，对同一事物的反映也不完全相同，它总是带有个人的色彩，这是主观性的表现。第三，社会性。人是社会的一员，对人的心理影响最大的是社会因素。在不同的社会里人们物质文化生活条件不同，导致心理也不同，一个人如果离开了人类社会生活，就不会具备人的心理。

心理学认为，人的个性基本结构包括两个不可分割的方面：个性倾向性和个性心理特征。个性倾向性主要包括需要、动机、兴趣、理想、自我意识、信念、价值观和世界观等。在这个系统中，需要和动机是核心内容。个性心理特征主要包括能力、气质和性格，是个体经常表现出来的本质的、稳定的心理特征，是个性心理结构中比较稳定的构成成分。个性心理特征体现于人的行为过程中，表现为一个心理现象，又叫做心理过程，包含三个过程。

1. 心理的认识过程。人在活动过程中，通过感觉、知觉、记忆、思维、想象，对客观世界进行由浅入深、由现象到本质的认识过程。

2. 心理的情感过程。人在接触、认识客观事物的过程中，并不是冷漠地、无动于衷地、消极地认识世界，而总是伴随着喜、怒、哀、乐、惧、欲等各种各样的情绪、情感，并根据自己的或社会的需要，采取亲近或疏远的态度。

3. 心理的意志过程。人在接触、认识客观事物的过程中，会根据自己的需要，为一定的目的，有意识、有目的地克服困难以达到自己的目的。

人的心理现象，不仅有人类共同的、一致的一面，而且还有因人而异、互不相同的一面。“人心不同，各如其面”，人的心理是千差万别的。个人比较稳定的心理特点，就叫做个人的心理特征（简称个性特征），它包括兴趣、能力、气质和性格。个人心理上的不同特征和个性上的差异，在很大程度上就决定了受众对信息的选择和媒介使用上的不同。

在传播过程中，受众往往根据自己的需要和兴趣选择对自己有利的信息，以满足自己在某些方面的需要。对自己不喜欢的、有悖于自己兴趣的信息往往不闻不问。那么受众自觉采用各种信息和媒介的原因是什么？丹尼斯·麦奎尔认为应由“个人的需求和兴趣来加以解释”[①]。许多学者一直努力去研究和探讨受众接受信息时的心理特点和接受行为之间的关系，以便于大众媒介的传播能满足受众的需要并实现传播者希望达到的目的。

一、受众的需要、动机和目的

需要就是人对某种目标的渴求或欲望，心理学家把促成人们各种行为动机的欲望称为需要。需要是人的行为的动力基础和源泉，是人脑对生理和社会需求的反映。

马克思曾说过，人们第一个历史活动就是生产这些需要的资料，即生产物质生活本身。个体的需要是个体行为积极性和动力的源泉和基础。人有了物质方面和精神方面的需要，才会产生行动的积极性；正是个体的这种和那种需要，才促使人们追求各种目标，并进行积极的活动，去实现这些目标，以满足需要。人对某一方面事物需要越强烈，他的积极性就越高，动力就越大。因此，需要总是带有动力性、积极性的，而且需要的水平也总是在不断提高的。需要在人的个性心理中也起着重要作用，需要是人类认识过程的内部动力。为了满足需要，个人必须通过认识过程解决一定的问题，完成一定的任务。需要在人的个性心理活动中与人的情绪和情感体验联系在一起。情绪是人的需要是否得到满足的标志，凡是能满足人需要

① ［英］丹尼斯·麦奎尔等：《大众传播模式论》，祝建华等译，上海译文出版社 1987 年版，第 154 页。

的事物，则产生肯定的情绪；凡是不能够满足人需要的事物，则产生否定的情绪。需要对人的意志的形成和发展也起着积极的推动作用。为了满足个人物质和精神方面的需要或社会的需要，人们会为了满足这种需要和适应这种需要坚持不懈地努力，并在这一过程中形成了自己的意志和决心。

人类的需要多种多样，现代西方普遍接受的是美国行为科学家马斯洛在1943年发表的《人类动机的理论》(*A Theory of Human Motivation Psychological Review*)一书中提出的"需要层次论"。

马斯洛认为，人的需要分为五个层次：生理、安全、社交、尊重、自我实现的需要。这五个层次依次由较低层次到较高层次(如表所示)。①

表 6-1　马斯洛"需要层次论"

类　别	直接的满足	间接的满足
生理需要	工作环境	工资、奖励、津贴、福利
安全需要	操作及心理安全	经济安全、保健待遇
社交需要	社交、归属	金钱、地位、头衔
尊重需要	成长欲、地位欲	社会尊敬与赞赏
自我实现需要	成就感	专家的荣誉

马斯洛认为：

(1) 人要生存，他的需要能够影响他的行为，只有未满足的需要能够影响行为，满足了的需要不能充当激励工具；

(2) 人的需要按重要性和层次性排成一定的次序，从基本的(如食物和住房)到复杂的需要(如自我实现)；

(3) 当人的某一级的需要得到最低限度满足后，才会追求高一级的需要，如此逐级上升，成为推动继续努力的内在动力。

人的需要在使用大众传播媒介时希望通过媒介去寻找信息满足自己的愿望。从心理学上讲，人的需要不会产生人的行为，其中必须通过动机才会促使人的行为产生。

$$\text{需要}\xrightarrow{\text{引发}}\text{动机}\xrightarrow{\text{指向}}\text{行动}\xrightarrow{\text{导向}}\text{目标}$$

动机是直接推动个体进行活动以达到一定目的的内部动力。动机和需要之间

① [美]马斯洛等：《马斯洛论管理》，邵冲、苏曼译，机械工业出版社2007年版，第105页。

的关系十分密切，动机是在需要的基础上产生的。当需要产生之后，并不一定就成为推动人进行活动的动力，需要变成动机往往要经过一个发展阶段。

动机和目的是既有区别而又有联系的两个概念。如果说动机是激励人去行动的原因，那么目的就是在行动中要争取达到的结果。每一种行动都有最终的目的。

动机和行为联系紧密，动机是为实现一定目的而行动的原因。动机是个体的内在过程，行为是这种内在过程的表现。人的行为与其动机相一致，行为总是在动机的指引下向一定目标前进而放弃其他方向，动机越强烈，人的行为目标也越明确。

受众在接受信息时的真正动力来自于受众本身，来自于受众内在的某种需要和动机，为实现其外在的目的，受众才会积极主动地去选择和接受某种媒介和信息内容。

受众使用传播媒介的需要动机研究一直是传播学研究的重点。1945 年，贝雷尔森通过纽约 8 家主要报纸工人罢工过程中对读者的研究，发现读者阅读报纸是希望：

(1) 了解公共事物的信息及其解释；

(2) 从报纸上寻找有关日常生活的信息；

(3) 为了消遣；

(4) 为了社会声望；

(5) 为了作“替代式”的社会接触；

(6) 阅读报纸本身被认为是一件“好事情”；

(7) 要维护安全感；

(8) 读报已变成一种欲罢不能的行为习惯。

1944 年，美国社会学家赫尔佐格对白天在家收听广播剧的美国妇女受众作调查，发现听众收听广播剧动机有：

(1) 情绪上的解脱；

(2) “替代式”参与；

(3) 作日常生活的参考。

德弗勒认为，受众使用媒介是为了：

(1) 获取所期望的信息的需要；

(2) 迎合一种已经养成的接触媒介的习惯；

(3) 为了休息或寻找刺激而使用媒介；

(4) 逃避烦闷和无聊；

(5) 陪伴，逃避寂寞。

亚洲学者也有相当程度的研究。日本学者和田洋一认为，受众阅听的目的是：

(1) 得到报酬；

(2) 寻找线索；

(3) 符号倾向。

中国台湾学者郑贞铭认为，读者使用媒介的目的是：

(1) 排除寂寞；

(2) 好奇心；

(3) 自我的目的。

中国人民大学的张隆栋认为，读者使用媒介有如下动机：

(1) 消遣；

(2) 做伴；

(3) 认同；

(4) 警戒。

综上所述，受众对媒介和信息的选择是根据自己的需要和动机，为了满足自己的某一方面的目的而定的。我们可以大致归纳为以下几个方面：

(1) 获取信息；

(2) 获取知识；

(3) 娱乐消遣；

(4) 习惯作用。

二、受众选择媒介和信息过程中的心理和行为

(一) 选择性心理

受众对媒介的使用和对传播内容的接受是一个积极主动的过程，受众在自由地选择使用某一种媒介、接受某一种信息时的选择行为，受受众特定的心理的影响。1960年，美国学者克拉珀在《大众传播效果》一书中，对受众的选择心理和行为作了专门的研究。受众的选择性心理可归纳为选择性注意、选择性理解和选择性记忆三种。

1. 选择性注意

注意是心理活动对一定事物或活动的指向或集中。注意使心理活动具有一定的方向性。人在集中注意的过程中，会选择自己认为有意义的事物，而避免接触无意义的事物。对大众媒介的受众来说，集中注意的过程就是受众对信息进行选择取舍的过程。

(1)受众一般接受与自己固有观念相近的信息,而对不相近者加以排斥;

(2)受众一般接受地理位置接近或心理距离接近的信息;

(3)受众一般选择自己习以为常的和喜爱的媒介。

2. 选择性理解

选择性理解是指不同的受众对传播媒介所传播的同一信息会有不同的反应。

理解是一个复杂的过程,“人们在此过程中对感受到的刺激加以选择、组织并解释,使之成为一幅现实世界的富有含义的、统一的图画”①。理解是一种对事物本质的认识,当受众对某些媒介所传递的信息内容开始注意,但能否对这些内容进行理解、赋予新的意义并传递表达出来,要靠受众对信息内容的辨认和领会。

受众在选择性理解的过程中,会受到受众自身一系列心理因素和社会因素的影响。如需要、动机、目的、态度、情绪、经验、文化素质、固有观念、价值体系、信仰等的影响。因此不同心理特征、文化倾向和社会成员关系的人们会以不同的方式解释媒介内容。

具体表现为:

(1)受众受到被理解对象内容上的制约,与传者理解的结果相差不多;

(2)受众因立场、利益的不同而理解各异,即仁者见仁,智者见智,即使同一个受众也会因时间、场合、情绪等因素的不同对同一信息会产生不同的理解;

(3)受众会加入主观因素造成理解上的差异,进行“再创造”。

在大众传播活动中,传播者要想使传播的信息内容控制在传播者的意图之内,就要充分考虑到以下两点:

(1)信息编码要清晰准确,尽量减少人为的曲解信息,消除和减少造成受众理解偏差的可能,提高信息传播的质量;

(2)区分不同的受众,提供不同的信息内容和不同的媒介,以满足受众多元要求。

3. 选择性记忆

记忆是人脑对经验过的事物的识记、保持、再现或再认。识记即识别和记住事物特点及联系,它的生理基础为大脑皮层形成了相应的暂时神经联系;保持即暂时联系以痕迹的形式留存于脑中;再现或再认则为暂时联系的再活跃。通过识记和保持可积累知识经验,通过再现或再认可恢复过去的知识经验。从现代的信息论和控制论的观点来看,记忆就是人们把在生活和学习中获得的大量信息进行编码加工,输入并储存于大脑里面,在必要的时候再把有关的储存信息提取出来,应用

---

① [美]赛佛林、坦卡德:《传播理论:起源、方法与应用》,郭镇之等译,华夏出版社 2000 年版,第 118 页。

于实践活动的过程，因此记忆也是对信息的选择、编码、储存和提取过程。

在大众传播过程中，大众传播媒介每天都传播许许多多的信息，受众不会把所有的内容都记住，事实上也没有必要记住所有的内容，受众只会对自己感兴趣的、对自己有利的、与自己意见一致的或强烈刺激大脑的信息加以记忆，否则就加以排斥、遗忘。

当然，有些感知过的事物可能在当时没有显现，但会以某种形式保存在个人的记忆中，一旦碰到新的刺激，这些感知过的事物还是会被激发和再现出来。实际生活中，记忆还具有主观性，记忆的倾向性受受众的需要、态度、情绪等心理因素的影响，也受信息传播的环境、形式、强度等因素的影响。美国学者奥尔波特和波斯特曼于 1947 年对谣言流传的研究，科勒和琼斯于 1958 年对种族隔离政策态度的研究，1958 年莱文和墨菲对是否支持苏联的研究都证明，受众在美国的信息传播环境中，谁都不会冷静、理智地思考，都愿意听取有利于加强和保护自己原有观点的信息，无视或干脆忘记与自己观点不同或相反的信息。

受众选择信息的程序如图 6-1，是依次向内：选择性注意—选择性理解—选择性记忆。对受众来讲，当他接触大众传播媒介发出的信息时，他不想要的信息就会被他挡在最外层即不引起他的注意，如他不会看与自己意见不同的节目或作品；如果受众预感到一则信息中有混杂的意见，他就有可能选择性地注意那些他认同的信息部分；如果还是没有认同的部分，他就会运用选择性理解来解释信息的符码；如果还是不行，他会运用选择性记忆，忘掉与自己不同的信息。

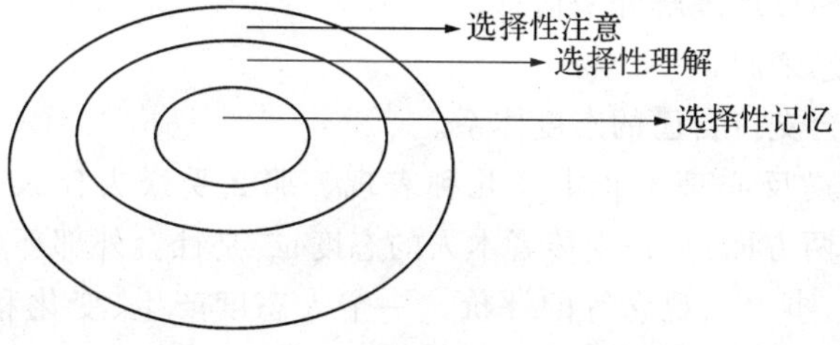

图 6-1

(二) 易得性心理

1973 年，施拉姆在《人、讯息和媒介》一书中提出了一个受众为什么选择使用某种媒介的公式：

$$\text{选择或然率}=\frac{\text{预期能获得的报偿}}{\text{需要付出的努力}}$$

“预期能获得的报偿”是指受众在接受信息过程中的满意程度。获得的满意程度越高，受众就越会关注此类媒介所提供的信息，喜欢使用这个媒介。

“需要付出的努力”是指媒介易得性的大小。受众在选择使用哪一种媒介时，会考虑所花费的精力、时间、财力等因素。如果受众能花很少的时间、精力和财力，很方便地使用某种媒介，他所付出的努力较少，那他就会乐意接受这种媒介以及这种媒介所提供的信息内容，反之就不会选择这种媒介。

当然，“需要付出的努力”还包括大众传播媒介是否“尽可能地采用人们容易熟悉或理解的书写方式或表达方式”①，因为“一篇报纸的社论要做的声明可能是世界上最重要的，但是，要是这篇社论写得只能被大学以上程度的读者看懂的话，那么它将失去80%以上的读者。同样的道理也适用于杂志广告、新闻消息和社论专栏，即使广播媒介上的口语消息也是如此，虽然这种失败的明显例子在广播中不是很多”②。所以在传播史上就有易读性测量的研究。如莱夫利和普雷西的第一个易读性公式，舍曼和基特森早期的调查，哥伦比亚大学师范学院的易读性实验室研究员弗雷齐的阅读易读性公式和人情味公式等，都从理论和实践上研究大众传播媒介在提供受众信息时如何进行有效表达的方法。

(三) 逆反心理

逆反心理是指一个人在心理上对某一事物产生的抵触情绪。在大众传播活动中，受众对所传播的内容会产生一种反感或抵制的情绪。受众的逆反心理有以下几种典型的表现：

(1) 对外来的威胁自己态度体系的信息不予理睬；

(2) 驳斥外来观点；

(3) 歪曲或相反地理解外来信息；

(4) 贬损信息来源；

(5) 寻求社会支持自己的态度体系。

当然受众的逆反心理不止上述几种表现。那么受众为什么会产生逆反心理呢？主要原因有两方面：一是受传者本人的态度；二是社会外部环境刺激。

态度是对人、事、物、观念等的评价。一个人态度产生、变化和这个人的认知、情感、行为联系在一起，并且努力做到平衡与和谐。在现实中如果这种平衡与和谐失衡，人就会产生一种内在的压力，以求消除这种失衡。受传者在大众媒介中接受与自己态度体系不一样的信息时，就会采取防范态度，产生逆反心理来抵御外来信息的侵入。

外部环境的刺激主要是指传播者的地位性质、传播目的、传播方法是否合适会对受众产生刺激。一般来说，有公信力的人(如一些拥有明显专长的人)比缺乏可

①② [美]赛佛林、坦卡德：《传播理论：起源、方法与应用》，郭镇之等译，华夏出版社2000年版，129页。

信度的人更具有说服力。有吸引力的人(不论是外表上或是个性上的特征)比没有吸引力的人更具有说服力。表面看来不是用于说服的信息更具有说服力;采取单面说服好(即只呈现有利于你的立场的观点),还是双面说服好(即同时支持和反对你立场的观点)? 一般而言,假如你确定能驳斥相反观点,那么双面说服更有效;在持相反立场的人提出其观点之前还是之后提出自己的观点更好? 如果两种观点是紧接着提出的,最好先提,因为人们改变心意要有一段时间耽搁。在这些条件下,很可能存在一个"初始效应",最初听到的观点对人们的影响较大。但是如果不同论点提出的时间有一段延迟,那么,人们会在听到第二种观点后再下决定,这样最好是最后提出你的观点。这里可能存在一种"崭新效应",人们对第二种观点的记忆更为深刻。

在大众传播过程中产生逆反心理的结果会对大众传播效果产生重大影响,在某种情况下其效果为零甚至产生相反效果。所以对大众传播的受众来说,受众产生的逆反心理越少,传播效果也就越大,如果受众对大众传播产生的逆反心理越多,则对传播效果的影响就越大。逆反心理在某种情况下是一种消极现象,但受众的逆反心理还有积极的一面。那就是大众媒介的传播者对受众产生的逆反心理要分析具体的原因,这在客观上会促使大众媒介的传播者思考自己的传播内容、传播方法,提高传播质量。

第四节 受众研究流变及主要理论

早期受众研究理论认为,受众是被动的接受信息,但是后来的实证研究却表明,受众不一定无条件地接受信息,有时拒绝,有时表面上接受了但行动上依然我行我素,没有丝毫改变。传播学者通过研究发现,受众是信息的主动接受者,受众对于信息、媒介是有选择性地接受,并且受众之间存在十分密切的社会关系,媒介信息不一定直接到达受众,往往会在被曲解、解释后才抵达。为此产生了一些新的有关受众的理论。

一、受众研究的流变

对于受众的研究几乎与对于传播的研究同步进行。1948 年,拉斯韦尔在《传播在社会中的结构和功能》中提出了有关传播研究的最著名的一句话:"谁—说什么—通过什么渠道—对谁说—产生什么效果",此后奠定了传播学研究的五项最基本的研究内容,其中"对谁说"指谁是受众。

1948年，施拉姆在《大众传播学》中将"大众传播的对象"(即受众)作为传播学八个主要的研究主题之一。

早期的大众传播学研究有两个特点：一是以传播者—媒介为中心的研究，而把受众研究置于传播效果研究的一部分，对受众研究的忽略是与早期的社会思想和方法论的局限有关；二是即使作为传播效果研究中的受众研究，它的认识也受非常多的局限，认为受众的反应完全取决于传播内容的刺激和传播手段的控制，受众是应声就倒的接受者，这就是著名的"刺激—反应论"和"枪弹论"。

20世纪60年代，受行为研究者沃特森"制约理论"的影响，研究者相继提出了"个人差异论"、"社会分化论"、"社会关系论"等受众研究的理论。1975年美国传播学家德弗勒在《大众传播理论》一书中作了较为全面的总结。

20世纪70年代初，传播学研究注重社会科学与人文科学研究方法上的贯通，在研究中开始注重社会、政治、经济、环境因素对传播活动的影响，出现了一系列"受众中心理论"。以研究媒介如何对付受众转而研究受众如何利用媒介满足自己的需要的研究，提出了"使用与满足理论"、"使用与效果理论"、"功能方法理论"、"信息寻求理论"等。在传播效果研究中，由于加强了对受众利用媒介的能动作用的认识，出现了著名的"议题设置理论"、"沉默的螺旋理论"、"长效理论(间接效果)"等。

20世纪70年代末，受众研究没有取得突破，但在研究中引入社会学、心理学、语义学的新成果，对受众的特性、需要、传播行为、群体压力和文化冲突等方面都有新的认识。

20世纪90年代，大众传播学者简生和罗格森在《欧洲传播季刊》上发文，总结了20世纪七八十年代以来的受众研究的内容，概括为效果研究、使用与满足研究、文学批评、文化研究和接收分析五大研究领域。在此文中对五大研究领域作了细致的概括，并指出受众研究在未来会有三个方面的深入发展：

(1) 深入研究大众传播媒介和受众的社会结构关系；

(2) 发展出足以说明媒介特性的论域理论或传播理论；

(3) 发展出关于个人取向及媒介与个人互动的社会文化与社会心理学的完整理论。

二、受众研究的主要理论

从上文中可以发现，有关受众研究的经典理论还是非常多的，德弗勒、简生、罗格森都有过认真的总结。1975年，德弗勒在《大众传播理论》一书中，将受众理论归纳为四种：个人差异论、社会分化论、社会关系论和文化规范论。

（一）个人差异论

该理论最早由卡尔·霍夫兰在1946年提出，20世纪70年代德弗勒作了一些修正。

该理论以心理学上的"刺激—反应"模式为基础，从行为主义的角度来研究受众的特征。该理论认为：媒介信息包含着特定的刺激性，每个人在兴趣、爱好、性格、需要、习惯、态度、价值观等方面存在差异，当这些差异如此巨大时，受众即使面对相同的大众媒介信息，也会产生不同的理解，所以世界上没有完全一样或一成不变的受众。德弗勒就说："受众成员心理或认识结构上的个人差异，是影响他们对媒介的注意力以及对媒介所讨论的问题和事物所采取的行为的关键因素。"①德弗勒将这种个人差异归纳为五种：

（1）个人心理结构上的差异；

（2）先天禀赋和后天习性的差异；

（3）认知态度价值标准的差异；

（4）社会环境所形成的观点或主张的差异；

（5）文化素质的差异。

由于受众存在着这些差异，受众的接受行为上就存在"选择性注意和选择性理解"的特点，对符合自己价值体系的信息就注意和理解，否则就忽视和曲解，以使信息符合自己的固有立场为止。因此，传播者要善于了解、利用来自受传者的经验、态度、立场等，从受传者的角度进行传播活动。

（二）社会分类论

该理论又叫社会类型论或社会范畴论，1959年由赖利夫妇在《大众传播与社会系统》一书中提出。强调了从社会学的角度研究受众社会群体性上的差异，强调不同的群体对相同的信息会有不同的反应。这正好与个人差异论不同，个人差异论从心理学的角度强调的是受众个体心理和性格上的差异导致的对相同信息的不同反应。

赖利夫妇认为，受众是可以分类的。受众按年龄、性别、种族、宗教、职业、居住区域、文化程度等划分为不同的社会群体类别，同一类别的人群会选择相同的媒介或相同的传播内容，并会产生大致相同的反应。赖利夫妇认为，在大众传播过程中，对受众个人产生影响作用的群体是基本群体和参照群体。基本群体也称初级群体、首属群体，具体指有长期持续的、亲密关系的群体，如家庭、邻里、亲密的朋友

---

① ［美］梅尔文·德弗勒等：《大众传播学诸论》，杜力平译，新华出版社1990年版，第67页。

等。参照群体指个人以其为参照系而建立能改变自己信念、态度和行为的群体，如子女以父母为楷模，父母就是自己的参照群体。研究表明，个人不一定是参照群体的成员，但该参照群体的规范对他有重要的影响力。由于基本群体和参照群体都是社会的组成部分，受众是生活在各种不同的社会群体中的个体，个体的行为受到群体规范和群体压力的影响，其实就是个体受到社会的影响，只是社会对个人的影响是通过群体这个中介来实现的。

社会类别论有助于传播机构根据不同的社会群体特点制作信息，使大众传播更有吸引力。

（三）社会关系论

这一理论最早来源于1940年拉扎斯菲尔德、贝雷尔森、卡茨等人在俄亥俄州进行的关于大众传播的报道对改变人们在总统竞选中投票的态度所做的调查。研究发现：大众传播的影响是有限的，大众传播很少改变人们早期投票意向，社会关系才会影响人们对大众传播的程度、方向和影响。因此，此研究产生了“两极传播”和“舆论领袖”两个经典的传播概念。

拉扎斯菲尔德等人认为，受众有自己特定的生活圈，这种生活圈可以是有组织的，也可以是没有组织的，但是不管你属于哪一种生活圈，受众在接受信息时都会直接或间接地受到约束和影响。“很多受众接受的信息都是经过这个生活圈解释和过滤了的，人们接受那些与本团体意向相符合的信息，并以本类型人的典型的方式来接受这些信息。”[①]很多人得到的信息往往不是来自于大众传播媒介，而是来自于“舆论领袖”。所以拉扎斯菲尔德等人的结论是非正式的社会关系的确是影响人们选择和解释媒介内容并对其采取行动的重要中介因素。

社会关系论强调的是受众群体之间的彼此影响，强调的是人与人之间存在的社会关系（即群体压力、合力）对个人接受传播信息产生的影响，对大众传播产生的影响。该理论不仅打破了大众传播媒介有巨大影响的定论，而且突破了受众传播理论局限于个人因素或社会因素的分析，真正有效的传播可能是大众传播和人际传播有效结合的方式。

（四）文化规范论

文化规范论是在麦克卢汉“媒介即讯息”理论影响下产生的。麦克卢汉认为，在传播媒介的变革中，新媒介的产生无论其传递的内容是什么，媒介本身就会引发社会的某些变化，这些变化就是媒介带给人类社会的讯息，即“媒介即讯息”。

文化规范论认为，大众传播媒介传播的内容会对受众产生影响。具体来说，如

---

① 胡正荣：《传播学总论》，北京广播学院出版社1997年版，第286页。

果媒介经常报道或强调某些观念,就会促使受众按照媒介所树立的社会文化规范去模仿行事或进行价值判断,久而久之,传播媒介就为社会树立了文化规范,受众就在文化规范中发生变化。

当然,有一些学者认为,大众传播制造新的社会文化规范很少,更多的是加强了受众固有的社会文化规范。

文化规范论实际上是一种间接效果理论,它强调的是社会环境对传播受众的影响。大众传播"可以作用于受众所处的社会文化环境,通过变化了的社会文化背景再作用于受众,使之观念发生变化"。①

除了上述德弗勒总结的四种受众理论,较有影响的还是社会参与论。该理论又称受众介入论,也有称获知权或接近权理论,源于美国宪法中关于公民权利的一种理论,而最早明确提出的是美国学者 J. A. 巴伦,1967 年他在《对报纸的参与权利》一书中提出:为了维护传播媒介受众的表现自由,保障他们参与和使用信息传播媒介的权利,宪法第一修正案必须承认公民对传播媒介的参与权。巴伦在此后的多篇文章中多次论述这一观点。

20 世纪 70 年代,日本学者对社会参与论进行了大量的论述,并进行了一定的实践。主要代表人物和著作有崛部正男《接近权论》、奥平康弘《知的权利》等。文章提到:受众在传播的过程中既扮演着"受"的角色,又扮演着"传"的角色,受众要作为"知"和"传"的双重主体而出现在大众传播过程中。

1980 年,联合国教科文组织国际交流问题委员会的《多种声音,一个世界》(《麦克布赖德报告》)也提出,受众积极要求参与大众传播,"一般都把读者、听众和观众当做消息情报的被动接受者。负责管理交流工具的人应该鼓励他们的读者、听众和观众在信息传播中发挥更加积极的作用,办法是拨出更多的报纸篇幅和更多的广播时间,供公众或有组织的社会集团的个别成员发表意见和看法"②。

综述有关受众参与论的论述,可以得到几个主要的观点:

(1)大众传播媒介应该是公众的讲坛,而不是少数人的传声筒;

(2)公民及其团体既是讯息的接受者,又是讯息的传播者;

(3)时代在发展,受众在变化,许多人已不满足消极地当一名接受者,一种试图积极参与报刊的编写、广播电视节目的制作和演播的自我表现欲望正在增长;

(4)让受众参与传播,正是为了让他们积极接受传播,因为,人们对于他们亲身

---

① 张国良:《传播学原理》,复旦大学出版社 2007 年版,第 196 页。

② 联合国教科文组织:《多种声音,一个世界》,中国对外翻译公司第二编译室译,中国对外翻译出版公司 1981 年版,第 34 页。

积极参与形成的观点，要比他们被动地从别人那里得到的观点容易接受得多，且不易改变；

(5)参与传播也是受众表达权、反论权的具体体现。[1]

社会参与论在互联网高速发展的今天显示出更大的能量。媒介技术发展支撑了受众参与权利的扩大，新媒介如博客、微博、微信等都在信息传递、意见表达中呈现出更多的民众权利诉求。

思考题

1. 一般可以从什么角度去理解受众的分类？
2. 受众有哪些权利？在现实中如何实现受众的权利？有哪些值得探讨的问题？
3. 如何理解受众在传播过程中目的和行为之间的关系？
4. 受众在传播过程中如何呈现选择性心理？
5. 如何理解易得性心理？
6. 有哪些较为引人注意的受众研究理论？如何理解这些理论？

推荐阅读书目

1. 刘京林：《大众传播心理学》，北京广播学院出版社1997年版。
2. [英]丹尼斯·麦奎尔：《受众分析》，刘燕南译，中国人民大学出版社2006年版。
3. [法]勒庞：《乌合之众——大众心理研究》，中央编译出版社2001年版。
4. [英]利文斯通：《理解电视：受众解读的心理学》，龙耘译，新华出版社2006年版。

① 邵培仁：《传播学》，高等教育出版社2000年版，第207页。

第七章 传播效果:类型、进程与影响

丹尼斯·麦奎尔认为,大众传播理论之大部分(或许甚至是绝大部分)研究的是效果问题。考察西方社会有关的传播研究历史,尤其是大众传播研究的成果大多数都与效果研究有关。因此传播效果研究一直是传播学研究中最核心的问题。

第一节 传播效果研究的概念与类型

人类的传播是有目的性的传播,无论是个人、群体、组织和国家总是希望自己的传播会被接受者了解、理解,并能按自己的意图去行动;对接受者来说,在接受信息的时候,总会使自己的思想、情感、态度和行为等方面发生变化,这种变化就是传播体现出来的效果。

一、传播效果的概念

效果是指人的行为产生的有效结果。这种有效结果可以从广义和狭义上理解。狭义的效果是指行为者的某种行为实现其意图和目标的程度;广义的效果是指这一行为所引起的客观结果,包括对他人和周围社会环境发生作用的一切影响和后果。在传播学研究中,传播效果具有下属两重含义。

1. 指带有说服动机的传播行为在受传者身上引起的心理、态度和行为的变化。

2. 指传播活动特别是报纸、杂志、广播、电视、互联网等大众传播媒介的活动对受传者和社会所产生的一切影响的总称。

第一种含义强调的是通过说服性传播使受传者接受某种观点或选择某种行为,传播效果要看传播活动在多大程度上实现了传播者的意图或目的。

第二种含义强调的是无论传播者的主观意图如何，传播活动是直接或间接进行的，是显现的或潜在的，总会对受传者产生一定的影响和作用。

上述两重含义构成了传播效果研究既联系又区别的两个方面。

对效果产生的微观分析——研究传播主体、内容、媒介、技巧、对象与传播效果的关系；

对效果产生的宏观分析——研究大众传播与社会认知、社会心理和行为的导向关系，大众传播与社会化、社会文化、社会发展和社会变迁的关系等。

英国传播学家麦奎尔从以下三个方面来划分传播效果研究的内涵[①]。

1. 从外在的形态看，有三个层次：媒介的“效果”(Media Effects)，指大众传播已经产生的直接结果，而无论其是否符合传者的期望；媒介的“效能”(Media Effectiveness)，指大众媒介达成有关预期目标的功效；媒介的“效力”(Media Power)，指媒介在给定条件下可能发挥的潜在影响，或可能产生的间接效应。

2. 从效果本身的内在性质看，则可分为：(1)心理效果；(2)文化效果；(3)政治效果；(4)经济效果。

3. 区分媒介影响力的作用范围：(1)对受众个体的影响；(2)对小团体及组织的影响；(3)对社会机构的影响；(4)对整个社会或整个文化的影响。

麦奎尔的上述三个层次的划分，并不意味着传播效果的研究是各自独立的，实际上各个层次之间是相互联系的。划分的意义在于揭示了效果研究的不同侧面和层次，使我们对效果研究的内涵有更正确的认识。

在传播学效果研究进程中，早期的西方传播学尤其是美国传播学界比较重视研究媒介对受众个体或小团体的心理和行为的影响研究，后来随着实践的发展和认识的不断深入，对传播的社会化影响才逐渐丰富起来，弥补了早期研究的片面性。

在中国，传播效果研究基本上受西方的影响，不外乎从心理学认知行为的角度和社会化影响的角度进行探讨。比较有代表性的观点如郭庆光在《传播学教程》[②]中对传播效果研究的认识。

传播效果依其发生的逻辑顺序或表现阶段划分为三个层面。

1. 认知层面上的效果，外部信息作用于人们的知觉和记忆系统，引起人们知识量的增加和知识结构的变化。

2. 心理和态度层面上的效果，外部信息作用于人们观念或价值体系而引起情

---

① 张国良：《传播学原理》，复旦大学出版社 2007 年版，第 210 页。

② 郭庆光：《传播学教程》，中国人民大学出版社 1999 年版，第 188 页。

绪和情感的变化。

3. 行为层面上的效果，这些变化通过人们的言行表现出来。

上述三个层面既体现在具体的、微观的传播过程中，也体现在综合的、宏观的社会传播过程中。在以报刊、广播、电视为代表的大众传播中，传播的社会效果体现为以下几点：

1. 环境认知效果。

2. 价值形成与维护效果。

3. 社会行为示范效果。

大众传播的社会效果在任何社会意识或体制下都会出现三个层面的社会效果，但是由于制度基础的不同，两者在揭示的世界本质、倡导的价值和行为模式的内容上会有本质的区别。

二、传播效果的类型

效果研究有各种各样的分类，代表性的观点如英国学者 P. 戈尔丁以时间的意图为要素，将大众传播的效果分为四种类型。

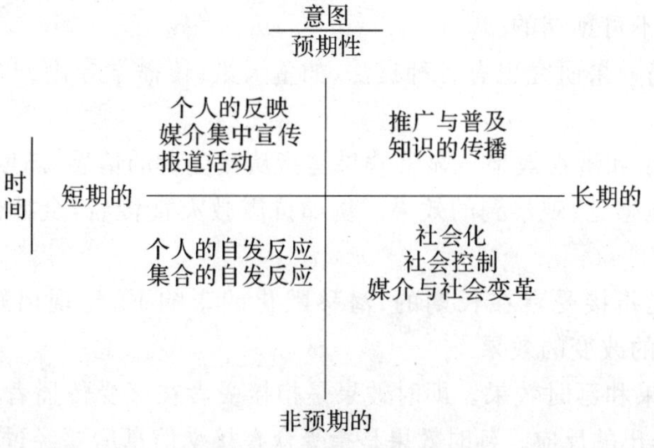

图 7-1　传播效果的类型①

1. 短期的预期效果。包括"个人的反应"和"对媒介集中宣传报道活动的反应"两种。前者是指特定信息在个人身上引起的认知、态度和行动上的变化；后者是指一家或多家媒介为实现特定目标而开展的说服性宣传活动，如政治说服、广告促销、明星炒作、慈善募捐，等等。

---

① ［英］丹尼斯·麦奎尔：《大众传播理论》（第四版），崔保国、李琨译，清华大学出版社 2006 年版，第 279 页。

2. 短期的非预期效果。包括“个人的自发反应”和“集合的自发反应”两种。前者是指个人接触特定信息后所发生的与传播者意图无直接关系的模仿或学习行为。这些行为可能是有利于社会的，如“抗震救灾”新闻的播出有利于形成社会救灾行为的形成；有些行为也可能是反社会的，如色情、暴力内容易诱发青少年的犯罪行为。后者是指社会受众在同一信息的刺激和影响下发生集合性行为，如某些重大事件报道导致社会性恐慌或骚动，当然在“集合的自发反应”中有一些健康有益的行为，但传播学家更多地会研究由信息传播引发的突发性集合行为对正常社会秩序造成的破坏性结果。

3. 长期的预期效果。是指就某一主题或目的进行长期信息传播所产生的与传播者意图相符合的累积效果。如新事物的长期推广与普及，教育为目的的知识传播计划等。

4. 长期的非预期效果。是指日常的、持久的传播活动所产生的综合效果或客观效果，包括社会化、社会控制、现实影响和制度变化。前三者强调的是媒介形式或内容通过潜移默化的影响使社会受众对社会中存在的认知态度、行为规范、社会现实产生认同，从而使大众媒介对所处的社会的政治、经济、意识形态、文化等各个方面的发展发生影响。这种发生影响的效果是不以个别媒介或传播者的意志为转移的，因此它是不可预期的。

国内对传播效果研究也有各种提法，如董天策《传播学导论》①把效果研究分为以下几种。

1. 显著效果和潜在效果。显著效果是指从接受者的情感、态度、行为或其他表现中可以明显地感觉、观察到的效果。例如抗震救灾宣传后，全社会对灾区的支援明显增加。

潜在效果是指接受者在长期的、潜移默化的影响下，显现出来的不自觉的情感、态度或行为的改变的效果。

2. 即时效果和延时效果。即时效果是指接受者在接受传播者发出的信息后在很短的时间内作出的反应。延时效果是指受众在接受信息后要经过一段时间后才会根据传播者的意图作出某种程度上的反应。大众传播媒介的社会性影响研究基本上都是延时效果的研究。

3. 暂时效果和持久效果。暂时性效果是指传播效果存在的时间较短、实用性和功利性较明显的效果。持久性效果是指传播效果存在时间较长，对传播者会产生较为稳定和持久的影响的效果。

---

① 董天策：《传播学导论》，四川大学出版社 1995 年版，第 298 页。

4．积极效果和消极效果。传播者发出的信息会对受传者在思想意识价值或行为上产生社会普遍认为有积极意义的效果；反之就是消极的效果。当然，接受者在接受信息时在价值判断上会有很大的差别，对同一信息，不同的接受者会有不同的理解和认识，导致的态度行为的改变也不一样。

第二节　传播效果研究的进程

传播效果研究主要指20世纪初以来的传播实践中总结出来的效果探讨。从最初的萌芽状态的研究到现代较为完备的体系，传播效果研究走过了漫长的发展历史，这期间，人们对传播性质、传播影响力的认识，对受众观念的看法，随时间的流逝、媒介的变迁和时代的变化，对效果研究的理论认识也在不断地变化。出现了几种代表性的传播效果研究历史进程的观点。

一、卡茨的传播效果研究历程表

表7-1　卡茨传播效果研究历程表①

效果研究的阶段	昙花一现期 （1935—1955）	苦闷焦虑期 （1956—1960）	凤凰涅槃期 （1960—1977）
对媒介的映像	媒介万能	效果有限	效果相当强
受众的状态	消极被动互相隔离	存在于社会团体、关系和规范之中	主动追求特定目标
社会结构	美国经济大恐慌，准备参加第二次世界大战	政治、社会、经济情况恢复正常	社会动荡
传播研究举隅	宣传、广告、洗脑	劝服、创新扩散、态度变迁	使用与满足、确定议题、文化规范
研究者举隅	坎特里尔、拉斯韦尔	卡茨、罗杰斯、拉扎斯菲尔德、施拉姆	卡茨、布鲁姆勒、麦库姆斯、德弗勒

这是卡茨在1977年对过去传播效果研究进行的归纳，得出了三个研究的阶段和媒介效果的三种理论，即：(1)昙花一现期的“媒介万能”理论；(2)苦闷焦虑期的“效果有限”理论；(3)凤凰涅槃期的“效果相当强”理论。

① 转引自邵培仁：《传播学》，高等教育出版社2000年版，第250页。

二、赛佛林、坦卡德传播效果研究历程图

1981年，美国学者赛佛林、坦卡德在卡茨研究的基础上对传播效果研究历程做了回顾性的总结。

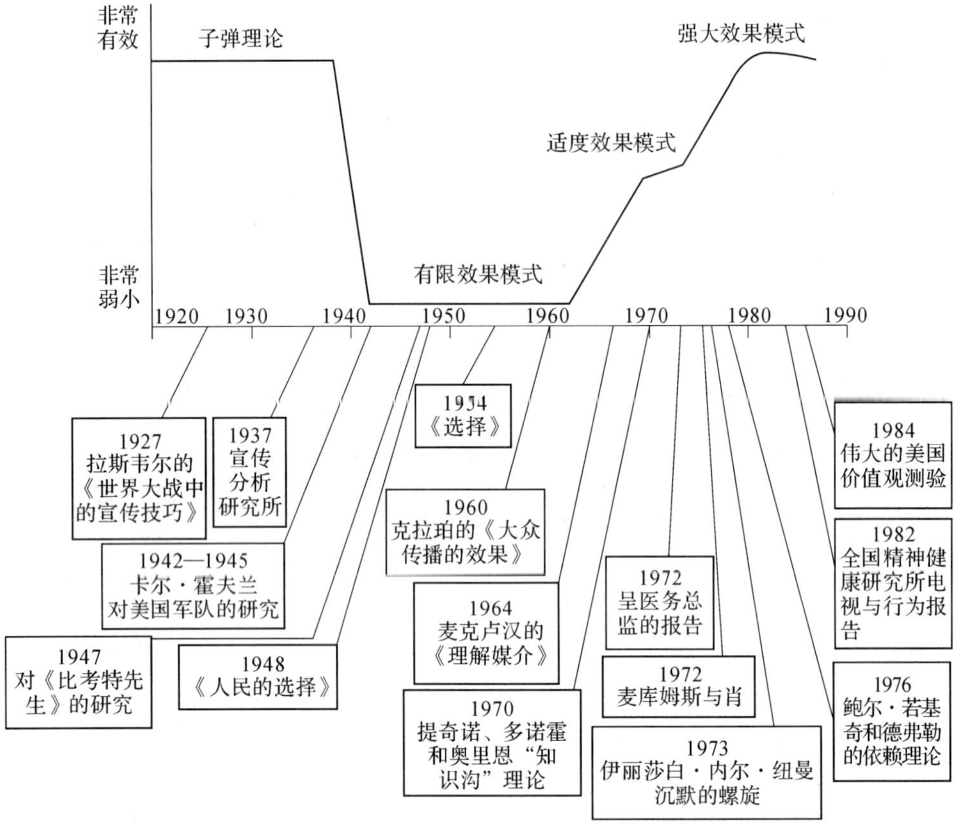

图7-2 赛佛林、坦卡德传播效果研究历程图[①]

赛佛林、坦卡德把传播效果研究分为四个阶段，即：子弹理论，是关于大众传播最早和最简单的概念；有限效果模式；适度效果模式，包括知识沟研究、议程设置研究和电视暴力研究；强大效果模式，包括“沉默的螺旋”、大众传播的依赖理论以及伟大的美国价值观测试等。

① [美]赛佛林、坦卡德：《传播理论：起源、方法与应用》，郭镇之等译，华夏出版社2000年版，第309页。

三、罗杰斯传播效果研究历程表

表 7-2 罗杰斯传播效果研究历程表①

效果研究的阶段	微弱效果时代(1940—1959)	条件效果时代(1960—1979)	分层效果时代(1980 至今)
媒介的映像	媒介效果微弱	媒介效果可强可弱	媒介效果有强有弱
受众的状态	顽固的受众	视状况而定的受众	特定层面的受众
效果研究举隅	《人民的选择》(1948);《投票》(1954);《信息活动失败的原因》(1949);联合国宣传评估(1950)	《信息宣传成功的理由》(1973);《大众传播的过程和效果》(1954);《大众传播效果》(1959)	《传播科技原理》
研究者举隅	拉扎斯菲尔德、史达和休斯、海曼和席特利	孟德森、施拉姆、克拉珀	罗杰斯

罗杰斯把传播效果研究的历程分为三个阶段,即微弱效果时代、条件效果时代、分层效果时代。

无论是卡茨、赛佛林、坦卡德还是罗杰斯,他们对传播效果研究的历史进程有自己的认识和看法,他们对研究历程的划分也各不相同,但是他们为后人的研究理清了大致的研究阶段,总结了每个阶段的主要研究内容,为较为系统、全面的传播效果研究提供了一个理论架构。

第三节 传播效果研究的阶段理论

根据不同时期的传播研究的重点、角度和方法的不同以及理论假说、结论等方面的变化,有关效果理论的阶段分类也不尽相同。无论是三阶段理论还是四阶段理论,实际上反映了人们对媒介影响力认识的不同。

一、枪弹论

枪弹论的时间大致在 20 世纪 40 年代之前,也称为皮下注射论(Hypodermic

① 转引自邵培仁:《传播学》,高等教育出版社 2006 年版,第 252 页。

Needle Theory),或称为传送带理论(Transmission Belt Theory),施拉姆在1971年把该理论称为枪弹论(Bullet Theory)。

枪弹论是一种传播强效果论,它的核心观点是传播具有强大的效果。面对传播媒介,受众会无条件接受和信服媒介的传播,其效果如同射击场的枪弹一样,枪声响,受众会应声倒下,或如同医生给病人注射药剂一样,扎上针,就产生效果,能够左右受众的态度和意见,甚至直接支配受众的行动。

枪弹论是西方最早产生的一种传播效果模式,是单向直线性传播观念的产物。虽然枪弹论这一概念并未被早期大众传播研究者使用,但这一词汇很好地概括了这一观点的内涵。

枪弹论作为强效果理论之所以被西方世界接受有深刻的原因。两次世界大战中,交战双方都利用大众传播媒介进行政治、军事的宣传鼓动,显示出很好的效果,使得一些政治家、社会学家都认为信息的反复传播能够完全左右受众的思想和行为,特别是纳粹德国的垄断媒介的宣传方式造成了人们对大众传播的恐慌心理,"很多人都担心,希特勒式的煽动群众者通过大众传播的力量可能在美国崛起。宣传分析研究所的创立就是对这种恐惧心理的反映,它开始进行大规模的运动,教育美国人民对宣传伎俩的识别方法。"[①]除了政治、军事上的使用外,这一阶段的大众传播在人们的日常生活中也显示出极大的影响力。随着技术的进步,大众媒介在这一阶段得到了飞速发展。报刊得到很大普及,广播、电影等电子新媒介出现并得到迅速发展,受众不仅被新媒介技术带来的信息传递方式所震惊,而且新媒介也深深地渗透到个人、家庭和社会生活的方方面面,无论是国家、政党、社会团体还是公司、企业,都纷纷利用大众媒介为自己服务,人们被新媒介裹挟着,相信媒介会有巨大的影响力。

当然,强效果理论的出现与19世纪末20世纪初社会流行的本能心理学有密切的关系。当时的心理学认为,人的行为受到本能的"刺激—反应"机制的主导,由于人的遗传生理机制大致相同,因此特定的"刺激"会引起人们大致相同的反应。在新媒介出现后的现代社会中,由于传统社会的等级秩序和密切的社会关系的解体,社会成员以分散的、孤立的状态参与社会判断,这些失去社会联系的个体就会特别容易接受大众传播的信息,并受到影响。德弗勒认为,"子弹论"以本能的"刺激—反应"论和媒介效力强大的信念为基础,再加上"相互隔绝、孤立无援"的受众观,其结果也就必然会得出大众成员可以被媒介所"左右"的结论。[②]

---

① [美]赛佛林、坦卡德:《传播理论:起源、方法与应用》,郭镇之等译,华夏出版社2000年版,第291页。

② 郭庆光:《传播学教程》,中国人民大学出版社1999年版,第195页。

二、有限效果论

有限效果论的时间大致在20世纪的40—60年代。枪弹论被实践否定，研究者认为，大众传播媒介的影响是有限的，媒介的影响会受到诸多因素的影响，不会产生应声而倒的受众，媒介通常是经过中介因素产生，是间接的、辅助的和有限的，媒介的影响不会导致受众意见的改变，而是加强了受众本身的意见，受众不再是消极的接受者，而是积极的参与者。

有限效果理论的研究方法与枪弹论的研究方法也不同，较为普遍地采用了心理实验和社会调查等实证研究的方法。

构成有限效果理论的代表性成果有以下几种。

(一) 说服理论

说服是指通过接收他人的信息产生态度的改变。“说服性传播”研究以美国学者、耶鲁大学心理学教授霍夫兰为代表。第二次世界大战期间，霍夫兰等人受美国陆军部委托，在军队里进行士兵的劝服效果实验研究。

在第二次世界大战期间，美军开始以前所未有的规模使用电影或其他大众传播形式进行宣传。美国陆军部的情报及教育署研究部实验室接受指派，去评估这些材料的效果。霍夫兰的具体工作包括两部分：对现有电影的评估、实验研究。美军委托好莱坞拍摄了6集系列纪录片《我们为何而战》。为了评价电影的宣传教育效果，霍夫兰采用实验心理学的方法，如比较法和控制对照法等，对其中的4集电影进行了心理实验研究。研究结果表明，这些电影在传达战况信息方面特别有效，士兵们观看电影之后，大多数都清楚地了解了战争进展情况，但这些电影在鼓舞士气和激起对敌人的仇恨方面却没有实际效果，与制作影片的意图相差甚远。研究结果说明，单一的大众传播并不能直接导致人们的态度改变。于是霍夫兰等人开始深入研究说服效果的有效形成条件，从战争期间一直到60年代，霍夫兰在洛克菲勒基金会的支持下，在耶鲁大学设立了耶鲁传播研究项目，致力于劝服与态度改变关系的研究，出版了著名的“耶鲁丛书”，丛书中包括《传播与劝服》(1953)、《劝服的表达程序》(1957)等。整个研究进行了数十年，这些研究揭示了说服效果的形成不是简单地取决于传播者的主观愿望，而是受到一系列“条件”的制约。大致上概括起来有：

(1) 有关传播主体的信誉度与劝服效果之间的影响；

(2) 有关接受者的个性差异与劝服效果之间的关系；

(3) 有关传播信息与劝服效果的影响，如面对有争议的问题是一面说服还是两面说服；

(4) 有关传播技巧和方法与劝服效果的关系，如诉诸恐惧；是明示好还是暗示好；重点是先说还是后说好等。

有关说服和态度的研究，在传播史上相关的内容非常多，按照时间顺序来叙述，有影响和代表性的说法有：

(1) "宣传分析研究所"有关宣传手法的研究；

(2) "认知一致论"有关态度形成和改变的探讨，包括海德的平衡理论、纽科姆的对称理论、奥斯古德的调和理论、费斯廷格的认知不和谐理论；

(3) 怀特的劝服原则；

(4) 莱平格尔的劝服设计；

(5) 丹尼尔·卡茨有关态度改变的心理功能理论；

(6) 说服理论的过程模式研究，有麦奎尔的信息处理理论、安德森的信息整合理论。

(二) "传播流"研究

"传播流"指的是由大众传播发出的信息，经过各种中间环节，再"流"向社会的过程。构成"传播流"研究的成果非常多，代表性的成果有拉扎斯菲尔德《人民的选择》、卡茨等人的《个人影响》、罗杰斯《创新与普及》、克拉珀《大众传播效果》等。

1. 拉扎斯菲尔德与伊里县研究

拉扎斯菲尔德领导的哥伦比亚大学应用社会研究所为了调查大众媒介对政治活动(特别是总统竞选宣传中，媒介对选民意向的影响)做了一项实证调查研究。调查在美国的俄亥俄州的伊里县进行，因此称"伊里县调查"。研究者在 7 个月的时间里，对 600 位选民进行了 7 次追踪访问，结果发现，大众传播媒介的宣传对改变选民的投票意向所起的作用不明显，大部分人早在竞选之初就决定了投票意向，只有约 8%的选民会改变原来的意向，但他们不是听从了大众媒介的宣传，而是受意见领袖的影响。研究成果被写入 1944 年出版的《人民的选择》一书中，否定了当时流行的子弹论所夸大的大众传播力量威力无边的思想。

在这次研究以及后续研究中，研究者提出了几个概念。

(1)"意见领袖"和"两级流动传播"。"意见领袖"是指对人们投票行为产生影响的人。研究表明，"意见领袖"只占调查对象的 21%，与一般的选民比较来看，这些"意见领袖"对报纸、杂志和广播的接触频率、接触量要远远高于一般的选民，因此来自于大众传播的信息首先到达意见领袖，再由意见领袖将这些信息传递给他周围的人，"大众传播—意见领袖——般受众"这一过程被称为"两极流动传播"。"意见领袖"作为中介因素的出现，说明了人际影响比任何一种媒介都更为有效，从而再次否定了“子弹论”的观点。

(2)“既有的政治倾向”和“既有的政治倾向指数”。所谓“既有的政治倾向”是指人们在接触传播媒介宣传之前固有的政治态度。“‘既有的政治倾向指数’是一个从社会经济地位、居住区域和宗教信仰三个方面来显示受众在接触媒介宣传前已有的政治立场和态度的综合指数。”①“既有的政治倾向指数”也称“IPP 指数”(Index of Political Pre-dispositions)。在“伊里县调查”研究中发现，选民的投票立场与他们的“既有的政治倾向”关系密切，原来就支持共和党的人最终还是投票给共和党，原来支持民主党的人依然投票给民主党，借助于大众媒介的一时的政治宣传并不会改变人们的“既有的政治倾向”，人们的观点取决于他们早已持有的政治倾向。

(3)“选择性接触”假说。研究表明，人们的“既有的政治倾向”还影响他们的媒介接触行为。具体讲，支持共和党的选民一般只接触共和党的宣传，而支持民主党的选民一般也只接触民主党的宣传。可见受众对大众传播媒介所传递的内容是有选择地接触的，他们更倾向于选择接触与自己既有立场、固有态度一致或接近的内容。选择性接触的结果不会导致选民态度的改变，而只会加强他们原有的态度。

2. 卡茨与拉扎斯菲尔德的中介研究

“伊里县”研究主要是针对政治选举的，此后卡茨与拉扎斯菲尔德又对购物、流行、时事等领域进行了多次的研究，结果发现“意见领袖”、“两极传播流动”、“既有倾向”、“选择性接触行为”等现象在现实生活中广泛存在，1955 年他们出版了《个人影响》一书，提出了著名的“中介因素”(Mediating Factors)，而且对“选择性机制”、“传媒特性”、“讯息内容”、“受众性质”等影响效果的因素进行了详细研讨。

卡茨与拉扎斯菲尔德一系列的研究表明：

(1)人际影响比任何一种媒介都更为经常、更为有效，在基本群体中，人际影响对保持群体内部意见和行动的高度一致非常有效，群体压力是重要的因素；

(2)在决策过程中，不同的媒介扮演不同的角色；

(3)每一个社会阶层都有自己的“意见领袖”，“意见领袖”比其追随者更多地接触与其影响范围相关的媒介，“意见领袖”的作用是通过一切合适的媒介将本群体与社会环境的相关部分连接起来。

3. 罗杰斯的创新散布理论。

“散布研究”(Diffusion Research)是指对社会进程中创新(新的观念、实践、事物等)成果为人知晓并在社会系统中得到推广的研究。

---

① 郭庆光:《传播学教程》，中国人民大学出版社 1999 年版，第 175 页。

在散布研究中最为著名的是美国传播学家罗杰斯，1962 年罗杰斯发表了研究报告《创新与普及》，研究农村对新事物（新农药、新良种、新技术等）的采纳和普及的过程。研究认为，大众传播存在两个过程，信息传递过程的"信息流"，效果波及和产生影响过程的"影响流"。信息经过"信息流"直达受众，是"一级传播"，在影响效果产生上要经过人际传播的多重环节，形成"多级传播"或"N 级传播"。

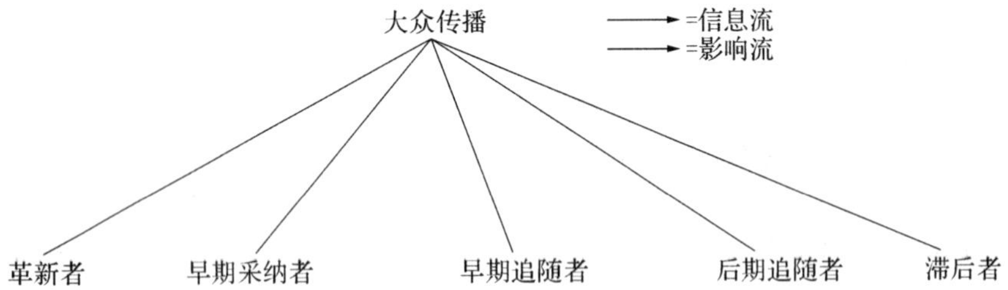

图 7-3　罗杰斯创新散布理论图[①]

4. 克拉珀与"有限效果论"。

J. K. 克拉珀于 1960 年在《大众传播效果》一书中对上述的研究进行了系统总结，认为大众传播影响的效果是有限的，即"有限效果理论"。在书中他还提出了大众传播效果的"五项一般定理"，其中特别强调以下几点。

(1)大众传播不一定是受众效果产生影响的必要和充分的原因，大众传播只是对受众产生影响的众多的中介因素之一，而且传播效果是通过一些中介因素（如受众的倾向性、选择性因素、群体压力、社会规范、人际影响、传播媒介等）才能发挥作用。

(2)大众传播最明显的倾向不是促成受众态度的改变，而是加强了受众的既有态度。如果大众传播对人们的态度改变产生效果，也只有以下两种情况：一是其他中介因素不再起作用；二是其他中介因素本身也在促进人们态度的改变。

(3)传播效果的产生，受到受众心理、生理、传播渠道、信息来源以及舆论环境等因素的影响。

三、适度效果理论

根据赛佛林、坦卡德在《传播理论：起源、方法和应用》一书的提法，适度效果理论提出的时间大致在 1961 年到 20 世纪 80 年代的中期。许多传播学家在回顾以往的研究时发现过去的研究存在着缺陷：

---

① 转引自郭庆光：《传播学教程》，中国人民大学出版社 1999 年版，第 198 页。

1. “有限效果论”过分贬低了大众传播的实际效果,而“子弹论”又过分夸大了大众传播的效果。他们认为,在一定条件下,大众传播的效果是介于两者之间的。

2. 过去的研究只注重大众传播对受众态度和意见的影响,而忽视对认知效果的分析,如果加强其他相关因素的研究也许会发现媒介具有更大的效果。

3. 过去的研究只注意“大众传播对受众产生什么影响”,而忽略了“受众对大众传播做了什么”。

4. 过去的研究只注意大众传播的短期效力,而忽视了大众传播的长期效力。

在反思总结的基础上,传播学者进行了一系列新的实证研究和理论探讨,主要有使用和满足理论、信息寻求论、第三者效果论、社会学习理论、议程设置理论、知识沟理论、培养分析理论等研究。这些研究的焦点集中在探索大众传播综合的、长期的、宏观的社会效果,研究大众传播效果与社会新媒介结合的关系,最终他们都希望强调大众传播是有影响力的。

(一) 使用与满足理论

使用与满足理论的研究开始于20世纪40年代,一直延续到90年代。研究的重点是人们为达到某种需要的实现和满足而如何使用媒介,是典型的受众中心模式。卡茨于1959年在对使用与满足理论研究做阶段性总结时认为,过去的研究集中在“媒介对人们做了些什么?”(What do media do to people?)现在的研究应探讨“人们用媒介做了什么?”(What do people do with the media?)

该研究有一个假设,就是受众使用媒介的行为是由受众的需求和兴趣决定的,大众传播的效果在很大程度上是建立在受众的心理和行为上,研究受众使用媒介的心理和行为,才能很好地探索传播对受众及社会发生的效果。

使用与满足理论的相关研究有:

1. H.赫佐格对广播媒介“使用与满足”的研究

赫佐格是哥伦比亚大学广播研究室的研究员,1944年他先后两次对受众收听广播节目的动机和满足进行调查。一是对“专家知识竞赛”广播节目的11位听众进行详细访谈后发现,即使是同一个节目,听众的收听动机以及获得的满足也会不一样。调查发现,竞争心理需求、获得新知的需求、自我评价的需求是听众喜欢知识竞赛节目的原因;二是对广播连续剧的妇女听众进行了长期和短期的访问后,发表了《我们对白天连续节目的听众究竟知道什么》一文,赫佐格发现,妇女听众收听的动机是出于逃避日常生活的烦恼、寻求代理参加的幻觉、寻找日常生活的教科书等原因。

2. B. R.贝雷尔森对印刷媒介“使用与满足”的研究

1940年,贝雷尔森发表了《读书为我们带来了什么》一文,总结了读者参与读书活动的普遍性动机，认为读者在读书时会受到性别、年龄、学历、职业等因素的影响外，还会有"实用动机"、"休憩动机"、"夸示动机"、"逃避动机"等。

1949 年，贝雷尔森对 1945 年 6 月 30 日开始的纽约 8 大报纸发送员为期两周的大罢工导致读者无法阅读报纸事件进行了研究，发表了题为《没有报纸意味着什么》的论文。研究总结了读者对报纸使用的目的："(1)获得外界信息的来源；(2)日常生活的工具；(3)休憩的手段；(4)获得社会威信的手段；(5)社交的手段；(6)读报本身的目的化。"①

3. 布拉姆勒、麦奎尔、卡茨等人对电视媒介"使用与满足"的研究

1964 年，布拉姆勒、麦奎尔对英国大选中电视受众收看电视政治节目进行调查研究，研究的目的是希望发现人们要收看或不看政党节目的原因、受众想通过观看电视节目获得什么？他们通过对受众收看电视竞选节目的理由研究，1969 年出版了《电视与政治及其作用与影响》一书。

1973 年卡茨、布拉姆勒等人在关于大众传播媒介的社会及心理功能的文献上，选出 35 种个人使用媒介的需求，将其分为 5 大类②：

(1)认知的需求：获得信息、知识和理解；

(2)情感的需求：情绪的、愉悦的或美感的体验；

(3)个人整合的需要：加强可信度、信心、稳固性和身份地位；

(4)社会整合的需要：加强与家人、朋友等的接触；

(5)缓解压力的需要：逃避和转移注意力。

此后，利维(Mark R. Levy)于 1975 年以纽约州奥尔巴尼县的 240 位成年人为样本，对电视新闻节目使用与满足做了分类研究。1980 年，随着新媒介的开发，利维又对有线电视、录像机、电脑等的使用动机展开研究。布赖恩特、泽尔曼(Bryant, Zillmann)于 1984 年对一些学生选择刺激性和轻松性电视节目的动机进行了调查分析。人们使用媒介的目的是不同的，受众会根据自己的心理和行为习惯选择媒介，与此同时，大众媒介的使用者是有控制权的。

(二) 信息寻求论

1959 年，美国学者卫斯特莱、巴洛在一项研究中首先使用了这一概念，认为受传者在接受大众传播信息时，往往会主动寻求信息以获得对信息的需要。研究的重点由过去媒介影响受众转向受众个人对信息的积极寻求的行为上。

信息寻求研究的结果显示，受众主动寻求信息的行为一方面受选择性心理的

---

① 郭庆光：《传播学教程》，中国人民大学出版社 1999 年版，第 181 页。

② [美]赛佛林、坦卡德：《传播理论：起源、方法与应用》，郭镇之等译，华夏出版社 2000 年版，第 324 页。

影响，受众会主动寻求与自己固有观念、立场一致的信息；另一方面还会受到其他因素的影响，如信息本身的实用性、个人性格、需求的多样性等的影响，有时这些因素甚至比渴望得到支持自己固有立场的信息影响更大。

信息寻求理论之后被相似的使用与满足理论所包容。

（三）第三者效果论

第三者效果论由美国学者戴维森于 1983 年提出。该理论认为：特定的消息对你我这样的人没什么效果，但是一般读者很可能受到很大的影响。因此理论假设为人们倾向于夸大大众媒介消息对其他人态度和行为的影响。

第三者效果假设研究分为两个部分：一个是研究人的感受，认为大众传播的消息对其他人会比对自己有较大的效果；另一个是研究效果，因为有了上述的感想，人们就会采取各种行动，比如倡议对信息控制或实行检查制度等，这些行动就会带来一定的效果，这些效果有时候是不直接的。

第三者效果理论有许多实证研究的例子，如 1975 年冈瑟调查一批受试者关于色情对自己和对他人的效果，以及检查受试者是否支持对色情进行法规限制的意见。结果发现，人们倾向于认为色情对其他人比对自己有更大的影响，“它对我是没有任何效果的，但我担心它对其他人的影响”，因此这些受试者主张对色情材料立法限制。

实际研究发现，我们自己其实与其他人一样都会受到大众媒介的影响，人们其实比自己认为的更容易接受大众媒介的影响，人们有时候产生错觉，才会觉得其他人比自己更容易受大众媒介的影响。

（四）社会学习理论

1977 年，班杜拉针对电视暴力可能产生的效果提出了社会学习理论，后来发现该研究的结论也适合大众媒介效果的其他领域。

该理论的主要观点是，当某种行为得到奖励而被强化时，学习的过程就发生了。但是，如果这是唯一的学习方法，那么人们就得自己尝试各种各样的行为，并坚持那些得到奖励的行为，而抛弃那些导致惩罚的行为。一般来说，人们可能绕过这种低效率的学习途径，靠观察和储存观察所得的印象获得一些方法，并以此作为进一步行动的指南。

社会学习理论认为，人们具有观察和思考的能力，能够从观察和体验中获益。人类的学习是通过观察他人显示的各种行为方法而产生的。人们观看电影或电视等大众媒介上某些人在特定场合的行为，然后在实际生活中自己去学习这些行为，甚至学习的是新的侵犯行为，如电视暴力对人们行为带来的影响。

有关电视暴力对人们的行为产生影响的效果有许多的研究假设，其中比较有影响的假设有：

“净化作用假说”认为，戏剧主人公的侵犯行为替代性地表达了人们内心的暴力倾向，因而通过观看电视暴力，可以降低采取实际侵犯行为的冲动；

“模仿假说”认为，人们从电视上学到了侵犯行为，然后再到外面去照样模仿；

“免除抑制假说”认为，电视降低了人们对侵犯他人行为的抑制，电视暴力可能教导人们一种与他人交往时可以被接受的方式。

在有关电视暴力的实证研究中，大部分研究都表明电视暴力刺激暴力假说，只有极少数支持净化作用假说。最著名的实证研究是美国医务总监任命的一个特别委员会指定的一项调查电视暴力效果的研究。1972 年，利伯特和巴伦进行了电视节目《神出鬼没》中暴力情节对幼童的影响研究，从电视暴力的短期效果看，看过部分暴力影片的人可能增加对他人的冲动行为。与此同时，莱夫科维茨、艾伦、沃尔德和休斯曼在 1959 年、1960 年开始对年轻人的侵犯行为进行长达 10 年的固定样本连续访问研究，1969 年在美国医务总监委员会的委托下又做了后续研究，结果也表明，观看电视暴力节目会增加侵犯行为，当然“在看电视暴力和侵犯行为之间存在初步的及暂时的因果关系；任何这类因果关系只在某些儿童（那些有侵犯倾向的儿童）身上起作用；这类因果关系只在某些环境下才起作用”①。1982 年，美国全国精神健康研究所发布了一份报告：“并不是所有的儿童都会变得有侵犯倾向；但是，在电视暴力与侵犯行为之间存在积极相关。就规模而言，电视暴力与侵犯行为之间的相关，就像过去进行测量的任何其他行为问题的变量一样强。因此，研究的问题已经从是否存在某种效果变为寻找对该效果的解释。”②

美国目前的研究重点是电视暴力的呈现方式。一项对有线电视和广播网电视进行的研究发现，很少有电视节目显示暴力行为产生了长期的消极后果，多数场景显示，暴力是不受惩罚的，多数暴力的过程是无痛苦的或者没有长期消极后果的。研究者建议，电视节目应更多表现暴力行为受到惩罚，应更多表现暴力行为带来消极后果，更多表现不同于暴力方式的其他解决问题的方法。

四、强效果理论

强效果理论最初由伊丽莎白·内尔·纽曼于 1973 年在《回归强大的大众媒介概念》中提出。从 20 世纪 70 年代至今，强效果理论影响深远。除了伊丽莎白·内

---

①② [美]赛佛林、坦卡德：《传播理论：起源、方法与应用》，郭镇之等译，华夏出版社 2000 年版，第 304 页。

尔·纽曼的沉默的螺旋理论、议程设置理论、知识沟理论、培养分析理论等（我们将在后一节中详谈），强效果理论包括以下三项主要研究。

（一）门德尔松全国司机测试

门德尔松全国司机测试实际上包括三个研究计划。

1. 哥伦比亚广播公司的“全国司机测试”共有 3500 名观众登记加入司机训练课程。

2. 制作一部描绘酒醉与驾车的 6 分钟短片——《一个醉鬼的历史》。

上述两个计划，改变了部分观众对安全驾驶观念的看法。

3. 针对洛杉矶的墨西哥裔美国人播放一部信息性的肥皂剧，结果 6%的观众（13400 人）在观看此剧后加入了社区组织。

门德尔松的三个宣传计划之所以成功，他认为有以下几个原因：(1)清楚说明宣传活动的目的；(2)对准目标受众；(3)努力克服受众对待议题无所谓的态度；(4)发现与想要强调的消息相关的主题。

（二）麦克柯比和法夸尔降低心脏病的研究

麦克柯比和法夸尔降低心脏病的研究在基尔罗伊城、沃森维尔城和特来塞城三地进行。在宣传活动开始之前，研究者对这三个城市的受试者进行了一次实验前的测试，内容有信息、态度、自己的行为及体检情况。然后研究者在三个城市开展了不同的宣传活动：

1. 基尔罗伊城受试者接受为期 6 个月的大众传播媒介宣传活动。

2. 沃森维尔城受试者除接受为期 6 个月的大众传播媒介宣传活动外，增加了对高危成人的固定样本组的深入讲解。

3. 特来塞城为控制组，没有接受任何一种传播活动。

大众传播宣传的目的是改变受试者的行为以降低冠状动脉疾病的发生。规劝受试者减少或停止吸烟、改善饮食习惯，特别是禁食高胆固醇的食物，增加运动量等。

研究结果发现，效果最大的是沃森维尔城，其次是基尔罗伊城。

（三）鲍尔·若洛奇、若基奇及格雷伯的美国价值观测验

研究者认为，当人们被迫面对他们基本价值观不一致的情况时，他们会改变自己的价值观、态度甚至行为。因为那些被迫承认其信仰系统不一致的人，体验到一种对自己不满的感觉，而这种不满的感觉便能导致他们重新评估和改变自己的价值观。为此，研究者制作了一个《伟大的美国价值观测验》的半小时的电视节目来测试改变价值观的理论。节目聘请了两位著名的电视节目主持人，带领观众共同探讨某些评估美国人民价值观的舆论调查结果，探讨某些被选出来的价值观之间

的不一样。

节目在华盛顿东部的三城地区由三大电视网同时播出，但屏蔽了80英里外的亚基马城作为控制组。通过电话的随机抽样访问以及事后对节目中探讨的与价值观有关的研究显示："半小时的节目改变了观众的态度、他们对基本价值观的评定及他们参与政治性行为的意愿。而且，所有的实验都是在真实世界的环境中完成的，从而打消了对这些结果是否适合适用于实验室之外的环境的任何疑问。"①

第四节 大众传播的社会效果理论

在现代社会，大众传播媒介得到高度的普及，并且广泛影响到社会生活的方方面面。许多传播学家都致力于探讨大众传播对个人和社会具有的影响和效果，因此产生了许多研究成果，提出了许多重要理论，下面就其中一些理论及成果进行阐述。

一、议程设置理论

早在20世纪50年代，一些研究学者就提出过有关议程设置理论，1958年，诺顿·朗最早提出了"议程设置"的假说："在某种意义上说，报纸是设置地方性议题的原动力。在决定人们将谈论些什么，多数人想到的事实会是什么，以及多数人认为解决问题的方法将是什么这些问题上，它起着很大的作用。"②

1963年，伯纳德·科恩在《报业与外交政策》一文中认为："在多数时间，报界在告诉人们该怎样想时可能并不成功；但它在告诉它的读者该想些什么时，却是惊人的成功。"③

1972年，麦库姆斯与肖在《舆论季刊》上发表了《大众传播的议程设置功能》的论文，论文是对1968年美国总统选举期间传播媒介的选举报道对选民的影响做的调查研究的总结报告。研究在北卡罗来纳州的查普尔希尔进行，分两组，一是对100位选民的抽样调查，了解他们对当前美国主要社会问题和选举新闻的重要性认识和排列顺序的认识和判断；二是对5家报纸、2家新闻杂志和2家电视网的晚间新闻报道的内容分析，按数量多少、内容的主次进行分类。研究发现，大众传播媒介当前反复报道和强调的问题也是选民当前认为重要的问题，两者之间存在着高

---

① [美]赛佛林、坦卡德：《传播理论：起源、方法与应用》，郭镇之等译，华夏出版社2000年版，第308页。
②③ 同上，第248页。

度的对应性，在特定的时间和地点，选民们讨论和关心的主要问题，恰是这一地区这一时期主要新闻媒介所要报道的问题。

研究表明：

1. 大众媒介不能决定人们对某一事情的看法，但可以通过提供的信息和所安排的相关议题有效地左右人们关注的某些事实和意见，左右他们的议论的先后顺序。

2. 大众媒介对事物和意见的强调程度与引起受众对这一事物的重视程度成正比，受众会因媒介提供的议程而改变对事物重要性的认识，对媒介认为重要的事件首先采取行动。

可见，“大众媒介具有议程设置功能——某一问题若被大众媒介所关注，那么该问题在公众心目中的重要位置便得以提升。”①1972 年，麦库姆斯与肖又对总统大选进行了专门的研究，在北卡罗来纳州的夏洛特，研究方法与查普尔希尔一样，对选民和媒介进行对比分析，但选民的样本量比上一次要大，而且选用了固定样本连续访问的方法，在 6 月、10 月进行定期访问以发现议程设置的因果关系；同时也对夏洛特的报纸和 CBS、NBC 两家电视网晚间新闻的内容进行统计，其结果再次证明，公众议程不会影响媒介议程，而媒介在影响公众议程方面起着很大的作用。

议程设置理论与过去的传播效果研究相比有几个重要的特点。

1. 议程设置理论是从认知心理学的角度考察大众媒介的接受者对世界的认识以及这些认识是如何被建构起来的。历史上对传播效果的分析一般从认知、情感、态度和行为四个方面进行，实际上这四个方面也是传播效果形成的过程。相比较来看，过去的传播效果研究关注于态度和行为的转变上，如行为层面的效果研究就是研究影响人们行为的条件，态度层面的效果研究是研究人们如何去思考才能加强或改变对某些事物的看法或观点。而议程设置功能是从认知和效应的角度研究，议程设置理论从三个方面分析大众传播媒介的社会影响：(1)分析大众传播媒介对特定议题的报道是否影响公众对该议题的认知；(2)分析大众传播媒介对少数议题的强调是否会引起公众对这些议题的重视；(3)分析大众传播媒介对议题的顺序所给予的不同程度的强调是否会影响公众对这些议题的重要性顺序的判断。通过圈定思考对象、把受众的注意力吸引到特定的问题上来、研究人们赋予哪些特定议题具有显著性和重要性，以及这些议题的显著性和重要性又是如何获得的，以此探讨传播效果。

2. 议程设置理论是对长期的、综合的、宏观的社会效果的研究，是对大众传播

---

① [美]赛佛林、坦卡德：《传播理论：起源、方法与应用》，郭镇之等译，华夏出版社 2000 年版，第 247 页。

媒介的日常新闻报道和信息传播活动所产生的较长时间的效果探讨，而不是某一媒介的某次报道的短期效果研究。

3. 议程设置理论揭示了传播媒介具有“环境再构”的能力。早在1922年美国著名的舆论学家李普曼就认为，大众媒介把外在的世界变成了我们头脑中的图像，大众媒介造成了“拟态环境”，“拟态环境”并不是真实环境的客观再现，大众媒介对社会成员的环境认知及行为在很大程度上受“拟态环境”的影响。大众传播媒介对真实世界的报道不是“镜子式”的反应，而是有目的的选择活动，大众媒介所传播的信息只是现实真实世界中极少部分，而且大众媒介会根据自己的价值观和报道原则对信息进行选择、加工和把关，却以“客观报道”的形式提供给社会受众。在现代社会，大众传播媒介是社会受众了解世界的重要渠道，不管媒介提供的信息或所拟造的媒介环境是客观真实的还是虚假的，都会对社会受众产生影响，影响社会受众对周围客观世界的认识和判断。因此，大众传播媒介的“环境再构”能力，具有对社会舆论的引导作用，议程设置就达到了舆论引导的目的。

4. 议程设置理论提出了大众传播媒介的控制问题。过去的研究关注的是传媒议程对公众议程可能产生的影响，而忽略了“谁来设置传媒议程”的问题，即是什么东西左右了传媒的内容。许多学者认为，目前有两种力量左右媒介的议程：一是压力集团或特殊的利益集团可以人为地将一个议题纳入媒介议程；二是其他媒介，尤其是精英媒介为其他媒介设置议程，称为“媒介间的议程设置”。议程设置理论提醒我们认识到媒介会在很大程度上影响社会公众关注与该事件有关的议题，正如李普曼说的“媒介更像是探照灯，该探照灯往何处照，往往取决于在某议题上有其特殊利益的集团，取决于人们为获取注意而制造的伪事件，也取决于新闻记者本身的某些工作惯例”①。议程设置理论的研究领域也在不断深入，由最初的传播媒介的议题的显著性和重要性将决定社会公众议题的显著性和重要性，深入到议题是如何被表达的，即媒介构造环境的功能上，正如麦库姆斯与肖在1993年曾说：议程设置是一个过程，它既能影响人们思考些什么内容，也能影响人们怎样思考。

二、知识沟理论

一般来讲，人们总认为大众传播媒介的普及和发达可以改善知识传播和教育的条件，提高社会受众的知识水平，其结果将带来整个社会文化水平的提高，从而有助于缩小社会各阶层和群体之间的差距，扩大社会平等。但这一认识却被知识

① [美]赛佛林、坦卡德：《传播理论：起源、方法与应用》，郭镇之等译，华夏出版社2000年版，第268页。

沟理论的研究成果所否定，知识沟理论认为，正是大众传播导致了社会公众知识水平的差距。

在20世纪60年代的美国，由于社会经济的不平等而造成的社会教育不平等的现象广泛存在，最终导致了富裕家庭和贫穷家庭孩子在升学、就业及将来的职业和社会地位的差别。为了缩小差距，美国政府在1969年实施政府的学前启蒙教育项目，即通过高度普及发达的大众传播媒介尤其是电视节目帮助贫困家庭里的学前儿童，美国教育电视台制作了《芝麻街》这部儿童启蒙教育电视系列片，帮助消除启蒙教育阶段存在的不平等现象。实际研究表明，尽管大众传播媒介将同样的信息提供给所有的学前儿童，并且都有很好的知识教育作用，但实际上由于他们在接触和利用信息上的不同反而扩大了两者之间的差距，造成了“知识沟”。

1970年，美国明尼苏达大学教授蒂奇诺（P. J. Tichenor）、多诺惠（G. A. Donohue）、奥利恩（C. N. Olien）在美国《民意季刊》上共同发表一篇研究报告，题目为《大众传媒的流动及不同的知识成长》（*Mass Media Flow and Differential Growth in Knowledge*），提出了“知识沟理论”。

“随着大众传媒向社会传播的信息日益增多，社会经济状况较好的人将比社会经济状况较差的人以更快的速度获取这类信息。因此，这两类人之间的知识沟将呈扩大而非缩小之势。”①

此后的1975年，库克（T. D. Cook）等人发表的《重访“芝麻街”》（*Sesame Street Revisited*）一文再次证明：家长教育程度越高，家庭收看该节目的次数越多。因此“芝麻街”很难缩小不同收入或教育程度的族群间的差距。

除了对儿童进行研究以外，蒂奇诺、多诺惠、奥利恩以及其他学者还对公共事务和科技新闻、体育和园艺等社会公众感兴趣的领域进行了研究，研究也表明，社会经济状况较好的人比经济状况差的人更愿意去接触某类特定的信息。

除了经济原因造成的媒介接触和知识学习条件的“知识沟”以外，还有什么原因造成了知识沟不断扩大？蒂奇诺、多诺惠、奥利恩认为有五种理由。

1. 传播技能上的不同。社会经济状况好的人比社会经济状况差的人由于在文化教育上的差别导致他们在媒介使用中的差异，如信息处理必须具备的基本的阅读、了解、记忆等能力上的差异。

2. 资讯储存量的不同。社会经济状况好的人比社会经济状况差的人由于先前接受教育基础的不同导致他们知识储存量的不同，带来的对信息了解存在深度和广度的差异。

---

① ［美］赛佛林、坦卡德：《传播理论：起源、方法与应用》，郭镇之等译，华夏出版社2000年版，第274页。

3. 社会接触不同。社会经济状况好的人比社会经济状况差的人有更多的社会联系，因此会有更多的机会互相探讨社会问题，增加和深化知识结构。

4. 认知上的不同。社会经济状况好的人比社会经济状况差的人由于选择性心理的作用，更容易在大众媒介中找到与自己价值观和态度一致或相近的内容，因而能更多地接触和利用媒介。

5. 大众传播媒介系统本身的特点是为较高社会阶层服务的，会忽略社会地位较低的人。

对知识沟现象及理论的研究实质上反映了信息化社会对信息拥有和使用上的差异，这种差异会进一步导致社会各阶层甚至国家、民族之间的信息不平等现象。在现代信息社会，信息是资源，不仅带来财富，而且还是创造新财富的手段。大众传播有能力提供社会所需要的各种信息，并且有能力将各种信息传达到其他方式无法企及的地方，因此对于大众媒介所带来的信息分化问题也就引起广泛和认真的重视。随着传播科技的日新月异，出现了许许多多新的传播手段，如录像机、录像带、有线电视、电脑、互联网、网上报纸、手机短信、手机电视等，新科技的应用惠及天下所有的民众。但是帕克和邓恩却认为，由于费用的昂贵和公众信息使用水平的差异，这些传播新科技可能带来知识沟的进一步扩大，“如果这类信息不能为全社会普遍享用的话，那么原来就是信息富裕户（Information-rich）的可能会获益良多，信息贫困户（Information-poor）则会雪上加霜。而知识沟的扩大将可能导致社会紧张因素的增加。”①1974 年，N. 卡茨曼在多人研究的基础上提出的“信息沟”（Information Gap）理论，较为全面地总结了研究的成果。主要观点有：

1. 新技术的采用将带来整个社会的信息流通量和信息接触量的增大，这对每一个社会成员来说都是如此。

2. 新技术的采用所带来的利益并非对所有社会成员都是机会均等。

3. 与人的能力相比，电脑等机器的信息处理和积蓄能力要强大得多，既有的信息富裕阶层通过早期采用和熟练使用这些先进机器，能够比其他人更拥有信息优势。

4. 新媒介技术层出不穷，更新换代周期越来越短，其趋势更可能是“老沟”未能填平，而“新沟”又不断出现。②

对“知识沟”或“信息沟”理论的研究集中在两个不同的层面上，一种是微观层次或个体层次上研究个人如何获取知识；一种是宏观层次或社会层次上研究信息

① [美]赛佛林、坦卡德：《传播理论：起源、方法与应用》，郭镇之等译，华夏出版社 2000 年版，第 284 页。

② 郭庆光：《传播学教程》，中国人民大学出版社 1999 年版，第 232—233 页。

控制及其与社会结构、权力等级的关系。目前对知识沟和信息沟的应用研究也体现在这两个方面，具体的代表性研究有：

1. 新媒介的普及应用研究。着重从社会公众的信息接收和处理能力、设备的普及过程入手，来研究社会各阶层间的知识沟和信息沟的现状以及形成的原因。调查表明，社会经济结构的不平衡是造成知识沟和信息沟的根本原因。新的、有效的高科技媒体无论在普及的时间、速度和普及率上，总是由富裕阶层开始，而且富裕阶层有更多的机会从新技术中获益，尤其是“信息爆炸”的到来，出现了“信息富人”和“信息穷人”，新科技带来的信息鸿沟更加导致社会紧张。传播学在信息时代的一项重要任务就是致力于研究缩小和改善这些差距。

2. 信息化和发展中国家社会发展研究。着重研究发达国家的开发援助给发展中国家带来的新的社会不平等。在20世纪七八十年代，许多拉丁美洲学者研究发现，发达国家所提供的信息、物资和资金的对象主要是当地从事大规模经营的农场主和高学历的富裕农民，而一般贫穷农民即使有改变现状的强烈愿望也得不到任何援助。结果是这种援助不仅没有帮助发展中国家脱离贫穷，反而加深了当地社会的贫富差距和社会矛盾。所以这些学者主张开发援助的重点应该是贫穷阶层，特别是不发达地区的教育事业。

发达国家对世界信息和传播事业的垄断加剧，发展中国家由于经济和技术条件限制，在国际传播活动中无法顺畅地表达自己的观点和态度，甚至还不得不从发达国家进口设备和内容来维持本国的传播业，久而久之，不但对发展中国家的传统文化造成强烈的冲击，而且造成了发达国家对国际事务的垄断。

三、培养分析理论

培养分析理论也称为“培养分析”、“教化分析”或“涵化分析”，起源于20世纪60年代后期的美国。当时美国社会的暴力和犯罪问题严重，政府专门成立了“暴力起因与防范委员会”以图研究和解决这些社会问题。在委员会的资助下，格伯纳于1967—1968年在宾夕法尼亚州大学安南堡传播学院（Annenberg School of Communication）主持了这项研究，这是有史以来对电视效果所作的最长期及最大规模的研究。

格伯纳认为：“电视机已经成为家庭的中心成员，成为在大多数时间解说最多故事的那个叙述者。”[①]对大量看电视的观众来说，电视实际上主宰和包容了其他信

---

① [美]赛佛林、坦卡德：《传播理论：起源、方法与应用》，郭镇之等译，华夏出版社2000年版，第292页。

息、观念和意识的来源，电视观众观看电视提供的共同信息所产生的效果就是“培养”效果，或者说培养了共同的价值观和认识世界的思维方式，塑造了他们自己“头脑中的现实图像”。

培养分析理论从两个角度切入研究：(1)分析电视凶杀、暴力内容与社会犯罪之间的关系；(2)研究电视上的这些内容对人们认识社会现实的影响。调查实践表明，电视暴力内容对一些大量看电视的人具有诱发效果，但在整体上没有证据证明两者之间的必然关系；但是通过对大量看电视的观众和少量看电视的观众的比较分析发现，大量看电视的人由于较多地接触电视节目中的暴力内容，他们感到现实世界也是一个不安全的地方，而且这种不安全感会随电视接触的增多而趋向夸大。“在一周之内，你被卷入某种形式的暴力可能有多少?”正确和真实世界的答案是1%，或更少，而看电视较多的人的答案是10%，电视呈现的世界与真实世界出现偏差，可能是电视带来的最重要和最广泛的效果之一。

培养分析理论为分析美国现实社会犯罪现象为何增多，从传播学角度提供了思路，但也有许多学者认为该理论在变量控制上存在问题，实际上电视的效果可能非常小。格伯纳领导的小组针对批评的意见进行了研究的改进，提出了“主流化”和“共鸣”两个概念。“主流化”是指社会中多元化的价值观因受众大量接触电视而与电视呈现的“主流”意见趋同。“共鸣”是指电视世界呈现的经验与受众个人经验一致时，培养效果就明显。很明显，格伯纳他们修正了原来认为电视对所有大量看电视者都有统一和跨界的效果，认为电视与其他变量是相互作用的，看电视只对某些次级团体的人有很强的效果，而不是对其他所有的人都有影响。但是因观众长期接触电视而积聚的累积效果不容轻视。

培养分析理论揭示了在现代媒介社会，大众传播是提供社会共识的主要渠道，大众传播媒介有责任提供社会共识、造就和谐的社会生活。在过去传统社会，社会共识主要由教育和宗教来承担，形成一个社会共同的价值观和思想意识，在现代媒介社会，大众传播媒介具有强大的信息承载和传递能力，能在同一时间把同一信息传达到社会各个阶层、各个角落，正如格伯纳所说的，大众传播不仅是现代社会的“故事讲解员”，而且是缓和社会各异质部分的矛盾和冲突的“熔炉”，还具有维护现存制度的“文化武器”的作用。

培养分析理论也揭示了大众传播媒介所营造的“影像世界”对社会受众的影响。电视观众在观看电视提供的节目(包括新闻节目或描述现实生活的电视剧)时，要么把虚构当现实来接受，要么夸大真实世界的情景，由于电视媒介在表现现实上的特殊性，观众很难把“电视中的世界”和现实世界加以辨别和判断，尤其是当电视中传播的信息具有特定的价值和意识形态倾向时，这些倾向在电视观众观赏电视时会对观众形成社会真实的感觉，对观众的观念有影响作用，由于这些倾向通常不是以说教而是以“报道事实”、“提供娱乐”的形式传达给受众的，因此是在潜移默化中形成人们的现实观和社会观，这也从一个方面揭示了大众传播媒介有可能被权利者利用的本质。

四、沉默的螺旋理论

1973 年，联邦德国社会学家伊丽莎白·内尔·纽曼在一篇《重归大众传媒的强力观》论文中，提出了大众传播具有累积性、普遍性及共鸣性的特点，不同媒介对某一议题如果反应一致，人们又不能选择其他的任何消息，那么大部分人看待议题的方式会与媒介表现议题的方式一致，这样媒介会对舆论产生强大的效果。1980 年，伊丽莎白·内尔·纽曼在《沉默的螺旋：舆论——我们的社会皮肤》中提出了“沉默的螺旋”说，并在文章中对该理论进行了较为全面的概括。

伊丽莎白·内尔·纽曼早在 1965 年联邦德国的议会选举中就注意到这样一个社会现象，在整个竞选过程中，双方的支持率不差上下，但在最后投票时却发生“雪崩现象”，一方以压倒多数的优势战胜了另一方。为了探究其中的原因，她对选举期间调查的数据进行了分析，发现“周围意见环境的认知”带来的压力，导致了许多人最终改变了投票对象。因为在具有争议性的议题上，个人在表达观点时往往会观察周围人的意见。如果自己的意见与多数人站在一边，属于优势意见的时候，个人就会倾向于更加积极地发表意见，如果他们发现自己是站在少数人的意见这一边时，他们会倾向于对该议题保持沉默，而且他们越是保持沉默，则其他人便越觉得某种看法不具备代表性，越加促使他们继续保持沉默。这样大众媒介所表达的优势意见和对异常意见的人际支持逐渐减少，合并形成了“沉默的螺旋”。

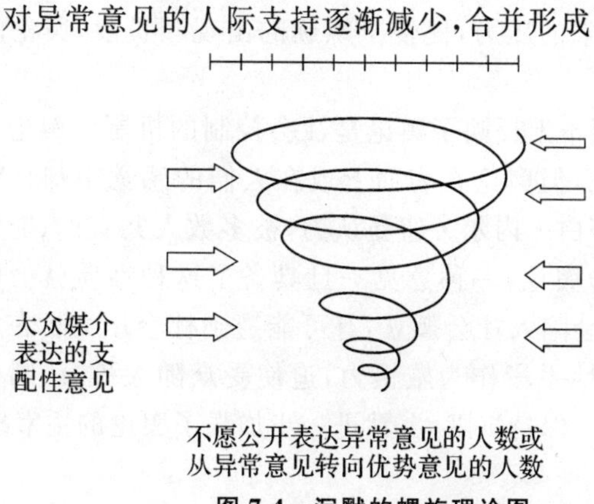

图 7-4　沉默的螺旋理论图

沉默的螺旋理论建立在心理学的人的社会从众心理和趋同行为的分析上。“人对孤独的恐惧、个人对强势意见的知觉、对意见未来趋势的评估以及公开表达个人意见的意愿强度等，是‘沉默的螺旋’产生的主要原因。”[①]个人意见的表明是一个社会心理过程。心理学认为人作为一种社会动物，总是努力从周围环境中寻求支持，避免自己陷入孤立的状况。为了避免孤立，防止受到社会“遗弃”，个人在表达自己的观点时首先会观察周围人的意见，当发现与多数人意见一致时，便会倾向于更加积极地发表意见，反之就保持沉默，以防止被孤立。对此，学者有不同的看法，他们认为个人的从众心理和趋同行为，会因议题性质的不同而不同，而且不同的社会、文化、意识都会表现出不同的从众心理和行为，人们在实际表达意见时是否对议题有较全面的了解也会影响人们是否公开发表意见，在人们害怕孤立的心理背后，利益问题可能会更加具有影响力。面对批评，伊丽莎白·内尔·纽曼在1990年发表了《大众观念的理论：沉默的遴选的概念》，对该理论做了重要的补充和修正，认为社会大众在社会赞成的呼声不断升高时会表达赞成的意见，在赞成的呼声下降时会保持沉默，这是社会规则要求的。

沉默的螺旋理论研究的是大众传播与社会舆论的关系，因此它的舆论观和效果观引起人们的关注。伊丽莎白·内尔·纽曼认为，大众传播通过营造“意见环境”来影响和制约舆论。她认为舆论是“我们的社会皮肤”，一方面人们用舆论感知社会“意见气候”的变化，调整自己的行为，适应社会环境；另一方面舆论起到维持社会协调的作用，防止社会由于过度的意见分离而导致社会的解体。在现代社会，人们判断周围意见环境主要是依据其所处的社会群体和大众传播进行。由于大众传播本身的特点和优势，大众传播的影响尤其强大。实际上，大众传播所提供的“意见环境”与真实环境不完全吻合，但在大众传播过程中也会被误认为是多数人的意见，这种环境认知带来的压力，促使了螺旋的出现和扩展，舆论的影响就由此而生。

沉默的螺旋理论从根本上反映了舆论是社会控制的机制。舆论不一定就是真实世界中“多数人”的意见，但舆论在表面上或在人们的感觉中却是“多数人”或占“优势”人的意见。伊丽莎白·内尔·纽曼认为，被多数人共有的、能够在公开场合公开表明的意见才能成为舆论，一种意见一旦具备了这种性质就会产生一种强制力，如果有人公开反对就会陷入社会孤立，有可能遭到社会压力。在大众媒介的宣传下，并以社会其他强制性手段作为威慑力，迫使受众随大流，认同占主导地位的观点和态度，人们在压力下保持沉默，沉默进一步加强了舆论的主宰地位。

---

① 陈力丹等：《传播学纲要》，中国人民大学出版社2007年版，第132页。

思考题

1. 什么是传播效果？
2. 什么是说服性传播研究？
3. 什么是“传播流”研究及它所导致的三项主要研究效果？
4. 传播效果有哪些不同的分类和层次？
5. 联系实际分析议程设置理论、知识沟理论、培养分析理论和沉默的螺旋理论等观点。
6. 在新媒介环境下，大众传播效果研究有哪些新趋势？

推荐阅读书目

1. [美]赛佛林、坦卡德：《传播理论：起源、方法与应用》，郭镇之等译，华夏出版社 2000 年版。
2. [英]丹尼斯·麦奎尔：《大众传播理论》(第四版)，崔保国、李琨译，清华大学出版社 2006 年版。
3. [美]格兰·斯帕克斯：《媒介效果研究概论》，何朝阳、王希华译，北京大学出版社 2008 年版。
4. [英]巴勒特：《媒介社会学》，赵伯英、孟春译，社会科学文献出版社 1989 年版。

第八章 传播调查研究方法

在探讨传播学的研究方法时，人们应该认识到，传播学其实并没有自己独特的研究方法，而是借鉴了各个相关学科的研究方法，从20世纪20年代开始，科学的研究方法逐渐被引入传播学研究领域中，定量研究的方法等逐渐取代了过去研究中的主观臆测等，传播学研究方法也随着传播学科研究的深入逐渐形成。

从某种意义上讲，科学研究的过程就是运用各种方法认识和解决问题的过程。方法以自己的尺度调节着整个活动的进行，它的正确选择与使用是研究成败的关键。传播调查研究就是通过一系列规划好的步骤的实施及方法、技术的运用，来认识传播现象，为传播领域提供有价值、可信赖的知识，它有助于解决传播实践的实际问题，提高传播活动的质量和效率。

第一节 传播调查研究的概念、类型与基本过程

传播调查研究是在系统地、直接地收集有关现象的经验材料的基础上，通过对资料的分析与综合，科学地阐明人类社会传播生活状况及其发展规律的认识活动。它包括两部分或两个阶段的内容：(1)调查；(2)研究。

传播调查是指一种为获得关于某一事物或现象的科学知识，通过一定的客观程序进行数据或资料的收集、记录、统计、分析，以探索和揭示其现状、过程、构成要素或运动变化规律为目的的研究活动。而传播研究则是通过对事实资料的统计分析等，说明人类传播现象的本质特征，解释传播现象的产生、发展和变化。这是一个对各种自然现象和社会现象提出问题并寻求解答的过程。

在当代中国的具体条件下，调查与研究比任何时期都显得重要。第一，调查研究是认识现实社会传播现象的重要手段；第二，调查研究为正确制定传播管理政策

和执行传播管理政策提供客观依据；第三，掌握社会调查研究方法是新闻传播类工作人员和行业管理者应具备的基本素质和业务能力。

一、传播调查研究的类型

东京大学教授铃木裕久曾经概括过传播调查的 14 种不同分类方式：

基于调查对象的分类——内容分析、传播者调查、受传者调查。

基于调查对象选定方法的分类——全员调查、抽样调查。

基于数据收集方式的分类——文献调查、观察、个别面接调查、集体调查、留置调查、邮寄调查、电话调查等。

基于实施顺序和性质的分类——预备调查、正式调查。

基于调查空间范围的分类——国际调查、全国调查、地区调查。

基于调查时期的分类——事前调查、事后调查、追踪调查。

基于调查次数的分类——单次调查、时系列调查。

基于有无控制条件的分类——实验室调查、实地调查。

基于对象数或有无量化操作的分类——事例研究、统计调查。

基于调查或测试工具的分类——自然观察、实验、问卷、心理测试。

基于面接深度的分类——指示性面接、详询面访、自由访谈。

基于媒体类型的分类——报纸、杂志、电视、广播、电影、新媒体调查等。

基于传播过程的调查——媒体接触调查、知觉实验、认知调查、行动调查、信息或影响的"流程"调查等。

基于内容类型及其要素的调查——广告调查、节目调查、明星调查等。

根据研究的不同目的、性质和时序，可对传播调查研究进行不同的分类。

(一) 根据调查研究的目的，传播调查研究可划分为探索性调研、描述性调研、因果性调研

1. 探索性调研

进行探索性调研是为了获取有关调研问题大体性质的背景资料。当我们不太了解问题实质和真相，而且需要额外的信息，或者需要新的更多的信息时，可进行探索性调研。

探索性调研的用途主要有三类。其一是获取与主题相关的背景资料。当我们对某个信息传播问题所知甚少，或者问题还没有清晰地阐明时，应用探索性调研可以获取许多背景资料。其二是定义一个可操作化的概念。通过探索性调研可以定义一个问题，或者在实证研究中进行操作化定义，方便后续进行测量和统计。其三

是明晰研究问题和研究假设。通过初步调查，为即将开展的研究提出各种假设，明确具体要研究什么问题。

实施探索性调研的方法主要有五种。

(1)第二手资料分析：第二手资料分析也称为“案头研究”，是指搜寻并解释现有的、与研究问题有关的已经存在的材料的过程，第二手资料分析通常是探索性调研的最重要部分，这是因为查阅第二手资料有许多优点而且成本很低，随着数字技术的发展，数据库、光盘的日益普及，查找这些资料的时间成本正在逐渐下降；

(2)经验调查：经验调查是指从对调研问题有关内容有丰富知识的人(例如专家、权威人士或消息灵通人士)那里获取信息；

(3)案例分析：案例分析是指回顾与现有调研问题有某些相似的、以前情况相类似的可用信息，通常只针对或解释一个特定的人或事，大多数的调研问题都与以前一些情况有相似的地方；

(4)焦点小组访谈：焦点小组访谈法是指把几个人集合在一起，在主持人引导下的无拘束的、自由的讨论会，其目的是收集与调研问题有关的信息；

(5)投射技术：投射技术要求参加者把自己投射于某种环境，然后回答与该情况有关的一些特殊问题，从而来探寻电视观众喜欢收看电视剧或者特定类型娱乐节目的潜在动机。

2. 描述性调研

描述性调研可以解答社会现象“是什么”的问题，它能对社会现象的状况、特点和发展过程给出客观、准确的描述，主要是对谁、什么、哪里、何时、怎样等。描述性调研的其中一类是横向研究(Cross-sectional Studies)，仅在一个时间点上测定总体。在一个时间点上进行的测定，包括一次强调大规模和代表性样本的抽样调查。而纵向研究则是对相同样本的重复测定，包括一个传统调查对象组(问题相同)和一个混合调查对象组(问题不同)。描述性研究在揭示因果关系的探索过程中是最基础的步骤。可以说，对任何因果关系的确定，无不始于描述性研究。描述性的调查研究是结论性研究的一种，顾名思义，这种研究的结果，就是要描述某些事物——通常是事物总体的特征或功能，具体地说就是描述传播现象的特征或传播功能。

3. 因果性调研

因果性调研是调查一个变量是否引起或决定另一个变量的研究，目的是识别变量间的因果关系，为了查明项目不同要素之间的关系，以及查明导致产生一定现象的原因所进行的调研。例如，广告效果调研，往往用实验法来找到什么样的广告表现可以使销售和消费态度改善，以及变化程度如何。

（二）根据调查研究的时序，可划分为横向研究与纵向研究

1. 横向研究

横向研究也叫横断研究，这是在同一时间内选取不同年龄的个体进行研究。横向研究比较节省时间和经费，易于实施。由于横向研究可以对较多的被试进行研究，因此，被试的代表性往往较强，研究所得结果也就具有较好的概括性。横向研究的时效性比较强，可以较快获得研究结果，同时避免了被试流失之虞。横向研究中可能存在组群效应，横向研究不适用于研究发展的稳定性问题和早期影响的作用等问题。

2. 纵向研究

纵向研究也叫追踪研究，是指在一段相对长的时间内对同一个或同一批被试进行重复的研究。纵向研究往往能看到比较完整的发展过程和发展过程中的一些关键转折点，特别适用于研究发展的稳定性问题和早期影响的作用问题，也适用于个案研究。其缺点是比较花费时间、经费和人力，时效性比较差，有时候需要等待很久才能得到研究结果，有时候研究课题的意义随着时间的推移而逐渐减弱，或研究手段逐渐变得落后。由于纵向研究耗时较长，可能发生被试流失的情况，这就会影响被试的代表性和研究结果的概括性。同时，由于纵向研究需要对同一批被试重复进行研究，有时可能出现练习效应或疲劳效应。

（三）根据调查研究的性质，可划分为定性研究、定量研究

传播质化研究主要包括文本分析（Textual Analysis）、访谈法（Intensive Interview）、实地观察法（Field Observation，Participate Observation）、个案分析法（Case Study）。其中访谈法又叫做访问法，是最普遍的调查研究方法之一，也是最重要的调查研究方法之一。“访”就是探望、寻求，“谈”就是谈话、交谈。访谈法就是访谈者根据口头交谈的方式向被访谈者了解社会传播情况的方法。在访谈的准备阶段，第一步是根据研究目的选择适当的访谈方法。进入访问阶段，访谈者在接近被访谈者时，首先要自我介绍，然后说明来访目的，以及为什么要进行这项研究，请求他的支持与合作。此外，还要告诉被访者他们是如何被选出来的，为什么是找他们而不是找别人，以消除他们的怀疑与提防心理。访谈过程是调查者提问的过程，因此，提问成功与否关系到访谈能否顺利进行。在访谈过程中，提问控制与表情动作控制是控制访谈的两个重要手段。

例如，作为质化研究的一种，传媒批评的研究角度可以有以下几种：符号学分析、叙事学分析（结构主义分析）、后结构主义分析、意识形态批评、女性主义批评、后殖民主义批评、意识形态国家机器分析、政治经济学分析、公共领域分析、文化工业分析、流行文化分析，等等。

传播量化研究(Quantitative Research)通常包括文献分析法(如内容分析法,Content Analysis)、实验设计法(Experimental Research)、问卷调查法(Survey Study)。文献法中可供利用的文献包括有关著作、历史档案、研究对象的自我记录资料以及其他有关记载。使用文献法获取资料比较方便,且省时省力,可以作为实地调查方法的重要辅助方法。

二、传播调查研究的一般程序

一般来说,传播调查研究的一般程序可以分为四个阶段:准备阶段、调查阶段、研究阶段和总结与应用阶段。

(一) 准备阶段

准备阶段的主要任务包括:

(1) 通过对现实传播现象和传播问题的探讨,来确定一个具有社会意义的传播研究课题,明确本次主要的调查任务;

(2) 经过初步探索和文献考察明确选题的目的、意义和要求;

(3) 确定研究的指导思想和理论基础,澄清研究的基本概念;

(4) 指出研究设想,按照调查研究的目的与要求,明确调查内容和范围;

(5) 明确调查研究的类型和方式方法;

(6) 将调查内容具体化和操作化,确定分析单位和调查指标;

(7) 制订抽样方案,明确调查地区、单位、对象,选择抽样方法;

(8) 制订调查方案、调查大纲、表格,培训调查人员。

(二) 调查阶段

为了获得真实可靠的资料应注意以下几个问题:

(1) 获得被调查的地区、单位与个人的支持与协助;

(2) 熟悉被调查者及他们的生活环境;

(3) 采取适当、有效的调查方式和具体方法。

(三) 研究阶段

研究阶段的主要任务是在全面地占有调查资料的基础上,对资料进行系统的整理、分类、统计和分析。

(四) 总结与应用阶段

总结与应用阶段的主要任务是:

(1) 撰写调查研究报告,说明调查结果或研究结论;

(2) 将调查研究报告中的研究成果应用到实践领域或理论领域;

(3) 总结本次调查和研究工作中的优缺点，为今后的调查研究提供正反两方面的经验；

(4) 对调查研究报告及其成果进行评估。

第二节 抽样调查法

根据调查的范围和调查对象的选择方式可分为普查和抽样调查。抽样调查是统计学上第一次技术革命，抽样调查技术通过部分认识整体，同时节省大量时间和人力、物力、成本。例如，在美国大选中，通过对1000名至3000名选民进行调查，预测近1亿选民的投票情况，抽样误差不超过3%。

一、普查与抽样调查的比较

(一) 普查(Overall Survey)

普查亦称全面调查(Complete Survey)，将组成总体的所有观察单位全部加以调查。如我国人口普查等。普查一般都是用于了解总体某一特定“时点”的情况，如年中人口数、时点患病率等。

1. 普查的优点：(1)理论上只有普查才能取得总体参数，因为普查没有抽样误差；(2)普查能全面地了解总体的分布特征。

2. 普查的缺点：(1)普查工作量大，较费时费力；(2)调查质量难以保证，系统误差大。

(二) 抽样调查(Sampling Survey)

抽样调查是按照科学的原理和计算，从所要研究的现象全部个体单位中，按随机原则抽取部分个体单位进行调查，取得资料，并用以推算总体数量特征的一种方法。抽样调查是从总体中随机抽取一定数量的观察对象组成样本，用样本信息推断总体特征。抽样调查包括随机调查与非随机调查两类。

抽样调查的优点包括：(1)费用较少，速度较快，覆盖面较大，正确性较高；(2)许多传播问题只能作抽样调查，如电视广告效果调查等。但是抽样调查也具有本身的缺点，即调查设计、实施及资料分析复杂，若样本达到总体75%时则直接采用普查。

非随机抽样主要有非概率抽样，是不能计算抽样误差的，因为它是靠调研者个人的判断来进行的抽样。它包括偶遇抽样或者方便抽样、判断抽样、配额抽样、雪球抽样等。偶遇抽样是所有抽样技术中花费最小的(包括经费和时间)。抽样单元是可以接近的,容易测量的。但尽管有许多优点,这种形式的抽样还是有严重的局限性。许多可能的选择偏差都会存在,如被调查者的自我选择、抽样的主观性偏差等。这种抽样不能代表总体和推断总体。因此,当我们在进行街头访问或邮寄调查时,一定要谨慎对待调查结果。

二、抽样方法

(一) 简单随机抽样

简单随机抽样方法与掷骰子或抽签的原理相同,因此,在这种方法中,任何个体单位被抽中的机会都是完全均等的。简单随机抽样要求每个观察对象有同等概率被选入样本。从 N 个单位中抽取 m 个观察单位方法:先将 N 个观察单位编号,并且每个赋一个随机数。再将 N 个随机数排序,前 m 个随机数对应的观察单位编号即为所抽取。简单随机抽样是最基本的抽样方法,优点是均数(或率)及其标准误的计算简便,缺点是当总体例数较多时,实施抽样比较困难,适用于小型调查。

(二) 系统抽样

系统抽样又称等距抽样或机械抽样。方法是按照一定顺序,机械地每隔若干个观察单位抽取一个观察单位组成样本。抽样时,研究者可先随意选取一个样本作为起始样本,然后按一定间隔加以抽取。其样本必须是随机排列的。

例如:要从1000户中抽取100户作电视收视率调查样本,可先在门牌号1～10号之间随机抽取1户(假定为第5号住户),其后每间隔10号抽取一户,即抽取5,15,25,35,…,995,共100户组成样本。其中,抽样间隔＝总数/样本含量。

系统抽样的优点是易于理解,简便易行,容易得到一个按比例分配的样本;缺点是一般情况下,虽然系统抽样的抽样误差小于简单随机抽样,但是在某些特殊情况下可能有偏性。例如:上述例子中我们抽取的住户均为单号,其住房可能都是一个朝向,若作广播收听率等调查,将产生明显的偏性。

(三) 分层抽样

先按影响观察值变异较大的某种特征,将总体分为若干层,再从每层内随机抽取一定数量的观察单位组成样本(样本含量为 n),又称分类抽样。当样本对象的性质差异比较大时,可以将对象按照一定属性预先分成若干类,这些类就是所谓的"层"。然后再对各层中的样本分别进行随机抽取。当样本属性差异太大时,可以分多层来进行抽样。

分层抽样的特点是先将总体按照某种特征或指标分成几个排斥的又是穷尽的

子总体或层,然后在每个层内按照随机的方法抽取元素。其原则是子总体内元素间差异可能小,而不同子总体间差异大。

分层抽样的优缺点:①抽样误差比较小;②先要将总体分层,层内个体差异越小越好,层间个体差异越大越好,便于对不同的层采用不同的抽样方法。也叫多阶段抽样。它是在第一阶段从所有群中抽取若干群,在每个抽中的群中,再抽取若干单元进行调查。它与分层抽样的区别在于第一层是抽取部分,与整群抽样的区别在于第二阶段是抽取部分。这在实际实施中是最为常见的一种抽样方式。同时它的抽样精度比整群抽样高,操作性更强。

(四)整群抽样

先将总体划分为 K 个群,每个群包括若干个观察单位,再随机抽取 t 个"群",并将被抽取 t 个群的全部观察单位组成样本。例如:要检查某学校学习情况时,随机抽取几个班,对几个班的全部同学进行考察。整群抽样首先将总体划成许多相互排斥的子总体或群,然后以群为初级抽样单元,按某种概率抽样技术,如简单随机抽样,从中抽取若干个群,对抽中的群内的所有单元都进行调查。

上述各种抽样方法都存在抽样误差,当调查规模、样本数量太大时,可以将样本分为几级抽取对象,这样就使得大面积调查易于实施。需要注意的是,由于每抽取一级都会产生误差,级数越多误差越大,因此多级调查的分级一般不会超过三级。

(五)配额抽样

又称定额抽样,通常被认为是一种与分层抽样法相对的非随机抽样方法,是指调查母体按某些属性特征进行分层,对分层后的次母体样本按一定的特征规定(或控制)样本配额,配额内的样本则由调查人员主观判断选定。其优点是简便易行,节省费用,选择过程短,能够较快地取得调查结果。配额抽样是根据总体的结构特征来给调查员分派定额,以取得一个与总体结构特征大体相似的样本,例如根据人口的性别、年龄构成来给调查员规定不同性别、年龄的调查人数。配额保证了在这些特征上样本的组成与总体的组成是一致的。一旦配额分配好了,选择样本元素的自由度就很大了。

(六)判断抽样

判断抽样是基于调研者对总体的了解和经验,从总体中抽选"有代表性的"、"典型的"单位作为样本,例如从全体企业中抽选若干先进的、居中的、落后的企业作为样本,来考察全体企业的经营状况。如果判断准,这种方法有可能取得具有较好代表性的样本,但这种方法受主观因素影响较大。

(七) 滚雪球抽样

滚雪球抽样是先选择一组调查对象，通常是随机选取的。访问这些调查对象之后，再请他们提供另外一些属于所研究的目标总体的调查对象，根据所提供的线索，选择此后的调查对象。这一过程会继续下去，形成一种滚雪球的效果。此抽样的主要目的是估计在总体中十分稀有的人物特征。由于后来被推荐的人可能类似于推荐他们的那些人，因此这种方式的调查是非概率的。

什么时候用概率抽样，什么时候用非概率抽样，应当根据具体条件来决定，例如研究的性质、对误差容忍的程度、抽样误差与非抽样误差的相对大小、总体中的变差以及统计上的操作上的考虑等。尽管非概率抽样不能推断总体，不能计算抽样误差，但在实际调查中仍常被应用。一方面是操作的考虑，减少非抽样误差的发生；另一方面也是因为所调查内容不需投射总体，而且一般总体的同质性较强。如概念测试、包装测试、名称测试以及广告测试等。这类研究中，主要的兴趣集中在样本给出各种不同应答的比例。概率抽样用于需要对总体给出很准确的估计的情况，例如要估计某电视频道观众收视占有率、整个地区观众的总量，估计某个地区的电视收视率等。还有全国性的市场跟踪研究(提供有关产品分类和品牌使用率等信息的研究)，以及电视用户的心理特征和人口分布的研究等，都采取概率抽样，但在概率抽样时要特别注意控制调查过程中的非抽样误差。

第三节 问卷调查法

一、问卷制作的一般原则

东京大学教授铃木裕久认为，在以一般社会成员为对象的调查中，应注意以下九个方面：第一，采用通俗易懂的口语体；第二，避免使用属于特殊群体的语汇或专业语汇和缩写词；第三，避免使用暧昧、多义的词语；第四，避免非现实的或虚构想象式的提问；第五，避免主观诱导式的提问；第六，避免提问调查对象记忆模糊的问题；第七，在一个问项中避免双重提问；第八，留意提问顺序的影响；第九，将调查对象容易拒绝回答的问题，尽可能放在后面。

二、问卷的类型与结构

通常把问卷分为两种，即自填问卷和访问问卷，它们分别用于问卷调查和访问调查。从问卷的结构看，一般说来，各种问卷往往都包括这样几个部分，即卷首语、指导材料、问题和结束语等。

三、问卷的设计

（一）问卷设计的步骤

首先提出研究假设，然后将研究假设操作化和具体化，一般先按调查提纲将每一个问题具体化，然后再汇总分类，进行总体安排、调整和修改，形成问卷初稿。再通过请教专家或试调查，再次对问卷进行修改，然后再定稿、印制，以防止在大规模调查的时候才发现错误和疏漏，导致不可挽回的时间和经济损失。

（二）问卷设计应注意的问题

第一，提问的语句要简短，使人一目了然，用语应当科学、明确，避免出现暧昧、多义的词语，问题要简洁明了，不会引起调查对象的反感；

第二，避免提问时问题带有双重含义，即一题两答式的问题；

第三，提问时不应带倾向性，因为带有倾向性的语句会造成诱导，即不要做主观诱导式的提问，不带倾向性；

第四，不要提胁迫性问题，即由于社会价值、社会文化等压力使调查对象不得不做出某种回答的问题；

第五，不要直接提敏感性问题；

第六，不要问调查对象不知道的问题或超出其知识范围的问题，尽量采用口语以适应文化层次不同的调查对象，尽量使用通用的语汇，避免特殊群体的专用语汇、专业语汇和缩写词；

第七，答案设置要尽可能涵盖所有的情况，以免使调查对象觉得没有适合自己的答案；

第八，不要使用调查对象记忆模糊的问题。

其他方面，还要注意在一个问项中不要出现询问性质相同的两个问题，也就是要避免双重提问。对于某些问题的提问顺序，避免前项提问对后项提问的回答产生特定影响的情况。此外，还要注意尽可能地把调查对象容易拒绝回答的问题放在问卷的后面，答案也不要太过复杂，以免使调查对象难以回答。

（三）问卷的构成

先介绍一下基本项目。首要是问卷标题。标题是对研究课题的概括表述，问卷的结构包括以下几个部分。

1. 卷首语

卷首语是对问卷的一个简单介绍，是为了提高调查对象参与调查的积极性，使他们愿意如实填写该问卷。

卷首语应当包括以下内容：

（1）调查者的身份；

（2）介绍调查的内容；

（3）介绍调查的目的；

（4）如果需要，请调查对象填写一些自身的背景资料如性别、年龄等；

（5）说明调查对象是如何被选中的，即对象的选取方式；

（6）问卷将以何种方式、在何时间被回收；

（7）向调查对象表示感谢，如果附赠礼物，应当加以说明。

2. 指导材料

在卷首语之后，应当附一段材料来指导调查对象如何填写问卷。指导语应该简洁明了，用语明确而无歧义。

3. 问题

这是问卷的主体部分。从回答形式上分，问题可以分为闭合式和开放式两种。闭合式问题由问卷提供答案选项，调查对象只能从中选择一个或几个作为答案。开放式问题不提供答案选项，调查对象可以自由回答问题而没有任何限制。

开放式问题的答案往往能够出现出人意料的、更丰富的材料，但对其答案进行归类和统计时比较麻烦，而其对调查对象的要求较高。另外，这种问题的回答费时费力，因而其有效性也会有所降低。开放式回答：不预先给出固定答案，让调查对象自由地说出自己的情况和想法。设计答案时，每个项目之后需留足必要的空白。优点是适于设计者不了解答案有哪些或答案难以一一列出的情况。缺点是分类资料不便综合汇总。封闭式回答：针对某一项目提供可能答案，供调查对象选答或调查员据实选项。优点是答案标准化，容易回答，节省时间，拒答率低，综合汇总方便。缺点是调查对象容易随便选答而失真，调查员容易圈错答案。

4. 结束语

一是提出开放式问题或让调查对象提出对本研究的建设性意见；二是表示对调查对象愿意合作的感谢。

四、资料收集的方式

使用问卷收集资料有几种具体方式：邮寄式、发送式和访问式。问卷编制好后，可直接到被调查地点发放问卷进行调查，也可采用邮寄问卷、跟踪发信函的方法开展问卷调查。其中，直接观察法是由调查员到现场对调查对象进行直接观察、检查、测量或计数来取得资料。本法取得的资料比较真实可信，能保证有较高的应答率，但所需人力、财力较多。采访法有访问、信访、电话调查和开调查会等方式，最常用的方式是访问和信访。本法比较节省人力和财力，但容易造成较低的应答率。

现场调查与实验室研究有很大不同，现场条件有时十分复杂，而且情况多变，所以要求调查者考虑周密。首先，在正式调查之前，要在小范围内做预调查，预调查的方式（包括调查对象、调查方法、采访方式等）应与正式调查的方式相同，预调查的目的在于检验调查的实用性，并通过预调查反馈的信息作必要的修改。只有当预调查成功后，才能批量印制调查表并正式使用。其次，要做好组织计划。调查的组织计划有以下几项：组织领导、宣传动员、时间进度、调查员培训、任务分工与联系、经费预算、调查表和宣传资料的准备以及质量控制方案的制订等。

第四节 控制实验法

实验法是指在控制其他额外变量所造成的影响的同时操纵某一变量，以观察它对某一因变量的影响。其中，自变量是可控制并能操作的变量，因变量是不可控制或者不可直接控制，但我们却对其有强烈兴趣的变量。

一、控制实验

在传播学中，控制实验主要是用于测试特定的信息刺激或环境条件与人的特定心理或行为反应类型之间的因果关系。

实验室内应配有阅读机、录音机、放映机以及各种记录、测量反应的仪器，对实验室的形状、灯光、色彩等也会有特殊的要求。实验进行时必须人为地控制某些变量以观察特殊变量与传播效果之间的因果关系。

二、控制实验的特点

1. 研究对象较少。

2. 研究环境是在实验室人为的环境中。

控制实验逻辑程序严密，研究者可以对实验因素加以控制，从而突出某些变量的作用。但是，其实验环境终究是人为设置的，与实际生活中复杂多变的状况有一定的距离，所以实验的结果往往会有误差。

作为弥补这一缺陷的一种手段，近年来传播实验已经开始转向“自然实验法”或“社会实验法”。这种方法就是将整个社会环境作为“实验室”，采用多元分析的方法来进行控制实验。

三、控制实验的基本程序或技术

控制实验的过程，大致由以下几个环节或步骤组成：

1. 确定实验课题——实验课题有两种类型：一种是假说发现型；另一种是假说验证型。

2. 选定实验对象——实验对象的选择可采用抽样方式选出，也可以根据课题需要选择某个具有一定代表性的小群体。

3. 制作信息测试材料——主要指制作用于测试的内容材料，可以选择现有的文章、图画、广播录音稿等，也可以制作新的测试材料。

4. 实施测试——将实验对象置于特定的实验控制环境里，按既定的程序向他们提示测试材料，收集反应数据。

5. 提出实验报告——对测试的数据进行整理和分析，并将实验结果与实验课题目标相对照，提出结论，达到发现新假说或验证既有假说的目的。

从实验的组织方法、实施程序和技术的角度来看，传播学中常用的控制实验主要有以下三种类型：第一种称为“单一事后测试控制实验”，其做法是将实验对象随机地分成两个等质的小组，对其中1组实施信息刺激，而对另一组则不实施信息刺激；对两组均不作事前测试，只进行事后测试，实验目的是为了观察两组之间因信息刺激提示的有无而产生的差异。第二种称为“前后测试控制实验”，其做法是对第1组实施两次测试，以观察比较信息刺激提示前后的变化；对第2组同样实施前后两次测试，但不提示信息刺激，以观察无刺激条件下的自然变化，并对两组进行比较。第三种称为“所罗门4组控制实验”。其做法是把实验对象随机分成4组，给予不同的实验条件，目的是对测试结果进行多方面的比较。

四、控制实验主要关注的条件

传播学中的控制实验主要关注以下条件：

1. 信源的条件——测试信源可信性与传播效果之间的关系。

2. 信息内容的条件——测试不同的信息内容是否会导致不同的认知和行为

反应。

3. 传播方法和技巧的条件——测试不同的内容提示法、说理法和诉求法各自具有什么样的说服效果。

4. 受传者的社会条件——测试受传者的各种社会属性、群体归属关系、群体规范等对他们接收信息的影响。

5. 受传者的个性条件——测试个人的信息处理方式和习惯、自信心的强弱等个性特征对他们的信息处理过程及其结果的影响，等等。

五、所罗门4组控制实验

所罗门4组控制实验是传播学中经常用到的控制实验类型之一。这种实验是把实验对象随机分成4组，对他们分别加以不同的实验条件，以对测试结果进行多方面的比较。其中包括第1组的测试1与测试2的比较、第1组的测试2与第3组的测试2的比较、第2组的测试1与第3组的测试2的比较、第3组的测试2与第4组的测试2的比较等。

实验设计方案是指用以设计实验环境的一种程序，该程序可以使某一因变量的改变只归因于一个自变量。进行一项传播科学试验如同建造一座大厦，试验设计如同建筑设计一样举足轻重，没有良好的设计是不行的。通常，研究设计的工作量和经费占总实验的5%，而一项完美的科研设计，预示该项研究已至少完成75%。

第五节 内容分析法

一、内容分析的定义和特点

内容分析方法是一种对于传播内容进行客观、系统和定量的分析与描述的研究方法，其目的是弄清或测验文献中本质性的事实和趋势，揭示文献所含有的隐性情报内容，对事物发展作情报预测。第二次世界大战期间，拉斯韦尔等人组织了一项名为“战时通讯研究”的工作，以德国公开出版的报纸为分析对象，获取了许多军政机密情报。内容分析法显示出明显的实际效果，而且在方法上形成一套自己的模式。20世纪50年代美国学者贝雷尔森发表《传播研究的内容分析》一书，确立了内容分析法的地位。

内容分析方法的特点主要有以下几点。

第一，客观性。必须有非常明确、固定的客观规则，使同一素材在被不同的研究者分析时得出的结论相同；对资料的诠释、编码需要先制定一致的、系统的规则，确保在不同时间、由不同人员做出的结果是一致的。

第二，系统性。讯息内容或类型必须有一以贯之的取舍标准，以防研究者在选取材料时偏向于选择支持自己观点的材料；与客观化是一体两面的。因为有了系统化的编码规则，才能确保研究的信度。

第三，普遍性。将讯息属性与传播者以及受传者的特性联系起来进行分析，以获得具有科学价值和理论意义的结果，而非对现象的描述性结果。

第四，数量化。内容分析法的特色就是可将质化资料转变为量化的形式。资料需要具有统计上的推论性。

第五，明显化。研究传播内容及其带来的影响。内容分析法源起于传播学领域，着重探讨传播内容的意义及其带来的影响。

二、内容分析的课题和用途

在传播学研究史上，内容分析所关注的课题大致可以概括、归纳如下：

1. 不同时期传播内容的纵向比较分析——用于揭示社会的政治、经济和文化的历史变迁。

2. 同一时期传播内容的横向比较——用于揭示不同国家、社会、地区、民族、群体或个人信息传播的共性和个性。

3. 特定时期的传播内容分析——从传播内容特色来推断时代精神或潮流以揭示社会成员的态度、关系和价值观。

4. 不同媒体间的比较——考察不同媒体讯息内容的特点、结构及其作用方式。

5. 分析传播内容与传播者的关系——通过内容来判断传播者的意图、主张、倾向或传播者的社会背景特点。

6. 分析传播内容对传播效果的影响——考察内容的主题、观点和表达方法或技巧对说服效果的影响等。

7. 分析传播内容与受传者的关系——考察特定社会群体经常接触的媒体内容，分析他们的兴趣、关心和需求，以及讯息接触和解读的过程、结构和特点等。

8. 考察传播内容与宏观的社会结构之间的关系——考察传播内容中所体现的意识形态及其与社会的政治、经济和文化制度的联系等。

从上述课题的内容分析看，涉及的研究课题概括起来不外乎以下几种：不同时期传播内容的纵向比较分析；同一时期传播内容的横向比较；分析传播内容和传播者之间的关系。

近年来，除了以考察传播效果为目的的内容分析以外，以下几种类型的研究尤其受到人们的重视：

1. 获得“文化指标”(Cultural Index)。现代社会的大众传播渗透到了社会生活的各个方面，其内容显然是反映社会状态和特点的重要指标。

2. 把媒介提示的“拟态现实”与客观现实加以比较。通过内容分析，可以对媒介提示的“拟态现实”与客观现实间的一致程度进行考察，以防媒介报道所营造的虚拟世界歪曲客观现实。

3. 考察文本提供者的意图。这就是欧洲批判学者所采用的“文本分析”法。特定的人制作特定的文本，文本必然反映制作人的立场和利益。因此，通过对文本内容的分析，可以大致推断出制作者的意图。

三、内容分析的程序和技术

内容分析的基本过程，是由“确定课题—选定对象—实施调查—整理分析—提出结论”等各个环节和步骤构成的。

1. 提出研究问题或假设。内容分析必须有严密周到的思考，反复阅读文献，形成研究问题或假设。这种假设也可以来自个人预感和常识，也可以从已有的理论、原先的类似研究结果或实际问题中得出。

2. 确定研究范围。应考虑与本课题关系最密切、信息含量大、系统连续、学术价值较高的文献。

3. 抽取样本。如果资料众多，还必须对它们进行抽样。研究者要熟悉资料结构及群体特征，决定适当的抽样方法。一般分层随机抽样与多阶段随机抽样的使用较为普遍。

4. 界定分析单元。分析单元是指对传播信息进行分类或测量的最小记数对象，它是实际计算描述或解释的最小元素，是内容分析要具体统计的对象，关系重大，也是最难解决的问题。它可以是字、词语、句子、段落、章或整篇文章等。分析单位越小，所收集的信息就越具体，统计结果也越精确。

5. 编制编码表。这是内容分析的核心问题。分类太粗，会掩盖研究者关心的特征；分类太细，最终落到每个类别的分析单位太少，统计的结果会失去意义。分类应当具有较高的“编码员信度”：不同的编码员用同样的方法对相同的内容进行编码时，他们判断其归入哪一个类别的意见应该是一致的。

6. 培训编码员。培训详细内容、编码须知、编码实例应该以文字方式提供给编码员。

7. 编码员信度分析。主要应把握以下几点：

(1)霍斯提公式。最小信度应该在90%以上。两个编码员分别同时做了 m_1 和 m_2 个单位的编码，其中一致的编码数为 m。其中，编码员信度 $=2m/(m_1+m_2)$。

(2)史考特指数。最小信度应该在75%以上。编码员信度 $=(O-E)/(1-E)$。O 表示实际一致性，可用霍斯提公式计算得出；E 表示期望一致性，它是纯粹由随机性而造成的一致性，它等于每个类别出现的相对频率的平方和。

(3)评价编码员信度的目的。主要是找出分歧太大的编码员，帮助编码员找出出现偏差的原因，或让其退出编码工作。

8. 编码。编码的过程主要有以下几个步骤：

(1)把所有分析样本集中起来统一分配编号；

(2)在对应的编码表上记录这一编号；

(3)为每一个分析单位分配编码表，进行编码。

编码以及和草根理论的发展有关的基础程序的确是一项艰难的工作，而且必须认真对待，但是，就像许多人享受拼图的乐趣一样，许多研究者也在编码与分析的过程中获得满足。当研究者开始将片段的问题拼凑成完整的图像时，这个过程确实令人感到兴奋。

当我们对一段内容进行某种编码时，你就可以在脑海中想象：我们将这段内容印在一张纸片上，并将这张纸片搁在相应的文件夹里。如果我们赋予这段内容两个编码，则可以说我们将这段内容复制成两份，并分别搁在代表了这两种编码的文件夹里。也就是说，任何变量的操作化定义都应该包括它本身内在的特征。此外，这些特征应该同时具有互斥性及周延性。

9. 数据的录入和查错。主要是建立相应的变量和数据录入。

10. 数据分析与解释。依靠相关的统计学知识给予模型估计等。

四、对内容分析法的正确认识

(一) 内容分析法的优点

1. 时间及人力上相当经济。是很适合初学者的一种调查方式，内容分析法具有较高的可行性，特别是对一个初次做研究的研究者而言。如果要使用实验法或田野调查法，或许就要面临反复试误的过程。

2. 应用主题非常广泛。内容分析法很适宜研究长期的事物，不受时间和地域的限制。完全可以对连续时间的资料进行研究。比较来看，田野调查法难以长时间持续。

3. 可靠性大。相比其他研究方法，弥补过失要容易得多。

4. 非接触性研究，不会对研究对象发生影响。研究的对象均已形成，因此不会对其产生干扰。

（二）内容分析法的缺点

内容分析法的缺点主要是对某些内容的分析可能会需要较高的费用，而且常常不能代表真实世界的状况，因为媒介内容经过人为选择。不同的研究者对同一个问题的研究结论可能不同，研究只局限于对有记载的资料进行分析和研究，等等。

思考题

1. 谈谈调查在传播学研究中的地位与作用。
2. 传播学的调查研究大致分为哪几个阶段？各阶段的主要工作是什么？
3. 简述几种主要的随机抽样方法。
4. 问卷设计的基本原则有哪些？
5. 什么是控制实验法中的实验变量？
6. 什么是内容分析，它有哪些特点和原则？

推荐阅读书目

1. [美]辛格尔特里：《大众传播研究：现代方法与应用》，刘燕南译，华夏出版社 2002 年版。
2. 柯惠新、祝建华、孙江华：《传播统计学》，北京广播学院出版社 2003 年版。
3. 戴元光、苗正民：《大众传播学的定量研究方法》，上海交通大学出版社 2000 年版。

第九章 传播实践研究

社会分工与合作是人类生存和生活的基本方式。而自从有了人类社会，信息传播就成为人们进行生产生活合作的必备条件。随着传播技术的逐步发展，人类社会的信息传播正在以加速度的方式向纵深演进。尤其近年来，网络与数字传播技术正深刻改变着信息生态，带动着传播观念和传播策略的变化，一个崭新的信息时代或者说数字时代正迎面而来。本章概要介绍三种主要的商业传播实践，包括广告传播、公共关系传播和整合营销传播。

案例：品牌在传播中舒展生命力

——厦门森宝集团事件营销点评

我们大多有这样的感受：行走在商业街上，那些播出动态画面的大屏幕和公交车身广告最能引起我们的注意。同理，在消费者的认知网络中，品牌是作为生命而存在，只有那些鲜活的、可信任的品牌才能进入注意和选择的范围。事件营销就是在当今信息渠道多元和注意力成为一种稀缺资源条件下实现品牌"活化"、抢占消费者认知资源的重要方法。

事件营销有三个基本要素：首先必须有"由头"，包括新闻事件、体育赛事、历史事件和文化盛典等事件，第二个要素是作为传播载体的新闻媒体，第三个要素是品牌诉求点。回顾起来，森宝集团从"5·12大地震"到2008年奥运会期间在策划执行力上都有不俗的表现，通过上述三方面的对接，达到了迅速提高企业及其品牌知名度和美誉度的目的。

试举几例。2008年5月四川"汶川大地震"之后，厦门森宝集团在第一时间募捐赈灾，不仅被多家新闻媒体报道，企业刊物本身更是浓墨重彩地对此进行报道，森宝品牌强烈的社会责任感油然而生。2008年7月以来，在昆明、上海、大连，森宝电子集团携手松下公司相继举办"第一届森宝·松下一体机经销商大会"、"2008松下投影机新品新闻发布会”和“森宝·松下商务投影机新品推广会”。每次会议，森宝与松下公司高层领导都出席，携松下品牌强势、有力地推动了企业与经销商、媒体的合作。会议细节可圈可点之处不少，例如上海新闻发布会就邀请到全国 43 家行业主流媒体记者到场，充分借助行业媒介的权威传播平台，积极展示了企业实力。

2008 年 8 月北京奥运会是一个绝佳的新闻由头。笔者注意到，近期一个持续性的传播事件是，集团所属福建森宝食品集团借助“年屠宰能力达到 200 万头生猪的现代化冷鲜猪肉生产线正式投产”这一生产事件，提出“打造中国南方最大生态肉类食品加工基地”的概念，契合了当下生态环保的消费和投资需求潮流，也得到了作为国内最大、最权威的通讯社新华社的报道。传播效果在广度、深度和亮度方面均得到提升。可以想象，如果在事件价值判断、媒介资源和具体执行方面缺乏支持和配合，这些事件也就只成为一个普通而平淡的销售环节、生产车间的一个数字而已。

事件行销的传播不仅仅只限于事件发生期限内。如果要实现延长效果，就需要建立一个相对持久性的传播平台。这方面，《森宝之声》和集团网站就起到了记录、传承、发酵和启发的作用。当我们浏览这份报纸和网络新闻时，一则则事件便犹如一幅幅美丽的图画展现在眼前，品牌也就恰如一位舞者在每一个动作、每一个眼神中讲述着一个个动人的生活故事。

当然，森宝在今后的品牌传播中应当注意对集团品牌和产品线品牌之间的关系做好统筹规划，在事件行销中更多地融入品牌的核心价值和企业文化特色。这方面还有不少功课要做。

第一节 广告传播

在应用传播的诸多类型中，广告传播是作为一种重要的商业传播手段而存在的。自中国实行改革开放政策以来，广告作为一种品牌传播与产品促销的手段，备受企业的重视，并已经得到了广泛应用。相关统计数据显示，中国广告经营额自 1979 年恢复发展以来持续增长，由 1981 年的 1 亿多元增长到 2010 年的 2340 亿元。[①] 根据尼尔森媒体研究公司预测，中国广告业将在未来 7 至 10 年内超过日本，

① 《2010 年中国广告业统计数据报告》，《现代广告》2011 年第 8 期。

成为全球第二大广告市场。[①]

美国经济史学家戴维·M. 波特曾对现代广告的影响力做过如许评价："论社会影响，广告可以同由来已久的机构（学校、教堂）相比，它统治了媒介，对大众标准的形成有巨大影响，它是很有限的几个起社会控制作用的机构中货真价实的一个。"[②]在现代媒介化社会中，广告借助大众传媒对社会经济生活产生了巨大影响。实质上，广告是一种具有社会意义的市场行为和现象，具有正负两面的价值，单纯以经济理论分析广告的价值是有限的。广告传播社会价值评价的核心问题不是广告是否影响社会，而是这种影响力应该在谁手里、在何种社会控制之下才能实现总剩余值最大化。

一、广告传播在企业营销中的地位与作用

广告是一种营销传播活动。美国著名营销大师菲利普·科特勒认为，市场营销是指个人和集体通过创造、提供出售，并同别人自由交换产品和价值，以获得其所需所欲之物的一种社会过程；营销管理包括以下的过程：选择目标市场，通过创造、传递和传播优质的顾客价值，获得、保持和发展顾客。美国市场营销协会所下的定义是：营销是计划和执行关于商品、服务和创意的观念、定价、促销和分销，以创造符合个人和组织目标的交换的一种过程。营销关注的核心是在特定的资源分配条件下的交换过程。因此，分析广告在企业中的重要地位与作用，应当把广告作为营销传播子系统放在企业整体运营系统中加以观照。

广告作为一种营销传播手段，在企业营销的范围内发挥作用，但又不仅只具备推动产品销售、获取利润的经济功能。企业通过广告来降低和利益相关者（顾客、潜在顾客、股东、雇员和其他重要的参与者）的信息不对称程度，发挥告知、诱导、劝服和沟通的功能，还可以获取与之相关的经济和社会的竞争优势。首先，作为营销组合的构成部分，广告是常用的"拉"式促销工具。广告通过向目标消费者传递产品信息。可以刺激欲望、引导需求，提高中间商分销的积极性，推动产品从制造厂商通过分销渠道向消费终端流动。这是对广告传播功能最基本也是最原始的认识。

同时，在产品同质化日趋严重的市场状况下，企业竞争本质上发生在附加产品层次。广告则是企业推动产品形成差异化、提高产品附加价值的重要传播工具。

---

① 琼斯：《尼尔森称中国广告市场10年内跃居全球第二》，《南方日报》2005年1月26日。

② [美]梅尔文·德弗勒等：《大众传播通论》，颜建军等译，华夏出版社1989年版，第471页。

消费者根据产品提供潜在的效用和个人心理满意度来评价产品效用，满意是主观和社会性的，也是一种相对的价值判断。换句话说，效用是从产品和人的关系中产生，而不是产品本身内在的因素。如果广告让一位女士使用化妆品之后在心理上感到更漂亮，她将因为广告而获得更高的满意度。广告因此为产品附加上了价值。研究证实，虽然广告品牌的价格高于非广告品牌，但长期来看，在竞争市场体系中，广告与技术革新一同提高了产销系统的运营效率，带动了整个品类的价格下降。

广告是树立组织良好形象、获得社会公众支持的重要途径。企业形象广告、赞助型公益广告等常常能够帮助企业向社会公众传递企业精神、主动承担社会责任的信息，产品广告、CI战略有时也附带有此类信息的叠加。由此，企业可以获得两方面的收益，组织的良好声誉和由此产生获得利益相关者的优先支持。享有良好声誉的企业在增强消费者选择产品的信心，在获得人力资源、政府政策资源等方面具有竞争优势。著名跨国公司常常将公共关系和广告两种传播工具组合运用，得以顺利地在东道国推行本土化战略。可以预见，在社会营销观念日益普及的情况下，广告在传播企业履行社会责任方面的功能将越来越得到企业的重视。

当然，很少有营销活动像广告一样广受社会关注和争议。批评意见说广告造成资源浪费，消解理性，误导消费，破坏文化传统，导致市场垄断等；赞成意见则认为广告降低了分销成本，鼓励采用新产品，通过大众传媒提供娱乐和教育等。

二、广告对理性消费决策的价值

随着工业的信息化进程，物质生产迅猛发展，不少地方出现了物质产品的饱和甚至过剩。人类即将摆脱对物质依赖的同时却产生了信息依赖。在此条件下，对于消费者而言，广告是产品购买决策与消费生活的必需的一种信息来源。

（一）广告是消费者的重要信息来源

消费者购买决策过程的“阶段模式”认为，消费者购买过程一般分为问题认识、信息搜集、对可供选择方案的评价、购买决策和购买后行为五个阶段。[①] 消费者在积极搜集信息状态下的信息来源分为两部分：内部信息和外部信息。[②] 内部信息包括消费者过去积累的个人经验和低介入度的学习所获得的信息；外部信息是通过亲属朋友和其他人的介绍，通过广告和试用产品等信息来源获得。消费者只有搜集到足够的信息，才能进行最优备选方案的选择与评价以作出购买决策。大多数

---

① ［美］菲利普·科特勒：《营销管理》（第11版），梅清豪译，上海人民出版社2003年版，第222页。

② ［美］贝斯特·科尼：《消费者行为学》，符国群译，机械工业出版社2000年版，第200页。

情况下，消费者在购买产品前都会以内部信息作为其主要信息来源，即根据自己的个人经验进行判断。而当个人经验不足以作为决策的根据时，消费者就会进行外部信息搜集。广告作为一种外部信息来源，是提供商品价格、质量等信息分布状况的重要渠道。

(二) 节省消费者信息搜集成本

信息经济学的信息搜寻理论认为，信息是人们决策的基础。信息是有代价的，获得信息要付出金钱与时间，这就是寻找信息的成本，称为信息搜寻成本。信息也会带来收益，有更充分的信息可以做出更正确的决策。这种决策会使经济活动的收益更大，这就是信息搜寻收益。当存在搜寻成本时，寻找信息应该达到边际搜寻成本等于边际搜寻收益，消费者将停止信息的搜寻。① 消费者信息搜集量及其持续时间是影响是否成功购买的直接因素。消费者信息外部的信息搜集成本是影响信息搜集的主要因素之一。信息搜寻成本低，消费者的信息搜集量就大，其结果是信息搜集的持续时间长；反之，信息搜集量及其持续时间就小。假如信息搜寻成本太高，甚至超出了所购商品的价值，那么消费者的信息搜集量也会减少。② 此外，消费者信息搜集行为还受到品牌差异及其变化(品牌差异影响消费者的信息搜集量，如果品牌差异大，消费者的选择性较强，则信息搜集量就大)、时间可获性(时间可获性是指消费者是否有足够的时间进行信息搜集。如果消费者可用于购买的时间较短，那么他的信息搜集量就小)、价格(是影响消费者信息搜集量及其持续时间的主要因素，即消费者花费在价格高的商品的信息搜集时间多于价格低的商品)等因素的影响。

在现代工业社会，商品种类丰富，消费者时间可获性相对较短；而亲友口碑相传等虽然也是一种有效的方式，但获取的往往只是少数几个品牌的信息，并且在个

---

① 信息搜寻理论是20世纪60年代由斯蒂格勒提出的。在市场交易中，交易者总是力图充分地利用信息特别是价格信息，为自己牟利。一般来说，价格信息不断变化，作为交易者将面临两种不同的交易策略：一是随机交易，即在市场上随机地与其他交易者进行商品交换而不进行价格的搜寻；二是在市场中通过与多个交易者接触后，按最优价格交易。从概率上讲，随着搜寻次数增加，消费者会发现更为有利的价格，但一般无法搜寻到最低价格。因为在市场中，即使同质的商品价格也可能是离散的。随着消费者搜寻的继续，会形成一个最低价格的分布。当搜寻次数越多，范围越广，价格会更低。(参见马费成、龙鹜：《信息经济学(七)》，《情报理论与实践》2003年第1期，第94页。)

② 搜寻成本包括货币成本和非货币成本。货币成本包括与搜寻活动相关的费用支出，如交通费、停车费和与时间有关的成本，包括损失的工资、放弃的机会等，例如高收入者的时间成本较高，他在购买产品时就不愿花太多时间搜寻信息。搜寻的非货币成本相比之下虽不太明显，但可能比货币成本影响更大，包括转换品牌而产生的机会成本。(参见汪波、刘凤霞：《基于价格的消费者信息搜寻过程研究》，《天津大学学报》(社会科学版)2005年第5期，第173页。)

性化消费的时代，也会受到一定的限制。而广告则是现实选择。消费者通过大量的免费广告信息来获取商品及其分布信息，节省时间和经济成本。

（三）广告降低了消费者决策风险

广告不仅提供了商品的信息，而且本身也是一种质量信号的传递，有效降低了消费者认知风险。消费者很少可能去购买那些没有做过广告的商品，原因很简单，就是购买的风险成本太高。在现代社会，广告意味着企业对消费者作出承诺，作为一种公众消费品，它必然受到社会的监督，品质是有保证的。信息经济学的信号传递理论认为，在竞争市场中，如果较高质量的卖主能够找到某种途径，为此付出的成本对他来说要比对低质量产品的卖主来说成本低，作为一种高质量的信号，他可能从信号显示中获益。同时，买主也会认识到信号与质量相关，而愿意支付额外的成本，即拥有私人信息的交易者会设法通过一定的方法将其私人信号传递给缺乏信息的一方，这样交易的帕累托改进就实现了。[①] 在广告实践中，厂商通常会借助购买高价媒体版面与时间等方式向买方传递一种高质量信号。因此，广告在一定程度上消除了消费者对商品的不确定性，降低了消费者的决策风险。

第二节　公关传播

当代公共关系传播的发展源于美国。在行业上，公共关系则从企业发端，然后扩及其他部门。由于路径倚赖的缘故，主流公共关系实践都以服务于商业利润为指导思想。到了19世纪末期，美国大型企业兴起，铁路公司等因面临罢工风潮，认识到工人及利益相关者团体的重要性，才开始致力于劳资对话，正式使用“公共关系”一词。艾维·李、爱德华·伯奈斯是第一代公关先驱。1904年，美国人艾维·李开设了第一家新闻代理事务所，开创了世界公关业的先河，从此公共关系服务开始正式进入社会生活。1914年的4月20日，在科罗拉多州一座由洛克菲勒家族所拥有的一座煤矿场中，矿场管理者动用自卫队和民兵部队攻击罢工矿工，从而引发严重的企业危机，社会舆论纷纷谴责。为了化解这桩屠杀事件造成的恶劣影响，尽快恢复洛克菲勒父子的名誉，艾维·李应聘为其提供公共关系服务。针对当时的舆论环境，他很快做出反应，并成功地在报纸上刊登文章，为这一行为进行辩解。他辩称，这种针对罢工行动的反击，是在维护“工业自由”。由于其出色的表现，危

---

① 马费成、龙鹫：《信息经济学（七）》，《情报理论与实践》2003年第1期，第95页。

机事件得以控制，舆论开始向有利于洛克菲勒家族的方向转变。①

在中国刚刚改革开放的时候，一些外资酒店、宾馆在中国大陆首先开设公关部门，开展一些新颖的接待工作，之后，顺应了经济改革开放的要求，很多百货商场、公司等工商业行业成立了公关部门，并由郑州"亚细亚"商场、点子大王何阳等掀起一股公关热潮。所以，受美国公关实践的影响，我国企业引入公关理念后在实践操作上也具有相当浓烈的商业色彩，当然也让很多人误认为公关只是企业"迎来送往，带头鼓掌"，或出个点子救活企业的神话。

究竟什么是"公共关系"(Public Relations)？这是理解公共关系现象与研究公共关系活动规律的逻辑起点。关于公共关系的定义，美国学者哈罗博士(Harlow)整理出472种，主要归纳为组织理论、冲突管理论、沟通论、符号互动等。本文认为，所谓的公共关系是这样一种管理功能，它建立并维护一个组织和决定其成败的各类公众之间的互利互惠关系。公共关系至少有三大目标：认知度、美誉度、和谐度，常常运用三大方法：形象塑造、传播管理和关系协调。公共关系活动一般包括四大步骤，就是调查、策划、实施和评估。

一、公共关系理论的主流范式

台湾学者黄懿慧(1999)将公关理论研究分为三个主流范式：管理学派，主要代表人物为Grunig夫妇；"语意/批判学派"，代表人物E. Toth、R. Heath；新近的"整合营销学派"，代表人物菲利普·科特勒、唐·E. 舒尔茨。以下逐一剖析其哲学基础。

(一) 管理学派

管理学派强调组织的沟通管理，代表人物Grunig认为"公关乃组织的有效沟通管理行为"。管理学派认为公共关系是一种管理职能，帮助社会组织建立和维护良好形象，并对危机事件做出预警、处理。近来，管理学派受20世纪泛生态思潮的影响而生长出"组织生态管理"的分支，倡导公共关系承担组织内外舆论管理的职责，颇有新意。不过，对以利润为导向的企业为何投入公益的问题，应当追问：企业公共关系传播究竟为谁的利益服务？

实质上，管理学派下公共关系的主要功能是协助作用。虽然提到公共利益，公共关系的本质不过是企业用来控制市场、增加利润的策略，仍旧是为了谋求商业利润。由此可知，在商业利润动力驱动下，所谓的公众利益非常可能沦为点缀，难以真正独立存在；所谓的沟通管理，是在肯定现状的前提之下服务商业利润的发展。以此哲学

① 向阳：《世界公关百年华诞》，《国际公关》2005年第1期，第39—41页。

基础为出发点，企业面对经济绩效与道德目标抉择时，天平自然倾向于前者。

（二）语意/批判学派

语意学派强调社会交往过程中各类符号的重要性，并期待公共关系扮演企业语意的施行者，借以推销组织立场。管理学派与语意学派的切入点虽然不同，但是却具有类似的目的与功利性，只是论述的重点集中于符号，而符号仍然是以企业而非产品为单位对社会公众进行说服而服务。

批判学派针对公共关系领域的诸多现象进行了权力解释或政治经济分析，如美国学者 Gandy(1992)指出，公共关系常常沦为权力精英贩卖其世界观的武器。但是并未对公共关系学受到商业利润的指挥这一根本问题提出质疑。批判学派仅仅止步于批判个别权力精英推广世界观的企图，没有点出个别精英的世界观实际上源于服务资本增值和商业利润的实质。

（三）整合营销学派

该学派将公共关系列入企业营销传播的范畴，商业色彩更加彰显。整合营销学派不过是将普遍意义上的公众直接等同于市场中的消费者，在信息沟通与舆论引导中注重以第三方的名义传播信息，使公共关系发挥可信度高的传播效果。例如，美国营销大师菲利普·科特勒(2002)指出，消费者不同信源中得到的相互矛盾的信息可能导致混乱的公司形象和品牌地位，企业必须利用所有的沟通渠道，以对其目标市场传递出一致的价值主张。他指出 IMC 是“大众传媒广告、人员推销、营业推广、公共关系、直复营销、包装及其他工具进行统一，从而发出关于公司及其产品的清晰、一致和有说服力的广告信息”。他主张将公共关系(Public Relations)与权力(Power)加入营销 4P，直接让公共关系服务于企业营销，创造经济效益。唐·E. 舒尔茨被称为“整合营销传播之父”，他认为，在信息爆炸的时代，大众对信息的接受模式是：遗忘和过滤 99%，只能记住 1%。厂家自以为通过广告、软文、图片等手段告诉大众一个完整产品的信息，而这只是厂家的一厢情愿。大众在超量的信息刺激之下，对产品的印象是零散而模糊的，所以厂家要把各种传播手段加以整合，使大众头脑中一个个“零散的 1%”最终能在头脑中凑成一个厂家想要的 99%。于是，整合营销学派中，公共关系成为促销与广告等商业传播的同类，实质上完全满足了利润的目的。

国内知名公关学者纪华强在新作《公共关系的基本原理与实务》一书中，借鉴现代生态观和生态理论，引入了“生态”、“物种”、“能量流”等概念，指出要了解并探讨组织、公众及其关系结构、功能以及演化机制，必须把其放到组织生态系统中加以考察，具有一定的创新意义。社会组织具有能动的目标导向、与环境目标相适应的结构特性和反馈特性，而公共关系的实质则是社会组织通过信息传播沟通手段处理自身的各种公众关系问题，以达到适应、优化组织社会生态环境目的的管理活动。该书强调指出，信息的输入对组织是一种特殊的能量输入，使组织得以保持一种稳态和动态平衡。公共关系对组织生态环境实施管理的基本手段是信息传播，组织的信息环境系统是公共关系的主要任务环境。显然，这一系统论整体观的新阐释更为形象直观，凸显公共关系学之学科交叉性、开放性，同时反映了20世纪70年代以来泛生态学术研究思潮对公共关系学科研究的影响与推动。

功能研究是公共关系研究的核心理论问题之一。从概念上分析，"职责"解决的只是"应该做什么"的问题，带有鲜明的价值理性色彩，而功能则是指事物本身所具有的"能力和作用"，解决的是"可以做什么"的中性问题。实质上，事物可以具有正功能，也可以具有负功能。从公共关系活动作为一种传播行为的角度，该书指出公共关系具有五项基本功能，即守望功能、协调功能、教育功能、娱乐功能、效益功能，这一分析拓展了人们对公共关系管理作用与能力的认识。在组织的公关管理实践中，是着眼于功能，还是着眼于职能，是战略性公关与工具性公关这两种不同公关管理层次的重要区别。公共关系管理必须从功能研究入手，以实现功能目标的要求去确定所需的具体公关职能及其行使。

从研究公共关系活动规律入手，进而建立公关活动模式以指导公关战略策划，是将理论研究与实践很好结合的一个亮点。以往西方公关论著提出过公关活动的轮盘模式、螺旋模式和环状结构模式等，或是把公关活动表达为一种封闭循环运动，或是把调研、策划、实施与评估、行为与传播等之间的顺序简单固化。公关活动行为新模式认为，公共关系活动是包括调查研究(Research)、策划(Plan)、实施(Practice，包括行动与传播)、效果评估(Evaluation)、反馈(Feedback)在内的一种更为复杂、四个步骤与三个步骤交替的、柔性有序的循环过程。[①] 比较起来，书中建构的新模式更加切合公关活动的实际本身，把公共关系活动规律研究推进一步。在建立新模式中提出的行为与传播互动关系、效果评估应成为贯穿于整个公关活动过程的监控机制等观点，对提升公关战略策划、实施管理的科学性都具有重要现实意义。

危机管理是公关管理的重要领域之一。从"危机战略管理"的角度，应当把危机管理放到组织的决策层次上考虑，把危机管理融入组织文化；健全危机管理机制，开展危机审计，推行问题管理；以公共关系的伦理标准，而不是以法律标准管理危机，规避危机；开展危机风险管理，分散、减轻危机损失，等等。

议题管理(Issue Management)、院外游说(Lobbing)、公关网络传播管理、新闻

---

① 纪华强：《公共关系的基本原理与实务》，高等教育出版社2006年版，第93页。

发言人研究、公关的伦理道德抉择等对国内公关界尚属新鲜的领域，对推动国内此类公关管理实践科学化及提高行业伦理标准具有重要的参考价值。自然，这些领域尚需学界结合国内公关实践做进一步研究。

公共关系活动与广告存在着很大的区别。这一点集中表现在：一般商品广告主要是通过商品信息的传播、树立品牌形象来吸引消费者，从而引导购买行为的发生。公共关系活动则主要是通过企业与社会公共关系的沟通和改善，力求在消费大众中树立起良好的企业形象，以此来促进和影响销售。在销售目的上，销售促进比广告来得更为直接，公共关系则较广告来得更为间接。如果说广告主要是为产品提供一种购买的理由促成购买行为，销售促进主要是为产品提供一种购买的激励来刺激和实现购买行为，公共关系活动则主要是寻求超乎产品之上的社会公众对企业从理智到情感的全面理解和支持，为产品销售创造有利的人际环境。简单地说，作为社会公众的消费者，从广告中得到的主要是对产品的认知，从销售促进中获得的主要是利益的激励和对购买的驱动，那么从公共关系中实现的则是对企业的认同。

由于广告与公共关系活动的目的和手段、功能与作用不同，当公共关系活动用于产品促销之外的企业方面的事业时，自可获得单独发展。但公共关系活动一旦为特定的营销设计和发展，则必须考虑与广告销售促进活动等多种推广形式的整合。又由于公共关系活动与销售促进活动都常常需要借助广告的手段，用于营销推广的销售促进活动和公共关系活动，即使得以单独发展，也常常被包括在发展广告运动的计划之内，而由广告运动计划者整合在总的推广计划之中。事实上，企业现今的营销推广活动中，有些已很难界定是广告活动还是销售促进活动，抑或是公共关系活动，而是呈现出一种你中有我、我中有你的融合发展趋势。

为对公共关系的功能加以说明，以下以谣言传播为例结合实际发生的危机事件来详细阐释。

二、公共关系实践举要：谣言传播及其危机管理

谣言是指凭空捏造的不可信的话。在各类公关危机中，谣言传播是导致组织形象严重受损的重要原因之一。因此，如何及时、有效应对谣言传播造成的公关危机是危机管理的重要内容，也是企业管理层应当给予高度重视的问题之一。

(一) 公关中的谣言传播特征

1. 谣言传播具有突发性且流传速度极快

一个谣言往往不知从何处冒出来，然后就开始迅速繁殖、流传开来。一般来

讲，一次完整的谣言传播通常经历了形成期、高潮期和衰退期三个阶段。在谣言传播的形成期，只有少数人作为谣言的发源地相互议论，随之谣言的传播速度开始加快，迅速传给谣言的次极源地，再传给他人，形成一种“锁链式传播”，这样就进入了谣言传播的形成期。在形成期，谣言的传播速度逐渐加快，谣言很快呈燎原之势，参与传播的人越来越多，范围越来越广。当谣言为绝大多数公众所接受，传播达到或者接近一种平衡状态，谣言传播就进入了高潮期。其后，随着谣言重要性的减弱，谣言传播的频率开始下降，谣言传播逐步进入衰退期，直到谣言完全消失。

谣言传播速度之所以很快，除了因内容具有稀奇性外，还与谣言传播的特殊网络有关。国外传播学者研究发现，谣言在一定群体或组织范围内的传播网络不同于其他类别非组织传播的网络。美国的传播学者曾用“葡萄藤”来形容谣言的传播。他们发现，“葡萄藤”传播具有速度快、信息量大、反馈性强等特点，呈现出双向性、交叉性，其传播覆盖面以几何级的速度增长。

针对某一主题的谣言传播还有可能反复、循环出现。在企业公共关系中，这种情况通常是因为企业没有及时采取有效的危机管理对策所致。由于公众所关心的问题没有彻底解决，疑问没有得到解释，谣言便有反复出现的可能。这种反复表现在潜在状态和显在状态的交替。

2. 谣言传播的主体及其动机具有复杂性

对一间公司而言，谣言传播的主体一般包括四类：竞争同业、消费者、大众传播媒体、有意或无意制造事端的其他公众。四类主体中，前两种比后两种更多见。

(1)竞争同业。在市场竞争日益激烈的情况下，处于竞争关系的一方为挤垮对方、夺取更大的市场份额，会释放一些没有科学依据、不符合实际的信息攻击对方。这种行为虽然在法律上属于不正当竞争行为，但仍被一些企业视为法宝。如 1995 年巨人集团为尽快以自己的产品“巨人吃饭香”取代娃哈哈，就在自制的《巨人集团健康产品销售书》中声称：“据说娃哈哈含有激素，造成小孩早熟，产生许多现代儿童疾病。”该书随巨人开发市场的触角伸向全国各地，造成娃哈哈当年销售量同期减少 2/3。

(2)消费者。消费者有时也充当了谣言制造和传播者的角色，其动机常常是由于产品使用不当或使用过期、假冒伪劣产品而引发不满，集中攻击生产厂家或经销商。特别在要求赔偿而遭到拒绝时更倾向于散布谣言以发泄不满。再者，企业处理其他方面的危机不当或不及时的情况下，消费者也容易由于购买或使用该企业的产品而诱发恐惧不安情绪，由相互议论而造成一定的舆论声势。比如，湖南常德“三株口服液致死人命”的事件发生后，由于厂家没有及时采取有效的公关措施，消费者将病人死亡单纯归因于三株口服液，再加上新闻媒介的介入，从而舆论四起，三株公司的声誉严重受损。

(3)大众传播媒介。新闻媒体成为谣言的传播主体往往是因为只顾追求新闻时效疏于调查而致。这种违反新闻真实性原则的行为使得媒体无形之中扮演了造谣者的角色。如1998年7月22日南方某大报刊登了一则“一台沙松冰箱爆炸”的现场图片新闻,引发了一场“一台沙松冰箱自动爆炸”的谣言传播。几十万该冰箱用户反应强烈,有的甚至将冰箱搬到室外。后证明并非由于冰箱本身质量问题爆炸,而是一用户在冰箱中存放了易燃易爆品——丁烷气瓶所致。

(4)其他公众。其他公众(个体或群体、组织)也会有意或无意充当造谣、传谣者的角色。其中,有意者的目的在于利用谣言传播以混淆人们的视听,以此方式发泄自己的某种好斗性、压抑性。如1999年4月,某市两名蓄意干扰该市金融秩序的个人制造了“行长携巨款潜逃”的谣言,造成该市交通银行发生挤兑风波。

3. 谣言传播的渠道具有交叉性

有损企业形象的谣言是经过一定媒介传播的,包括人际间的口头传播符号(一定群体或组织内部的谣言个人交流系统也可归入此类)、大众媒体、因特网等,更常见的是上述媒介的交叉组合。

(1)人际间的口头言语、非言语符号。由于人际间口头传播很难保持信息编码、译码的完整性、精确性,因此,谣言难免在传播过程中扭曲变形,甚至与原始信源处的信息相差万里。因此,这种口碑符号传播具有人际传播的随意性大、反馈迅速、保密性强等特点。我国先秦时代的《察传》一文就生动描绘了人际间谣言传播的奇特情形:“故狗似玃,玃似母猴,母猴似人,人之与狗则远矣。”(见《吕氏春秋·慎行览》)

(2)大众传播媒体。由于大众传播媒体具有独特的舆论导向功能,因此它们的参与会使谣言形成自上而下的传播状态,其发出的谣言信息更容易取得公众的信任。大众传播媒体传播速度较快,范围较广,受众具有“多”、“散”、“匿”的特征,所以经过大众媒介传播的谣言也就越发不易控制。

(3)因特网。网络传播具有即时性、互动性,给人们获取信息提供了便利。但是网络传播具有匿名性、虚拟性,很难对网上发布信息进行事前审查过滤。人们在获取信息时也很难根据信息本身进行真伪识别。在求新求奇心理驱使下,人们往往喜欢对于谣言等反面动态信息津津乐道,不辨真假或半信半疑即予以传播。前述某交通银行挤兑风波中,造谣者就是通过因特网发布“行长携巨款潜逃”的虚假信息的。

(4)多媒介交叉组合。在一场完整的谣言传播中,往往有人际的口头传播和其他媒体的组合,也有大众媒体与网络间的交叉。这种媒介的交叉组合容易形成谣言信息的“旋涡”型传播而富积更大的能量。

4. 谣言传播内容以“黑色谣言”为主，且具有稀奇性、变动性

对企业而言，谣言传播的内容是多方面的，例如产品的性能、包装、商标，企业的资产重组、同业竞争、营销渠道、经营业绩、财务状况、人事变动，等等。按照感情色彩的不同，谣言内容可分为“黑色谣言”和“玫瑰色谣言”两类，但以前者为主。

第一种为“黑色谣言”。这类谣言是指预告或宣扬企业的坏事、灾害、失败、分裂等反面消极的信息，是一种蓄意攻击、挑唆事端的行为。如产品质量下降、使用不安全、企业高层人员遭到意外人身伤害或法律诉讼、企业被收购，等等。如某厂生产的“宫宝口服液”本是以人体胎盘为原料精加工而成，却被谣传是用牛、猪胎盘和人尿做的；宝洁公司的商标被谣传带有魔鬼崇拜的标志等。可以说，“黑色谣言”对企业起到了一种“骂杀”的作用，威力十分巨大。

第二种为“玫瑰色谣言”。对企业而言，“玫瑰色谣言”是指散布、拔高超越企业实际的种种承诺，但企业最终无法兑现的信息。公众在谣言传播的过程中由兴奋转为大失所望，继而大为不满或愤慨，将满腔怒气都撒向企业。因此，“玫瑰色谣言”对企业起到了一种“捧杀”的作用。谣言传播的内容一般还具有稀奇性，缺乏事实根据。

谣言的情节越离谱，越违反常规，越能够迎合人们的求奇心理，就越容易引起人的关注，也就越容易流传开来。尤其对于“黑色谣言”来讲，更是“好事不出门，坏事传千里”。如 1996 年法国奥尔良市的 6 家以色列人开办的服装店突然从门庭若市变得门可罗雀。原来该市流传很多年轻女子在该店秘密失踪的谣言。另外，著名的可口可乐公司曾多次遭到各种稀奇古怪的谣言的攻击，如该产品瓶子中有老鼠肉的碎片、玻璃片等。从动态来看，谣言内容在传播过程中并非一成不变。这主要是因为：

第一，谣言作为一种非组织传播，一般靠人的记忆进行传播，而记忆则很难保持与原形完全一致。在信息的译码、释码过程中，记忆会随时间的流逝而发生变化。

第二，谣言传播者在传播中起一种主观评点的作用，下一级公众使内容本身带有上一级传播者意志的夸张性，也会引起谣言内容的变化。

5. 谣言传播往往给企业造成严重的损失

公关中的谣言如不加以及时、有效地控制，可在一定阶段形成强大的社会舆论压力，从而给产品形象、企业形象以致命性打击。轻则产品积压，失去市场，重则一蹶不振甚至关门大吉。如 20 世纪 70 年代雀巢公司由于在谣言开始期间处理不及时而引发了一场世界性的抵制运动。虽经 7 年努力挽回声誉，但仅婴儿乳制品一

项直接损失就达4000万美元之巨。此外，竞争同业如对谣言传播以牙还牙，也以制造、散布谣言的方式相对抗，还可能导致两败俱伤，失去共同市场。如1992年北京市场的"亚都"、"百龙"矿泉壶大战即为生动一例。两厂都为排挤对方而大造谣言、相互诋毁。一方说使用对方产品可导致癌症、死胎、怪胎、心血管破裂，另一方则断言过久使用对方产品会造成结石。一时各种有关矿泉壶的谣言纷纷粉墨登场，终致北京市场萎缩疲软并波及全国其他市场。

(二) 谣言传播的危机管理

面对谣言传播造成的公关危机，企业必须从战略的高度认识和对待这一问题。事实证明，无论是对谣言采取不闻不问、视而不见的"鸵鸟"政策，还是任由事态发展的"等着瞧"政策，都会错过最佳处理时机。一般而言，组织可采用的应对方式有司法介入、广告反击、公关控制。应该说这三者都具有各自不同的功能。笔者认为相应的危机管理以公关控制为主，以其他两种方式为辅，相互结合、综合治理为上策。

具体来讲，相应的危机管理可分为以下四个步骤进行。

1. 预警

企业应将谣言传播造成的危机列入管理当局的危机清单。鉴于谣言传播后果的严重性，组织最好能制订专门的预警措施和应对方案，以避免危机出现时的混乱和时机延误。企业可以指定自己内部的公关机构或者委托专门的媒介、公关公司对组织环境的各方面变动进行监控。

2. 建立机构

主要是建立临时危机管理组织以调查谣言的缘由，预测谣言传播的危害程度及实施有效的信息控制等。谣言传播的初期阶段一般容易为企业疏忽，或者自认为身正不怕影子歪而置之不理。但企业应当在"风乍起，吹皱一池春水"时就引起警惕，并寻找谣言的来源、影响范围、造谣者的意图背景，以便对不同类型的谣言进行有针对性的控制。此外，如果谣言的来势很猛，就应立即成立相应的危机管理小组。该小组由公关、法律、传媒、企业管理等方面的人员参加，并由企业高层管理者负责协调指挥。如聘有公共关系顾问，也应及时取得联系，共商对策。

3. 信息控制

减少谣言进一步扩散的重要方法之一是尽可能向公众提供其关心问题的相关信息，并通过扩大信息量的方法来防止歧义产生，以消除他们对组织相关问题的神秘感。因此，在谣言有"山雨欲来风满楼"之势的时候，应确保组织信息畅通无阻，并尽可能让外界了解组织关切公众的态度。此时，最重要的一点是保持信息传播口径的一致。在具体信息内容上，应注意从两方面入手：

首要是"拨乱",即尽快拿出事实给谣言传播者以迎头痛击——因为谣言最怕事实。此外,还要注意发挥舆论领袖的作用,如企业最高领导人、行业协会、政府等,利用他们独特的权威性消除谣言的影响。二是"反正",即从正面阐述真相,并在必要的情况下适时对公众作必要的承诺。另外,尽量避免重复谣言本身,以防公众只获取信息中的谣言片段而强化对谣言的信任。

为配合公共关系措施的有效执行,针对谣言传播的广告反击,应注意以下几点:

(1)以阐述事实为主,必要时可采用严正声明的形式,以正视听。

(2)广告的目标是扼制谣言进一步蔓延,因此应在谣言传播的高潮期或此前开始投放。

(3)广告的投放地域应以谣言的主要密集区为主,注意拿出科学证据和事实。

(4)不要重复谣言信息本身。组织还应明确的是,公关并非与司法的介入相冲突。此刻法律的介入主要是追究造谣者的法律责任,防止其再次成为谣言传播的源头,同时对其他企图无事生非者起到一种警告和威慑力量。

4. 危机善后

谣言危机过后,企业仍需要运用公共关系手段处理谣言所带来的长期负面影响,修复谣言给组织形象造成的破坏。同时,还可以利用谣言传播危机创造的机会宣传组织正面形象,以求与公众重建互信关系。如 1982 年强生公司"泰勒诺尔"风波过后,消费者仍不敢购买,唯恐再遭到投毒之险。该公司果断撤回市场上高达 1 亿美元的药品,将更坚固的三层密封新包装药品投放市场,消费者彻底摆脱了谣言的阴影。结果,公司声誉并未受损,反而更加卓著。

第三节 整合营销传播

一、整合营销传播受到重视的原因

1990 年,美国市场营销专家劳特朋提出"整合营销"(Integrated Marketing)的新概念,其含义随着营销实践的发展而不断得到充实、扩展。所谓的整合营销包括两方面的含义:其一是各种营销职能(广告、产品管理、营销调研、人员推销、销售促进、公共关系等)必须彼此协调,所有营销职能必须从顾客观点出发彼此协调(由此演绎出 4C 理论);其二,企业的全部活动都以营销活动为主轴运营,企业非营销部门如生产、财务、人事等都接受"思考顾客"观念,和营销部门紧密配合,以营销为目标协同作业。

“整合营销传播”的概念首先由舒尔茨(Don Schultz)在1993年提出,此后包括汤姆·杜肯(Tom Duncan)在内的许多学者不断完善了整合营销传播理论。整合营销传播的内涵是:以利益相关者(Stakeholders)为核心,重组企业行为和市场行为,综合协调地使用各种形式的传播方式,以统一的目标和统一的传播形象,传递一致的产品信息,实现与利益相关者的双向沟通,迅速树立产品/品牌在利益相关者心目中的地位,建立、保持和发展产品/品牌与利益相关者长期密切的关系。

整合营销和整合营销传播受到重视的原因主要在于其顺应了市场发展的需要,包括:

1. 媒体市场的细分化和大众传播媒介价格的上涨降低了企业对大众媒体的重视,而集中精力于小型、目标性的媒体选择,如直邮和活动赞助。

2. 市场力量由厂商向分销渠道转移,零售业的合并使当地小型零售商为地区性、全国性、国际性连锁店取代。它们以其自身的影响力要求厂商支付促销费用和折扣,这也分散了制造商的整体广告投入。

3. 扫描机等新技术使零售商能获得信息,可评估厂商促销活动的效果,这也使厂商倾向使用销售促进等促销工具以获得短期效果。

4. 数据库营销迅速发展。许多公司使用计算机建立数据库,记录顾客姓名、人口学、地理学、心理学方面的资料以及购买方式、媒体参考、信用能力等其他特征。厂商根据这些信息,采用直接营销方式打动消费者,如电话营销、直接反应广告,而不再依赖大众媒体。

整合营销和整合营销传播的创新点是看待营销问题的视角转换。传统的营销观念以生产者和产品为中心而强调4Ps,是由内而外的思考(Inside-out thinking)。整合营销和整合营销传播以利益相关者为核心,重在沟通,强调4C,是一种由外而内的思考(Ouside-in thinking)。

目前,虽然整合营销和整合营销传播在具体操作方法上还没有得到统一的认识,但概念涉及营销过程中的每个相关人员:公司意识到必须改变销售产品和服务方式,不能仅使用某种特定传播工具,应采用一切能向目标受众提供信息的途径;广告代理商给自己定位为不仅可提供广告服务,还能满足客户的整合需要,未来成功与否取决于是否有能力帮助客户发展和实施整合营销传播计划。

二、整合营销传播概念下的“整合”

英文IMC的“整合”(Integrated)是一个过去分词。在《牛津现代高级英汉双解辞典》里,Integrate 作为动词的解释有:(1)combine(parts) into a whole,complete by adding parts,连接各个部分使成为一个整体,结合成一体;(2)bring or come into the mixing of groups,使打成一片,种族融合。所以,从字面上理解,“整合”的概念包括了从部分到整体、由不同到一致的意思。

IMC 概念的一个创新点在“整合”,也是理解 IMC 的一个难点。那么,在整合营销传播的视野里,究竟什么是“整合”呢?

奥美广告公司所著的《奥美的观点》里描述不同传播途径常常散发彼此冲突的讯息,提出“不是所有客户都需要所有的传播技能,但凡是运用两种以上的技能就该有整合的动作”,而整合传播的基本技能是“协力”,不同的乐器必要时能够合奏,并且演奏出悦耳怡人的和谐之音。这一定义提出了 IMC 传播技能的组合与追求和谐的结果。美国 4A(美国广告代理商协会)对整合传播的定义涉及“整合”概念的含义有:评估各种不同的传播技能在策略性思考中所扮演的角色,并且将之结合,透过天衣无缝的整合提供清晰、一致的讯息,并发挥最大的传播效果。该定义提出了 IMC“无缝传播”的一个特质。

韩国学者申光龙(2001)认为,在 IMC 观念下,营销传播管理者“应该了解直接利害关系者和社区、大众媒体、政府、各种社会团体等间接利害关系者利益关系者的需求,并反映到企业经营战略中,持续、一贯地提出合适的对策”。他认为 IMC 要对企业各种传播活动进行有效的、阶段性的排序。菲利普·科特勒(2002)指出,IMC 是“大众传媒广告、人员推销、营业推广、公共关系、直复营销、包装及其他工具进行统一,从而发出关于公司及其产品的清晰、一致和有说服力的广告信息”。这里强调利用丰富多彩而又更加集中的促销工具,整合的目的是沟通信息“清晰一致、有说服力”。张金海(2002)提出,整合营销传播的核心内涵是“以消费者为核心重组企业行为和市场行为,综合、协调运用使用各种形式的营销传播方式,对准一致的目标,通过各种不同的传播渠道,传递一致的营销信息,树立一致的品牌形象,实现与消费者的双向沟通,与消费者建立长久的密切关系,有效实现营销传播效果的最大化”。这一定义中,“整合”的含义有综合、协调,信息和形象一致,双向沟通、长期关系等。王方华(2002)着重研究企业所有资源的综合利用,包括企业内部的整合、外部的整合及企业内外部的整合,对“整合”的解释是“综合、合并或一体化,以完整的结合成一体为特征”。这一定义强调了企业内外部整体资源利用的一体化。

综上所述,在 IMC 框架下,“整合”的概念基本是从传播主体出发而言,包括了营销传播过程的信息量、质两方面及其组织资源前提。在数量上,传播工具一般多于两种,另外,处理不同要素的分配、序列,传播量的扩大、质的提高、密度的增强等都成为企业传播管理亟待解决的问题;在质上,传播活动可以在保持规模的条件下以提高传播密度的方式提高传播效率，即传播的“无缝隙”，追求传播效果最优。传播的目标是各种传播工具的运用要和谐一致，形成“一种形象，一个声音”，而不是信息相互冲突与矛盾。另外，为推进消费者忠诚和实现关系营销，需要实现组织内部、外部的资源的高度匹配。

三、对当前 IMC 概念的梳理

总体上看，IMC 的整合对象是两个层次或者说两种形式的传播，一种是战术执行层面的，现存各类传播工具的协作、组合，强调的是产品品牌传播的层次；另一种是公司层次的战略传播，关注公司形象、公司与品牌传播之间的协调一致、一体化。前者的理解方式很多，例如奥美的和谐悦耳、此起彼落的“交响乐”（融合各种传播技能与方式，为客户解决市场的问题或创造宣传的机会）、早期美国、英国、澳大利亚、新西兰等国的“把各种传播方式（广告、直接反应、促销和公共关系）组合起来提供清楚、连贯并且最大化的传播影响”等。美国科罗拉多大学整合传播研究所的整合传播概念四层次中“形象的整合（Unified Image）”也是指广告呈现一致的模样和个性。菲利普·科特勒（2002）指出，消费者不同信源中得到的相互矛盾的信息可能导致混乱的公司形象和品牌地位，企业必须利用所有的沟通渠道，以对其目标市场传递出一致的价值主张。

后者如唐·E. 舒尔茨等（2004）认为，“整合传播远不止协调许多传播活动以便为品牌或组织赢得一种形象、一种声音的效果”，提出 21 世纪整合营销传播的定义“是业务的战略过程，可以利用此过程设计、发展、执行以及评估品牌传播方案”，传播战略与公司的任务、价值和需求息息相关，也同样离不开品牌的任务、价值和需求，提出“只在产品品牌水平上整合所有的传播活动是远远不够的。所有的企业或公司水平上的传播活动必须进行整合”。林友琴（1998）提出，利用现存的各类传播工具的“整合”不是太难的事情，不是一个真正策略性的思考，真正的整合应该思考的不是如何运用不同的传播工具而已，“整合的目的应该是整合企业体内部及外部的所有资源，以求其销售的产品或服务能够提供消费者最佳的组合，并因此获得最大的利润”。卢泰宏（2002）认为，IMC 的创新在于更多地转向消费者导向，IMC 不只是为了提升传播的效果，IMC 正是为了建立顾客关系这一营销最核心的目的。申光龙（2001）认为，IMC 的定义应该放在企业的经营活动中看待，整合的对象有消费者、员工、投资者、竞争对手等直接利害关系者（Interest Groups）和社区、媒体、政府、社会团体等间接利害关系者（Stake-holders）。

因为整合的对象不同，整合的目标也有所不同。战术层面的主要是消费者、客户，战略层面的要广泛得多，包括消费者、潜在消费者，也包括内部、外部公众。美国科罗拉多大学整合传播研究所的整合传播概念四层次中的第2、3、4层已经提出沟通的对象包括顾客群、内部员工、供应商、竞争对手以及股东等人，甚至除了与利益相关团体建立关系以外，同时更扩及较广泛的社区团体，最高级“世界级的公民”整合了企业文化与商业行为，其独特强劲的企业文化引导一切，实质上是一种融合了企业、消费者和社会利益的整合营销。

由上可知，在IMC概念中：(1)传播整合的对象既包括了战术执行层面的销售导向的品牌传播工具，也包括了关系导向的为实现价值增值的公司层面的“接触”管理的战略思考与规划；(2)传播整合的目标既可以针对直接利害关系者(包括股东、员工、供应商、销售商、消费者、竞争者)，也包括了间接利害关系者(包括社区、政府、民间团体、新闻媒介)。营销传播的整合不是局限于广告等个别领域，而是扩大到企业对内、对外开展的所有传播活动。

四、IMC概念的实践特征

IMC概念里贯穿着“营销可传播”、“传播可营销”的观点。IMC的“营销即传播”的提法强调了传播在企业营销管理过程中的价值。在产品同质化、媒体碎片化的信息时代，在营销对角线下移、消费者权利加大占据主动的买方市场，只有传播才会最终造成企业、产品之间的感知差异。正如唐·E. 舒尔茨等(2004)所说的，“产品设计、包装、品牌的名字、定价战略、场所以及购物环境(或分销)都是各种各样的传播方式”。IMC还认为，传播是可以营销的，这是从企业对营销传播过程的可控制和可影响性方面来说的，例如广告、SP、直销、公共关系等。企业是社会的生命体，离不开环境的资源的支持，也无法忽视竞争对手的跟进。就企业传播生态而言，在形成顾客感知的关键接触环节，企业必须减少自己的负面传播，增加正面传播。

总体上，IMC概念的实践特征可以归纳为三项指标。

(一) 接触管理

接触管理是指通过对接触时间、地点、环境的管理，力求控制信息传播的方向、力度和效果。在信息空间日趋拥挤的情况下，人们无暇分辨何谓广告、何谓公关，新闻与广告之间的界限也日益模糊，因而视一切信息为广告信息，消费者对认知而非事实的依赖也越来越大。正如唐·E. 舒尔茨等(2002)所说，“存在于消费者心智网络中的价值，才是真正的价值。重要的不是该价值是否真实，而在于消费者相信什么；不是消费者确实知道产品与其他品牌的差异，而是消费者心中的想象是什么”。注意，接触管理并非完全消除了满足消费者需要的产品物理属性的重要性，而是建立在市场营销产品、价格、渠道无显著差异的基础上。

（二）协同效应

IMC 的实质是在消费者接触日益繁杂的媒介情况下强化厂商对消费者的信息不对称，在被动中占据更多的主动，其实施手段则是采取不同于传统单一广告的传播模式，采用多兵种作战的方式。另外，协同效应还意味着推进了厂商和消费者之间交易费用的减少。在生产和流通领域之后，企业减少交易费用的最合理的方法将是一种包括传播在内营销过程的整合，使所有的利益关系人都可以减少交易费用。

（三）双向沟通

信息高速公路带来的共享信息的民主化、开放化的新型经营环境下，双向对等沟通将是满足消费者个性化需求的主导传播模式。双向沟通要求企业倾听不同消费者的声音而非简单地说服，把消费者摆在与企业同等地位上进行双向沟通并做出整体的全面、积极的响应。在建立长期关系的导向下，利用信息技术建立数据库，根据消费者个体特征和“由外而内”的思考模式提供定制信息与定制产品，方能与最有价值的消费者保持长久的联系。

总之，20 世纪 90 年代营销领域最重要的新发展是整合营销，在营销传播领域则是作为整合营销组成部分的整合营销传播理论的出现和运用，整合营销传播是在整合营销的基础上提出的，是后者在营销传播领域的反应和回应。

思考题

1. 如何认识广告在消费决策中的信息功能？
2. 你认为谣言传播的特点是什么？
3. 如何进行谣言传播危机管理？
4. 你认为 IMC 的基本实践特征是什么？
5. 公共关系活动与广告存在什么区别？
6. 整合营销在现代社会受到重视的原因是什么？

推荐阅读书目

1. [美]唐・E. 舒尔茨：《全球整合营销传播》，何西军译，中国财政经济出版社 2004 年版。
2. [美]格伦・布鲁姆等：《有效的公共关系》，明安香译，华夏出版社 2002 年版。
3. 纪华强：《公共关系的基本原理与实务》，高等教育出版社 2006 年版。

参考文献

[1] 陈力丹,等.传播学纲要[M].北京:中国人民大学出版社,2007.

[2] 陈萍,等.发展心理学[M].长春:吉林教育出版社,2001.

[3] 陈燕,等.传播学研究方法[M].北京:科学出版社,2002.

[4] 戴元光,苗正民.大众传播学的定量研究方法[M].上海:上海交通大学出版社,2000.

[5] 戴元光,邵培仁,龚炜.传播学原理与应用[M].兰州:兰州大学出版社,1988.

[6] 董天策.传播学导论[M].成都:四川大学出版社,1995.

[7] 范东生.大众传播研究的发展过程[M].北京:人民日报出版社,1983.

[8] 高运锋.公共关系:一种组织生态管理的新阐释[J].国际公关,2006(1).

[9] 高运锋.整合营销传播(IMC):概念及实践特征探析[J].商业研究,2007(7).

[10] 郭庆光.传播学教程[M].北京:中国人民大学出版社,1999.

[11] 胡正荣.传播学总论[M].北京:北京广播学院出版社,1997.

[12] 黄懿慧.西方公共关系理论学派之探讨[J].广告学研究,1999(12).

[13] 纪华强.公共关系的基本原理与实务[M].北京:高等教育出版社,2006.

[14] 蒋相泽.世界通史资料选辑:近代部分(上)[M].上海:商务印书馆,1983.

[15] 柯惠新,祝建华,孙江华.传播统计学[M].北京:北京广播学院出版社,2003.

[16] 李彬.传播学引论[M].北京:新华出版社,1993.

[17] 联合国教科文组织.多种声音,一个世界[R].中国对外翻译出版公司第二编译室,译.北京:中国对外翻译出版公司,1981.

[18] 吕杰,张波,袁浩川.传播学导论[M].北京:科学出版社,2007.

[19] 欧阳润平.企业伦理学[M].长沙:湖南人民出版社,2003.

[20] 邵培仁.传播学[M].北京:高等教育出版社,2000.

[21] 佘绍敏.传播学概论[M].厦门:厦门大学出版社,2003.

[22] 吴文虎.传播学概论[M].北京:中国新闻出版社,1988.

[23] 吴永长.从经济利润到道德责任:企业公共关系哲学基础探析[EB/OL].www.cpra.org.cn/news/newslist10361,2007－09－30.

[24] 许静.传播学概论[M].北京:清华大学出版社,2007.
[25] 张允若.外国新闻事业史[M].武汉:武汉大学出版社,2000.
[26] [美]菲利普·科特勒.营销管理(第十一版)[M].梅清豪,译.上海:上海人民出版社,2005.
[27] [美]格伦·布鲁姆,等.有效的公共关系[M].明安香,译.北京:华夏出版社,2002.
[28] [美]赫伯特·阿特休尔.权利的媒介[M].裘志康,等,译.北京:华夏出版社,1989.
[29] [美]梅尔文·德弗勒,等.大众传播学诸论[M].杜力平,译.北京:新华出版社,1990.
[30] [美]梅尔文·德弗勒,等.大众传播通论[M].颜建军,等,译.北京:华夏出版社,1989.
[31] [美]尼尔·波兹曼.技术垄断:文化向技术投降[M].何道宽,译.北京:北京大学出版社,2007.
[32] [美]尼尔·波兹曼.童年的消逝:家庭生活的社会史[M].吴燕莛,译.桂林:广西师范大学出版社,2004.
[33] [美]尼尔·波兹曼.娱乐至死:娱乐时代的公共话语[M].章艳,译.桂林:广西师范大学出版社,2004.
[34] [美]赛佛林,坦卡德.传播原理:起源、方法与应用[M].郭镇之,等,译.北京:华夏出版社,2000.
[35] [美]施拉姆,波特.传播学概论[M].陈亮,等,译.北京:新华出版社,1984.
[36] [美]斯蒂文·小约翰.传播理论[M].陈德民,叶晓辉,译.北京:中国社会科学出版社,1999.
[37] [美]威尔伯·施拉姆.报刊的四种理论[M].中国人民大学新闻系,译.北京:新华出版社,1980.
[38] [美]沃尔特·李普曼.公众舆论[M].阎克文,江红,译.上海:上海人民出版社,2002.
[39] [美]辛格尔特里.大众传播研究:现代方法与应用[M].刘燕南,译.北京:华夏出版社,2000.
[40] [美]新闻自由委员会.一个自由而负责的新闻界[R].展江,等,译.北京:中国人民大学出版社,2004.
[41] [美]宣伟伯.传播学概论[M].余也鲁,译.香港:海天书楼,1983.
[42] [美]约书亚·梅罗维茨.消失的地域:电子媒介对社会行为的影响[M].肖志

军，译. 北京：清华大学出版社，2002.
[43] [日]竹内郁郎. 大众传播社会学[M]. 张国良，译. 上海：复旦大学出版社，1989.
[44] [英]格雷姆·伯顿. 媒体与社会：批判的视角[M]. 史安斌，等，译. 北京：清华大学出版社，2007.
[45] [英]丹尼斯·麦奎尔，等. 大众传播模式论[M]. 祝建华，等，译. 上海：上海译文出版社，1987.
[46] [英]丹尼斯·麦奎尔. 大众传播理论(第四版)[M]. 崔保国，李琨，译. 北京：清华大学出版社，2006.
[47] [英]弥尔顿. 论出版自由[M]. 吴之椿，译. 上海：商务印书馆，1989.
[48] [英]密尔. 论自由[M]. 许宝骙，译. 上海：商务印书馆，1988.
[49] http://blog.sina.com.cn/s/blog_466bdc9701000a15.html
[50] http://www.em-cn.com/article/2007/138682.shtml